***ACCESO GRATIS** a la Lectura en la Nube*

Para visualizar el libro electrónico en la nube de lectura envíe junto a su nombre y apellidos una fotografía del código de barras situado en la contraportada del libro y otra del ticket de compra a la dirección:

ebooktirant@tirant.com

En un máximo de 72 horas laborables le enviaremos el código de acceso con sus instrucciones.

LAS RELACIONES ENTRE LA UNIÓN EUROPEA Y LA CELAC

LAS RELACIONES ENTRE LA UNIÓN EUROPEA Y LA CELAC

Directores:

Carlos Francisco Molina del Pozo
José Manuel López Jiménez
Virginia Saldaña Ortega

tirant lo blanch
Valencia, 2024

En caso de erratas y actualizaciones, la Editorial Tirant lo Blanch publicará la pertinente corrección en la página web www.tirant.com.

La presente obra ha sido sometida a la revisión de pares ciegos según el protocolo de publicación de la editorial a efectos de ofrecer el rigor y calidad correspondiente tanto en su contenido como en su forma, aplicándose los criterios específicos aprobados por la Comisión Nacional E 016 (BOE num. 286, de 26 de noviembre de 2016).

© TIRANT LO BLANCH
EDITA: TIRANT LO BLANCH
C/ Artes Gráficas, 14 - 46010 - Valencia
TELFS.: 96/361 00 48 - 50
FAX: 96/369 41 51
Email: tlb@tirant.com
www.tirant.com
Librería virtual: www.tirant.es
DEPÓSITO LEGAL: V-3230-2024
ISBN: 978-84-1056-708-5

Si tiene alguna queja o sugerencia, envíenos un mail a: *atencioncliente@tirant.com*. En caso de no ser atendida su sugerencia, por favor, lea en *www.tirant.net/index.php/empresa/politicas-de-empresa* nuestro procedimiento de quejas.

Responsabilidad Social Corporativa: http://www.tirant.net/Docs/RSCTirant.pdf

Autores

Ramón Jáuregui Atondo

Prof. Dr. Dr. H.C. (mult.) Carlos Francisco Molina del Pozo

Prof. Dr. Pablo Podadera Rivera

Prof[a]. Liliana Bertoni

Prof. Dr. Nuno Cunha Rodrigues

Prof. Dr. Ricardo Edmundo Schembri Carrasquilla

Prof. Dr. Edgar Vieira Posada

Prof. Dr. Miguel Ángel Ciuro Caldani

Prof. Dr. Roberto Cippitani

Prof. Dr. Alberto Benitez-Amado

Prof. Ricardo Gómez Laorga

Prof. Gabriel Vela-Micoulaud

Prof[a]. Dra. Marta Enciso-Santocildes

Prof. Dr. Jorge Antonio Jiménez Carrero

Prof. Dr. Eduardo Fernández García

Prof[a]. Dra. Jamile Bergamaschine Mata Diz

Alana Carvalho Miranda

Prof[a]. Dra. Margarita Trejo Poison

Prof[a]. Dra. Maitena Poelemans

Índice

Carta al lector

Con motivo de la celebración del I Congreso Internacional sobre las relaciones entre Unión Europea y CELAC, celebrado en el seno de las actividades de la Universidad Isabel I, hemos creído oportuno la elaboración de la presente obra colectiva que reúne la participación de personalidades ilustres que han llevado a cabo un análisis exhaustivo de las temáticas abordadas en los procesos de integración eurolatinoamericanos y las relaciones existentes entre la Unión Europea y la CELAC.

Una obra que recoge de manera minuciosa las visiones previas a la celebración de la Cumbre UE- CELAC desarrollada en el mes de julio en Bruselas, en la que se ha venido a poner de relieve las necesidades, debilidades y fortalezas existentes en las relaciones entre ambos territorios y que fundamentan la necesidad de un refuerzo de las relaciones y el necesario restablecimiento de un marco de diálogo como es la Cumbre UE-CELAC, cuya actividad se vio paralizada desde el año 2015.

Con la participación de los ponentes, conferenciantes y comunicantes que asistieron a la actividad desarrollada en el mes de mayo de 2023, la obra cuenta con un total de diecisiete capítulos por medio de los cuales se profundiza en aspectos tan relevantes para el desarrollo y el mantenimiento de las buenas relaciones entre ambos territorios, abordando temas como: la circulación de datos personales; la justicia climática o la cooperación policial, entre otros.

En definitiva, nos encontramos ante una obra de necesaria consulta y colección, imprescindible para cualquier estudioso de la materia.

Excmo. Sr. D. Alberto Gómez Barahona

Capítulo I.
Las relaciones entre la Unión Europea y la CELAC

RAMÓN JÁUREGUI ATONDO[1]

SUMARIO.

RESUMEN

Este artículo corresponde a la conferencia inaugural del I Congreso Internacional sobre las relaciones UE-CELAC Su contenido analiza en primer lugar las circunstancias sociales , económicas y políticas de América Latina después de la pandemia del COVID y a continuación expone las razones por las que Europa y América Latina han devaluado y enfriado sus relaciones en la última década(2014-2023). Esta pérdida de influencia y peso económico europeo ha ido acompañada de una creciente presencia comercial e inversora de China.

Finalmente se argumenta las poderosas razones que nos impulsan a ambas regiones a fortalecer nuestra vieja y renovada Alianza Estratégica.

PALABRAS CLAVE: Pandemia; COVID; Crisis; Desigualdad; Crecimiento; Inestabilidad; Potencialidades; Alianza

---

1 Presidente de la Fundación Euroamérica.

I. INTRODUCCIÓN

Estamos en las vísperas de un nuevo impulso a las relaciones entre la Unión Europea y América. Mi intención es trasladarles una serie de marcos previos del estado de situación de lo que está ocurriendo en LATAM; analizar por qué Europa y España particularmente, están perdiendo presencia en la zona; Expondré después las razones que nos llaman a tener una influencia mayor en América Latina y, por último, trataremos de analizar qué previsiones existen de cara a la reunión entre la UE y la CELAC del mes de julio, la Cumbre UE-CELAC que ha convocado España aprovechando su presidencia del Consejo este 2°semestre de 2023.

Desde una perspectiva general, nuestras miradas a América Latina siempre son injustas pues englobamos realidades muy distintas, pero hay elementos que nos llaman a esa generalización. América Latina no está bien, pese a algunos rasgos de esperanza y cambios de expectativas muy poderosos tras la victoria de las nuevas izquierdas en un momento reciente de su historia. En general, miramos la zona con preocupación por cuatro aspectos:

A) En primer lugar, un cuadro económico bastante adverso porque las claves de la situación económica latinoamericana siguen siendo bastante precarias después de la pandemia. Se conoce la cifra de que prácticamente un 8% de la población sobre el mundo ha sufrido un 30% de muertes por la epidemia.

   Se habla de una nueva década perdida. Ya se dijo en los ochenta que las circunstancias macroeconómicas de América Latina provocaron una década perdida y con ella un aumento de la pobreza, un mantenimiento de la desigualdad… En definitiva, lo que son los elementos nucleares de la situación económica y social latinoamericanoa. Pero estamos probablemente en el final de una nueva década perdida.

A la salida de la pandemia la economía de la zona creció en un 4%, pero para el presente año se calcula en torno a un 0,6 y para el próximo año en torno a un 0,5. Son crecimientos muy bajos y cabe recordar que para la correcta progresión del territorio se precisa de un crecimiento de mayor envergadura, en torno al 4% para que puedan compensar sus enormes déficits de pobreza, desigualdad y otros elementos estructurales de su sociedad y de su estructura socioeconómica.

La inversión es muy baja y así no se crea economía ni riqueza. América Latina está invirtiendo en torno al 17 por ciento frente al 32% del resto del mundo. Es la región que menos invierte del mundo y esto es una señal de atraso.

Su productividad es muy baja y esto es clave porque señala tu capacidad de competir en el exterior. La productividad latinoamericana hace cincuenta años sobre Estados Unidos era aproximadamente de un 27% y, en la actualidad es del 24%. En los mismos términos comparativos, España ha pasado de tener en torno al 45% a tener el 70%.

La deuda pública de América Latina no es muy alta pero sus márgenes financieros para obtener recursos de los sistemas financieros internacionales son muy limitados, por tanto, no tienen capacidad de endeudamiento para poder invertir y de ahí que la inversión sea baja y la extranjera sea insuficiente.

La participación del PIB latinoamericano en el mundo no llega al 7% descendiendo y siendo una señal más del horizonte económico adverso que venimos describiendo. Ello unido a las evidentes necesidades de reformas de los esquemas estructurales que protagonizan su realidad hacen precisar de reformas de gran profundidad. Piensen, por ejemplo, que una de las razones que ha provocado más crisis es la falta de protección social pues aproximadamente el 50% de la economía es informal, es decir, no cotiza. Hay países con cifras de economía informal más alta aún. Y si no hay economía formal, no hay competencia leal y por tanto tampoco hay ingreso público y, por consiguiente, tampoco hay protección social porque los sistemas de seguridad social son muy débiles.

B) El segundo gran eje a tener en cuenta es el relativo a la fractura interna de la región. Hablamos de 33 países que tienen un mismo idioma y que sin embargo no hacen prácticamente nada juntos. Estamos asistiendo a una conflictividad interna interminable fundamentada en viejas guerras del siglo 19. No hay una planificación de inversiones en infraestructuras que necesitan unificar supranacionalmente, porque no hay una política que las una. La articulación supranacional es un fracaso a diferencia de lo sucedido en Europa, donde sí hemos sabido construir una unidad supranacional útil. En América Latina esto es una utopía.

Se han creado en América Latina numerosas infraestructuras supranacionales como MERCOSUR, que no han sido capaces de desarrollar y cumplir los objetivos precisamente por la ausencia de una verdadera intención armonizadora. La verdadera unidad se produce cuando eres capaz de unificar normativas para abaratar servicios, de manera que un dentista argentino, por ejemplo, pueda realizar su trabajo en Ecuador. Esas alianzas han sido casi siempre temporales, pero no se ha producido una integración interna. No existe ese avance hacia mercados comunes armonizados.

C) En tercer lugar, debemos hablar de la inestabilidad política. Es por todos sabido que la inversión depende en gran medida de la confianza que se genere. Hoy en día con esta efervescencia de la geopolítica en el mundo a raíz de la pandemia y de la guerra en Ucrania, la geopolítica ha penetrado en todos los elementos políticos y los análisis de riesgos. Todos los departamentos de las grandes compañías del mundo tienen departamentos de análisis de lo que ocurre en el mundo y dilucidan la manera de actuar en función de la situación global. Ciertamente la inestabilidad política latinoamericana es muy grande y ello resulta un hándicap evidente. Piénsese por ejemplo en la inestabilidad que han generado países que parecía que habían generado sistemas políticos estables pero cuya conflictividad interna ha provocado su propia inestabilidad. El ejemplo más evidente lo encontramos en Perú donde realmente han pasado cosas inauditas como el paso de cinco presidentes por la cárcel y un autogolpe de Estado.

Las tensiones que se están produciendo en los países, incluso en los más asentados como Chile a partir de las protestas de la sociedad descontenta y el estallido de Plaza de Roma. En la actualidad se encuentran ante un nuevo proceso constituyente y las previsiones dan la victoria al péndulo contrario, a la extrema derecha. Este tipo de situaciones generan en cualquier analista de riesgos, una perplejidad muy grande. La pandemia ha puesto de manifiesto la debilidad de sus servicios públicos y una estructura sanitaria insuficiente motivado por el bajo ingreso fiscal. Pensemos que en Europa en torno al 40% del PIB lo maneja el estado y se gestiona un sistema de bienestar avanzado. En América Latina la media de ingreso fiscal no pasa del 20% y con ello no hay Estado que pueda hacer frente a las demandas de una sociedad exigente.

Una sociedad que, curiosamente ha ido avanzando porque en los años del inicio del siglo ha habido un crecimiento muy importante de la economía latinoamericana y eso ha generado el nacimiento de nuevas clases medias y de una ciudadanía que va a la universidad, una igualación de hombres y mujeres y los fenómenos lógicos de una modernización social. Y esas sociedades demandan servicios que los Estados no pueden ofrecer. Esta fractura enorme de lo que demanda una sociedad moderna que quiere avanzar y progresar con Estados inestables generan una peligrosa desconfianza en el sistema. La democracia está seriamente afectada en muchos países porque hay una pérdida de credibilidad. No hay una construcción de una sociedad que combine libertad y democracia con bienestar social y hay una fragmentación política que tiene tendencia a liderazgos autoritarios y populistas.

D) En cuarto lugar, para terminar con la descripción del estado de situación cabría afirmar que América Latina es un continente con una enorme potencialidad demográfica ya que sus datos son todavía crecientes, con una población joven muy notable y bien educada. E incluso con un avance digital notable pues el 80% de la población latinoamericana vive en ciudades que han desarrollado una cultura digital muy fuertes, por una generación creativa sin precedentes.

El continente latinoamericano está pendiente de seguir avanzando en su modernización. Bien es cierto que cuando llegaron las empresas españolas a finales del siglo pasado, España se hizo fuerte internacionalmente con sus compañías porque en gran parte compraron las empresas públicas latinoamericanas, invirtiendo mucho en ellas y modernizándolas aprovechando esa década de crecimiento tan exponencial que comenzó en el 2003. Se modernizó la clase media con una red tecnológica que no tenían. Ello ha provocado la existencia de una sociedad potente, con personalidad que reclama. La enorme potencialidad se basa en la posibilidad de desarrollo que todavía tiene el territorio y muchos puntos a favor para ese progreso como el tener un solo idioma; una riqueza natural importantísima; con la más importante biodiversidad del mundo; con la amazonia…

II. LAS RELACIONES ENTRE LA UNIÓN EUROPEA Y AMÉRICA LATINA

¿Por qué Europa ha perdido peso en América Latina?

Una explicación resumida y ordenada de las razones que explican esta evidencia, en el último decenio, podría ser la siguiente:

a) La grave crisis política venezolana fracturó al subcontinente. En 2014 se creó el grupo de Lima en el que se integraron países decididos a vetar a Venezuela en todo organismo internacional y esto provocó la suspensión de la cumbre UE-CELAC prevista para 2017 en San Salvador. No se ha vuelto a reanudar. Fue una petición- exigencia de la mayoría de países latinoamericanos, que Europa no tuvo más remedio que aceptar.

b) La política democrática en América Latina ha vivido unos años de alta volatilidad. Gran inestabilidad en varios países: Venezuela, Nicaragua, Bolivia, Perú, El Salvador...Estallidos sociales muy profundos, expresión de un descontento social muy serio con los Servicios Públicos del Estado: Chile, Perú, Ecuador, Colombia, Argentina... Esta tensión interna y los procesos electorales consecuentes han sido un obstáculo importante para un marco global de relaciones políticas, gravemente alterado por los conflictos políticos producidos.

c) Europa, a su vez, ha vivido también situaciones internas o de vecindad suficientemente graves como para hacer fácil el olvido de América Latina. El Este de Europa, el Mediterráneo y África y Asia, concentraron durante los años de la poli-crisis europea su política exterior. Añádase la crisis de los refugiados (2015), la del Brexit (2016), las tensiones económicas de la crisis del euro (2010-2014) y finalmente los conflictos con Rusia en Ucrania, hicieron muy fácil y casi obligada esta devaluación latinoamericana a ojos europeos.

d) Por último y no por eso menos importante, las empresas europeas han ido perdiendo el interés inversor y comercial que despertó América Latina a principios de siglo. Demasiada inestabilidad política, demasiada inseguridad jurídica, poco entendimiento con algunos gobiernos latinoamericanos y la atracción de otros mercados en el mundo (Estados Unidos y Asia principalmente), han ido reduciendo nuestra presencia económica en AL. Seguimos siendo el primer inversor, pero China ha entrado con enormes fuerzas en la mayoría de los países de AL. Ya son el primer socio comercial y avanzan en su presencia económica y tecnológica en casi toda la región. China ha multiplicado por diez sus inversiones en América Latina en este siglo y sólo desde 2020 ha aumentado el valor total de su comercio con América Latina en un 40 %.

Para dimensionar la importancia estratégica de la presencia económica de China en la región debemos tener en cuenta que su potencia tecnológica (en redes 5G y otras), su dominio en las grandes infraestructuras de la región (puertos, aeropuertos, energía, etcétera) y su enorme capacidad de compra, tienden al control monopolístico de sus materias primas y de sus mercados. Sería interesante el debate sobre la calidad medioambiental y socio laboral del empresariado chino en comparación con las empresas europeas respecto a los impactos empresariales en la sostenibilidad de esos países, pero es un análisis que no cabe aquí. Tomemos nota simplemente de las enormes dependencias, no solo económicas, que generan estos monopolios y no olvidemos que Europa necesita de América Latina como socio en muchas de sus aspiraciones internacionales: desde un multilateralismo ordenado, a una transición acelerada a la descarbonización, desde una defensa Universal de los Derechos Humanos y de la dignidad del ser humano, a una digitalización democrática en la que los ciudadanos sean titulares de derechos inalienables.

Esta situación está provocando que Europa se esté planteando una política exterior más asertiva, mejor planificada y con mayores pretensiones sobre América Latina. ¿Por qué?

1° Porque somos una comunidad humana enormemente próxima. Más de seis millones de latinoamericanos viven en Europa (y creciendo) y casi los mismos europeos de origen viven en América Latina. Todos ellos configuran un universo familiar que debemos atender. Nuestra historia común, nuestras lenguas y nuestra cultura, tan presentes en la literatura y en el cine especialmente, son el "humus" sobre el que convergen valores y aspiraciones de vida política y social también comunes. Se dice por eso que América Latina es la región del mundo más euro- compatible y podríamos decirlo también al revés.

2° Porque tenemos enormes intereses económicos en América Latina. Miles de empresas europeas están implantadas allí. El 55 % de las inversiones extranjeras en América Latina son europeas y somos el tercer socio comercial de la región. América Latina tiene una potencia enorme en el campo ecológico y en la transición energética. Las mayores reservas de litio, la masa forestal más grande del mundo, la mayor capacidad energética verde del mundo, el40 % de las reservas de agua... cualquiera de los objetivos económicos estratégicos del siglo XXI, especialmente la lucha contra el cambio climático y la digitalización, necesitan de América Latina como aliado para los europeos.

3° América Latina promueve una visión muy similar a la europea… "basada en una concepción pluralista de la comunidad internacional, asentada en normas de diálogo, cooperación y resolución pacífica de las disputas… El mundo que viene será más fragmentado y multipolar, con un paso atrás en la globalización económica y seguramente con un bloque que unirá a China y Rusia frente a lo que ellos llaman el mundo occidental. Pero esta no es la clave del conflicto, pues se trata justamente de defender un orden internacional basado en normas y para eso no importa la latitud geográfica sino el mundo en el que queremos vivir y cómo queremos relacionarnos". Son palabras de Josep Borrell, el Alto Representante para la política exterior de la Unión Europea y vicepresidente de la Comisión Europea. No pueden ser más acertadas para describir el mundo que viene y para situar en él nuestros retos y la necesidad de una alianza con América Latina, imprescindible para Europa. Esa alianza nos hace más fuertes en el mundo y a América Latina le facilita su propia integración y su influencia sobre las grandes mesas de la gobernanza global y de las organizaciones financieras internacionales.

4º Europa es, con mucha diferencia, el primer cooperante en América Latina. La Unión Europea ha presupuestado 3.400 millones de euros en cooperación para el periodo 2021-2027 en América Latina y la mayoría de los países europeos sostienen, además, programas de cooperación muy cuantiosos para la región latinoamericana. A señalar que la Unión Europea ha lanzado "Global Gateway", que pretende movilizar 3000.000 millones de euros en inversiones en todo el mundo. Los programas ecológicos sostenibles y las infraestructuras físicas y digitales en América Latina, pueden beneficiarse de este ambicioso plan. Deberían, podríamos añadir.

III. CONCLUSIÓN

Todo ello está influyendo en esa especie de compromiso del Alto Representante y vicepresidente de la Comisión Josep Borrell para dar un nuevo impulso a las relaciones UE-CELAC, reforzando el compromiso estratégico de la Unión Europea con América Latina. En esto se trabaja, con vistas a la presidencia española del Consejo Europeo del segundo semestre de 2023. El que parece ya un gran logro será la celebración de la Cumbre UE-CELAC, suspendida en 2017 y que está previsto celebrar en julio de 2023 en Bruselas. Ese fue ya el acuerdo adoptado en la reunión de ministros de Asuntos Exteriores de la Unión Europea y cancilleres de toda América Latina celebrada el pasado 27 de octubre en Buenos Aires.

España prepara con esmero su presidencia para pilotar este nuevo impulso y para hacer de la alianza estratégica Europa-América Latina un pilar fundamental de la política exterior europea.

BIBLIOGRAFÍA Y OTRAS FUENTES DOCUMENTALES

- JÁUREGUI ATONDO, R., El país que seremos. Un nuevo pacto para España posible, Ediciones Turpial, 2014.
- JÁUREGUI ATONDO, R., "Cuenta atrás hacia la Cumbre UE-CELAC", *Fundación Eu-LAC.* Disponible en: https://eulacfoundation.org/es/system/files/Ramon%20Jauregui%20Atondo_ES.pdf

Capítulo II. La necesidad de profundizar en la relación bilateral para lograr mayor intensidad en la integración UE-CELAC

PROF. DR. DR. H.C. (MULT.) CARLOS FRANCISCO MOLINA DEL POZO[1]

SUMARIO

RESUMEN

La década de los años noventa debe ser considerada como un punto de inflexión en la articulación de los mecanismos que, de forma evidente, procura-

---

1 Catedrático de Derecho Administrativo y Catedrático Jean Monnet *ad personam* de Derecho de la Unión Europea, Universidad de Alcalá.

ron la correcta intensificación y conducción de las relaciones entre la Unión Europea y la CELAC, así como la asimilación y perfeccionamiento de actividades conjuntas, encaminadas a la mejora del diálogo entre ambos territorios.

Una vez instaurada la idea del mantenimiento de las correctas relaciones, y con la promoción y celebración de las cumbres UE-CELAC de los años posteriores, se fueron intensificando los diálogos existentes. Las reuniones continuaron, según lo previsto, es decir, llevándose a cabo cada dos años y asistiendo los Jefes y Jefas de Estado y/o de Gobierno de los países de ambas orillas del Atlántico.

Sin embargo, y a partir del año 2015, con la paralización temporal de las cumbres celebradas hasta entonces, viene a constatar un *lapsus* en la relación birregional que, sin llegar en ningún momento a desaparecer, sí que experimentó una disminución considerable en sus relaciones.

La celebración de la Cumbre UE-CELAC de julio de 2023, pone de manifiesto una nueva realidad que aboga, indiscutiblemente, por el mantenimiento y fortalecimiento de las relaciones entre ambos territorios.

PALABRAS CLAVE: BIRREGIONAL; CELAC; INTEGRACIÓN; MULTILATERALISMO.

I. INTRODUCCIÓN.

El hecho de la adhesión de Portugal y de España a las Comunidades Europeas a partir del 1 de enero de 1986 (habiéndose firmado previamente los dos Tratados de Adhesión en Lisboa y Madrid el mismo día, el 12 de junio de 1985), vino a suponer, sin duda, el inicio de un progresivo acercamiento entre las propias Comunidades Europeas, de las que ambos países ya formaban parte oficialmente, y los países de América Latina y del Caribe, los cuales debido a una serie de circunstancias de carácter cultural, lingüístico y, en definitiva, histórico, mantenían con los dos nuevos Estados miembros europeos comunitarios, unas relaciones especiales y grandes vínculos que afectaban, enormemente, a gran cantidad de valores y de principios que eran y se mostraban comunes a ambas partes. En consecuencia, es cierto que, desde la pertenencia oficial de Portugal y de

España al contexto comunitario europeo, los lazos de distinto tipo constatables entre las Comunidades Europeas y los Países latinoamericanos y caribeños, se han visto incrementados de manera considerable, no únicamente en lo referente a los intercambios comerciales, sino también, con la amplitud que nos pone de relieve su carácter general.

Hasta tal punto cuanto apuntamos era cierto que, ya en la década de los años noventa, se consideró necesario la articulación de algún mecanismo que hiciera factible y produjese visibilidad a la intensificación de la relación bilateral entre las dos regiones geográficas. De este modo, en el año 1999, tuvo lugar la primera Cumbre de la Unión Europea y América Latina y el Caribe, celebrada en Rio de Janeiro. Las reuniones continuaron, según lo previsto, es decir, se llevarían a cabo cada dos años y, a las mismas asistirían los Jefes y Jefas de Estado y/o de Gobierno de los países de ambas orillas del Atlántico. Así, se organizó la II Cumbre en Madrid (España) en el año 2002, la III Cumbre en Guadalajara (México) en el año 2004, la IV Cumbre en Viena (Austria) en el año 2006, la V Cumbre en Lima (Perú) en el año 2008 y en la que se intentó poner en marcha una asociación estratégica entre América Latina y Europa. La VI Cumbre se realizó en Madrid (España) en el mes de mayo del año 2010 y en la misma se llegó a establecer un Plan de Acción orientado a proporcionar un adecuado seguimiento al proceso birregional, reforzando, además, la aludida asociación birregional, así como lograr el progresivo avance del conocimiento mutuo entre las dos regiones. Con posterioridad, y como consecuencia de la creación y entrada en funcionamiento, el 3 de diciembre de 2011, de la Comunidad de Estados Latinoamericanos y Caribeños (CELAC), va a ser esta entidad la que se convierta en la interlocutora para las relaciones entre América Latina y Caribe con la Unión Europea. Así, en base a la nueva situación, la siguiente Cumbre, que debiera haber sido la VII, pasó a denominarse I Cumbre U.E. – C.E.L.A.C., la cual se celebró en Santiago de Chile en el año

2013. Por último, y antes de producirse la paralización temporal de las mismas, tuvo lugar la II Cumbre U.E. – C.E.L.A.C. en Bruselas (Bélgica). A partir de entonces se constata un lapsus en la relación birregional que, sin llegar en ningún momento a desaparecer, sí que, debido a una variedad de motivos de distinta índole, disminuyen la intensidad de la relación y el interés y motivación por mantener como prioritaria una relación sustancialmente mejorable.

De ahí proviene la enorme y destacada importancia que, la Presidencia "pro tempore" española del Consejo de la Unión Europea, ha querido prioritariamente imprimir a la relación birregional de la Unión Europea con los países de la CELAC. En este sentido, puede insistirse, una vez más, en la idea de que, las dos partes comparten valores y principios que son comunes, como, por ejemplo, la democracia, los derechos fundamentales, el multilateralismo, etc. Además, puede decirse que, la asociación estratégica entre la Unión Europea y los países de América Latina y el Caribe pone de manifiesto y refleja la progresiva y creciente importancia y el potencial en aumento de la región de América Latina y del Caribe, así como la voluntad compartida de ambas regiones por fortalecer y profundizar sus relaciones en los próximos años. Y es que, se nos antoja evidente que, una Unión Europea ampliada y que puede llegar a tener en el futuro cercano entre 32 o 35 Estados miembros, desde una perspectiva estrictamente económica, resulta configurarse como un importante socio económico y político para América Latina y el Caribe, en la medida en que encabeza la ayuda al desarrollo y la inversión extranjera, siendo que, ya en la actualidad, resulta ser el principal socio comercial de algunos países de América Latina.

Sin ninguna duda, podemos manifestar que, en la actualidad, vivimos en un mundo que se encuentra totalmente globalizado, y, la pregunta es ¿qué significa la globalización? Pues bien, la globalización implica un aumento continuo de la interconexión entre los diferentes países del mundo en el plano económico, político y social. Como ya hemos mantenido desde hace bastantes años, en nuestra opinión, existen al mismo tiempo, una buena y una mala globalización. Sin detenernos ahora en mayores consideraciones, digamos con claridad que, se hace preciso luchar contra la mala globalización que es capaz de modificar sustancialmente culturas y tradiciones en el ámbito del comercio mundial (empresas muy fuertes que consiguen detener la necesaria apertura del comercio) y, ¿cómo hacerlo?, pues, cabe afirmar -como explicitamos desde hace varias décadas- que, el único instrumento jurídico que resulta válido, eficaz y apreciable para luchar contra la mala globalización no es otro que la Integración.

La integración regional es un proceso en el que deben encontrarse representadas dos voluntades, por un lado, la de los Estados miembros y, por otro, la de los ciudadanos. Dicho de forma distinta, en cualquier proceso de integración regional que se precie de tal, han de hallarse presentes las dos voluntades mencionadas. No es posible llevar a cabo un proceso de integración regional con la exclusiva manifestación de voluntad de los Estados, sino que se hace preciso tener muy en cuenta la posición favorable de la ciudadanía. No parece viable desarrollar un proceso de integración de espaldas a los ciudadanos que son quienes, realmente, van a verse afectados directamente por las consecuencias que de dicho proceso se deriven en el transcurso del tiempo. Por ende, los ciudadanos de los Estados miembros tendrán que participar de manera activa en la ejecución del proceso de integración regional desde el preciso momento en que el mismo arranque. Se trata de integrar no sólo Estados sino también pueblos y este fin no se alcanza más que construyendo paso a paso, no de una única vez, poco a poco y no de un golpe.

En base a la experiencia ya recorrida por Europa, la Presidencia española del Consejo, ha mantenido como prioridad, desde que se empezaron a diseñar los contenidos de lo que iban a ser los elementos esenciales y ejes fundamentales de actuación de la Presidencia de turno del Consejo, la urgente necesidad de retomar la Agenda con la CELAC, la cual acumulaba ya un total de ocho años, desde 2015, sufriendo cierta marginación y sin ser atendida con la debida diligencia por parte de la Unión Europea. Por ello, siempre insistió en la trascendencia de organizar y llevar a cabo, con carácter prioritario, una nueva Cumbre entre la U.E. y la C.E.L.A.C. durante el mandato de su Presidencia, siendo, precisamente, ese cometido el realizado, entendemos que exitosamente, los días 17 y 18 del mes de julio del presente año.

Las relaciones entre la U.E. y la C.E.L.A.C. se han desarrollado históricamente desde un plano birregional. Así, a las Cumbres ya mencionadas, habría que sumar los Acuerdos celebrados entre la Unión Europea y ciertos países Andinos, con todo el bloque Centroamericano, con el TLCAN, con países concretos, como México y Chile y, el que esperamos pueda ratificarse, al menos lo imprescindible y necesario para entrar en vigor a finales de este mismo año, nos referimos al negociado durante más de dos décadas con el MERCOSUR.

II. EL MULTILATERALISMO ESTÁ DE MODA

Parece exigible el hecho de que, para conseguir llevar a término progresos apreciables en el ámbito de los procesos de integración, de cualquier tipo, que se prodigan en el mundo, es necesario la creación de un marco institucional. El diseño del correspondiente y aludido marco institucional para avanzar con eficacia en los distintos procesos de integración, será muy variado y estará en función de las necesidades y objetivos que se persigan en cada caso. Sin embargo, hemos de destacar que, posibles instituciones a crear en el contexto de todo proceso de integración existen una gran variedad, pero hay, absoluta y rigurosamente, dos instituciones sin las cuales la consecución de los objetivos perseguidos con la integración, no pueden ser alcanzados en su más completa finalidad.

Pero, vayamos por partes, lo hemos venido propugnando a lo largo de los últimos cuarenta años. No se lograrán los objetivos de una completa y eficiente integración si, dentro del sistema institucional que se articule para hacer viable el proceso integrador de que se trate, no existe una institución que haga posible realidad la participación activa de los ciudadanos en el desarrollo del proceso. A esta institución se la puede denominar como se prefiera, pero debe ser capaz de vertebrar la positiva intervención participativa de la ciudadanía, puesto que se trata de algo que les afecta de manera directa en sus vidas. Lo normal será llamarle Parlamento, el cual habrá de ser elegido de forma directa y democrática, al tiempo que representará la presencia ciudadana en la organización institucional y en el conjunto del proceso de integración.

Por otro lado, tampoco puede considerarse que, la existencia de un proceso de integración vaya a cumplimentar sus verdaderos objetivos si es que no cuenta, entre las instituciones que lo hacen funcionar, con alguna que asegure y, al mismo tiempo, que sirva para proteger jurisdiccionalmente y otorgue plenas garantías jurídicas a los ciudadanos acerca de la legalidad y observancia rigurosa de las diferentes normas que constituyan el ordenamiento jurídico establecido en el proceso de integración de que se trate. Asimismo, podrá recibir la denominación que se considere más adecuada en cada supuesto, si bien, lo habitual es que, se le conozca como Tribunal de Justicia. Puede decirse que, nos hallamos, sin duda, ante una pieza fundamental y clave en el diseño de cualquier proceso serio de integración en el mundo actual.

El resto de las instituciones que puedan crearse para orientar y organizar el funcionamiento y desarrollo de los distintos procesos de integración en el mundo actual, son susceptibles o no de articularse de diferentes maneras, en función de los objetivos y fines que se pretendan conseguir en cada caso. Lo más habitual sigue siendo contar con una institución que represente y detente el Poder Ejecutivo en el marco de la integración.

Asimismo, pueden establecerse una variada gama de instituciones, órganos y organismos que atenderán a las diferentes necesidades del proceso al que queramos hacer referencia.

En el contexto en el que nos encontramos, parece prudente reconocer que, el multilateralismo, no es que ahora esté de moda -como titulábamos el presente epígrafe- sino que siempre ha estado vigente a lo largo de los últimos treinta años. Sin embargo, si que estamos convencidos de que, el mencionado multilateralismo, ha venido mostrando una evidente evolución, la cual resulta constatable en estos tiempos más recientes. En este mismo orden de ideas, puede estimarse que, la señalada evolución transitada por el multilateralismo ha pasado, de un multilateralismo apreciable en la adopción de decisiones de carácter internacional, a un multilateralismo inmerso en un marco de globalización, siendo que, ahora, el multilateralismo se produce entre regiones. Y, lo cierto resulta ser que, el viejo y conocido como nuevo orden internacional que nació con el final de la Segunda Guerra Mundial, poco o nada tiene ya que ver con el planteamiento realizado en sus años originarios, habiéndose convertido en otra cosa. De manera que, puede observarse como, el futuro camina en la dirección de proceder a la instauración de lo que pudiéramos llamar un novísimo orden internacional, siendo que, los factores que influyen en la configuración de ese naciente novísimo orden internacional podrían considerarse, entre otros posibles, los siguientes:

- Revitalización de las economías nacionales tras el final de la pandemia originada por el Covid-19.

  En el caso concreto de la Unión Europea, es preciso hacer mención expresa a dos importantes ámbitos materiales que han resultado de importancia capital para conseguir la resiliencia de los Estados miembros y ayudar, decisivamente, en el relanzamiento de sus distintas economías y niveles de desarrollo:

a) las vacunas para superar el Covid.19 y su compra y distribución centralizada por parte de la Comisión Europea; y,

b) la aprobación y posterior distribución de las cuantías correspondientes al Nex Generation E.U.

- Necesidad de establecer una Gobernanza multiglobal que procure los cambios imprescindibles en las organizaciones concernidas, como, por ejemplo, a nivel de la O.N.U. y su peculiar estructura, posiblemente válida para la realidad de los años en que fue constituida, pero que, en la actualidad, deja al descubierto todas sus carencias en un mundo muy diferente al de la década de los cuarenta.
- La urgencia en la adopción de auténticas medidas capaces de hacer frente a la lucha contra el cambio climático, siendo que, a la vanguardia del mencionado movimiento, se situó la Unión Europea con la aprobación y entrada en vigor del denominado Pacto Verde, estatus al que se han sumado muchos países pertenecientes a la C.E.L.A.C. Todo el conjunto de Estados miembros de ambas organizaciones, vienen sumando sus esfuerzos, desde la Cumbre de París en 2015, por conseguir atenuar, dentro de los posibles márgenes temporales, los perniciosos e irrevocables efectos que, actualmente ya se constatan, produce el cambio climático a escala mundial.
- La también imprescindible digitalización de nuestras sociedades. En efecto, la ya puesta en vigor transición digital, en el ámbito de la Unión Europea, parece querer convertirse en una tarea inevitable para llevar a cabo con diligencia en todos los países parte de la C.E.L.A.C. Se hace absolutamente preciso apoyar el proceso de digitalización para poder ir eliminando la conocida como brecha digital.

De otro lado, es constatable, asimismo, que, sin ningún género de dudas, la invasión rusa de Ucrania presenta una evidente incidencia en la formación del que hemos denominado novísimo orden mundial o internacional. A nivel de la Unión Europea se plantea, con todos los matices que se quieran fijar, la necesidad apremiante de crear y reconocer entidad propia a una exclusiva Defensa Europea, independientemente de la pertenencia de muchos o, incluso, de la totalidad de los Estados miembros europeos a la Organización del Tratado del Atlántico Norte (O.T.A.N.), la cual será preciso analizar y valorar el papel que desarrolla en el contexto internacional actual. En definitiva, cabría reformular la pregunta de si es acertado o no el mantenimiento de la política internacional que ha hecho posible y perdurable la existencia de bloques de países enfrentados y, si está descrita situación beneficia y garantiza la Seguridad entendida como un concepto global en la sociedad mundial. Estamos convencidos de que, el mundo va a ser diferente en el transcurso de las próximas décadas y, en razón a ello, hemos de contribuir propugnando la necesidad de llevar a término el diseño de un multilateralismo que se encuentre adaptado al futuro y que sea capaz de articularse de manera que se puedan fijar las condiciones más favorables para hacer frente a los enormes retos y desafíos que van a tenerse que encarar por parte de la Humanidad en su conjunto durante los años que vienen.

III. LAS RELACIONES EXTERIORES DE LA UNIÓN EUROPEA Y LOS PROCESOS DE INTEGRACIÓN EN AMÉRICA LATINA.

El ya referido incremento del multilateralismo resulta también, a nuestro juicio, fundamental para superar la crisis económica y social provocada por la Pandemia de 2020 y que la Humanidad arrastra desde entonces sin poder superar definitivamente los problemas acaecidos. Para salir de la crisis, además de todos los apoyos implementados, resulta esencial una auténtica aplicación del principio de solidaridad que se pueda manifestar a través de las medidas adoptadas y que, en su conjunto, sirvan para paliar y hacer frente a los negativos efectos en los que la ciudadanía de bastantes países se encuentra atrapada.

El reiterado incremento del multilateralismo ha propiciado, a nivel de la Unión Europea, al mismo tiempo que una potenciación del Mercado Único Europeo (MUE) para los sectores más perjudicados por motivos de la crisis, el aumento del establecimiento de Acuerdos comerciales, como, por ejemplo, con los 79 países de África, el Caribe y el Pacífico (ACP), o con los países del Mediterráneo; o de Acuerdos de Libre Comercio, como los concluidos con el Sistema de Integración Centroamericana (SICA) y con algunos países miembros de la Comunidad Andina de Naciones (CAN), como, por ejemplo, Perú y Colombia; o de Acuerdos de Actuación conjunta, como el establecido en la Cumbre de 2015 con la Comunidad de Estados Latino Americanos y del Caribe (CELAC) y que, con posterioridad, analizaremos; o de Acuerdos Birregionales, como el terminado de negociar en 2019 con el MERCOSUR y que confiamos entre pronto en vigor.

Pues bien, teniendo en cuenta algunos de los mencionados procesos de integración que, desde hace décadas, se vienen intentando poner en marcha e implementar, no sin la constatada existencia de grandes dificultades en bastantes casos, hay que precisar que, la Unión Europea ha venido llevando a cabo, a lo largo y ancho de todos estos años atrás, diversidad de Acuerdos, tanto de carácter bilateral como multilateral, con los diferentes procesos en curso en el ámbito territorial de América Latina.

En este mismo sentido, hemos de citar ahora los variados Acuerdos de 1ª a 4ª ó 5ª generación, por ejemplo, con Chile (2002) en situación actual de renegociación, o con México (2009). Al respecto, hacemos remisión a los contenidos de nuestros libros: “Relaciones bilaterales entre México y Europa. El Estado de la cuestión”, Juruá Editorial, Lisboa, 2011; “Evolución histórica y jurídica de los procesos de integración en la Unión Europea y en el Mercosur”, Editorial EUDEBA. Buenos Aires, 2011.

Asimismo, es conveniente destacar, aunque ya algunos de ellos han sido referidos con anterioridad, los Acuerdos Bilaterales de Asociación Económica y de Asociación Estratégica, de Libre Comercio, de Asociación Política, Colaboración y Cooperación. Además, a título de ejemplo, pueden citarse, entre otros, los siguientes Acuerdos de carácter Birregional: U.E. – S.I.C.A. (Acuerdo de Asociación del año 2012); U.E. – Países de la C.A.N. (Acuerdo de Diálogo Político y Cooperación del año 2003) y el Acuerdo Comercial Multilateral con Perú y Colombia del año 2013, ya anteriormente mencionado; U.E. – MERCOSUR (Acuerdo Marco de 15 de diciembre de 1995) y, también, el Acuerdo sobre Capítulo Comercial del Acuerdo de Asociación concluido en el año 2019 y , actualmente, en trámite de ratificación por todos los Estados firmantes. Finalmente, hacer referencia a los denominados Acuerdos Multilaterales como los celebrados con motivo de las Cumbres organizadas entre la U.E. y América Latina o, más recientemente, con la C.E.L.A.C., los cuales han dado lugar a distintos Acuerdos y al establecimiento de un llamado Diálogo Político entre ambas partes del Atlántico. Todo ello tuvo su origen, como antes señalábamos, en la importante decisión de llevar a cabo y mantener una Asociación Estratégica Birregional (Cumbre de Rio del año 1999).

De otro lado, es bien conocido que, la Unión Europea mantiene, desde hace muchos años, su tradicional Política Comercial Común, basada, de una parte, en el establecimiento y desarrollo progresivo del denominado Mercado Único Europeo (MUE), el cual supone -como es bien conocido- una apertura interna total de los mercados, al mismo tiempo que fija el cierre exterior de los mismos. Sin embargo, como ya hemos apuntado más arriba, la Unión Europea favorece la negociación y el establecimiento de distintos tipos de Acuerdos con terceros países, ya sea a nivel bilateral o formando grupos de países (ACP, Mediterráneos, Vecinos, dentro de la llamada Política de Vecindad, etc.). En fin, acerca de todos estos aspectos, hacemos remisión expresa a cuanto exponemos en nuestro reciente libro sobre "Aspectos Jurídicos de la Política Comercial Común en la Unión Europea", publicado por Editorial COLEX, A Coruña, 2022; asimismo, pueden ser consultados también nuestros libros: "Hacia la creación de un nuevo orden internacional postpandemia: el rol de los distintos procesos de integración en Europa y en América Latina" (Dir.), Editorial Centro de Estudios Financieros - CEF, Madrid, 2021; "El futuro de los procesos de integración en el marco de las relaciones Unión Europea – América Latina" (Dir.), Editorial Colex, A Coruña, 2022; "Los procesos de integración en Europa y América Latina" (Dir.), Editorial EUDEBA, Buenos Aires, 2023; "Derecho de la Unión Europea", Editorial Reus, 7ª edición, Madrid, 2023;"El Multilateralismo en el mundo actual: alcances y perspectivas" (Dir.), Editorial Colex, Colección Estudios para la Integración Regional, A Coruña, 2023; "Instituciones, órganos y organismos en la Unión Europea", Editorial Tirant Lo Blanch, Valencia, 2023.

Del conjunto de la actividad comercial, en el marco del nuevo o novísimo multilateralismo, que no es otro que el que se produce en el contexto regulatorio de la Organización Común de Mercados (OMC) y en el que tienen una importancia esencial las negociaciones que culminan en Acuerdos comerciales del tipo de los ya reseñados más arriba, resultan ser las grandes beneficiarias las empresas pertenecientes a los diferentes sectores que conforman las economías nacionales o regionales. Por tanto, van a ser, fundamentalmente, las empresas las que consigan beneficiarse ampliamente de los distintos Acuerdos que se establezcan entre países o, también, a nivel regional. No obstante, en nuestra opinión, no puede olvidarse el interés y la enorme repercusión de todo tipo que presentan y ejercen los mencionados Acuerdos para el grueso de la ciudadanía. Es decir que, asimismo, los ciudadanos serán potencialmente beneficiarios netos de los Acuerdos de carácter comercial a los que se pueda llegar entre autoridades internacionales, nacionales o regionales.

Además, consideramos que, se hace imprescindible resaltar el hecho diferencial por el que, en el caso de la Unión Europea, constituye un requisito irrenunciable para concluir cualquier tipo de Acuerdo comercial con terceros países, la inclusión como exigencia en el texto definitivo del Acuerdo de algo más que las cuestiones estrictamente comerciales. En efecto, la Unión Europea caracteriza a sus Acuerdos por contener apreciaciones relativas a otros distintos ámbitos de materias, que se imponen como pilares o condiciones previas a las cuestiones típicamente propias de lo que suponen los meros intercambios comerciales. Así, por ejemplo, se hace mención destacada en los Acuerdos comerciales suscritos por la Unión Europea, a las cuestiones relativas a la aceptación y ejecución de una adecuada política protectora del Medio Ambiente o de lucha contra el cambio climático (Pacto Verde), o a la precisión de garantizar el cumplimiento, en todo momento, de los Derechos Fundamentales, o a la necesidad apremiante de dar curso ágil a la transición digital e ir implementando una progresiva digitalización de toda la sociedad, incluido su comercio y , en general, sus economías respectivas.

IV. LA RELACIÓN BILATERAL U.E. – C.E.L.A.C.

Con independencia de lo ya expuesto al inicio del presente trabajo, entendemos que, vale la pena volver al análisis más pausado de la cuestión relativa a la relación bilateral existente entre la U.E. y la C.E.L.A.C., así como al sendero que debiera marcar el futuro de la mencionada relación entre las dos organizaciones, pese a su naturaleza jurídica diversa, pero en base a que comparten valores y principios comunes, al mismo tiempo que persiguen el logro de objetivos esenciales, es decir, la construcción progresiva de procesos de integración de sus pueblos a niveles económico, social e, incluso, político.

En la medida en que, estamos convencidos de que, no son buenas las oscilaciones y los cambios bruscos en el marco de la Política, en general, ni tampoco, por ende, en el campo de las relaciones que existen entre los Estados o que se producen en el contexto de las organizaciones regionales, supranacionales o internacionales, también consideramos que, la relación bilateral que debiera establecerse entre la U.E. y la C.E.L.A.C., habría de ser continua y de carácter permanente. Resulta ser que, como ya se ha puesto de manifiesto anteriormente, las dos partes son socios estratégicos y se encuentran vinculadas por la existencia de grandes lazos históricos y, también, culturales.

Apostamos por la lógica necesidad de no solo mantener viva y activada al máximo la relación bilateral, sino que, asimismo, consideramos que, es preciso llevar a cabo una amplia profundización en lo que hace referencia a los contenidos concretos de la existente relación. Actuando del modo apuntado, la relación establecida se conseguirá hacer más fructífera y eficaz.

Además, estimamos que, ese fortalecimiento de la relación bilateral debería siempre llevarse a término pensando en la consecución de un mayor beneficio para la ciudadanía, así como en la complementariedad de las acciones inspiradas en valores y principios que, como ya advertimos anteriormente, son comunes a ambas partes. Así, entre otros, cabría citar en este momento, los siguientes:

*Solidaridad

*Igualdad

*Transparencia y Buena Administración

*Democracia y Estado de Derecho

*Respeto de los Derechos Fundamentales

Transitando el camino señalado, estaríamos en condiciones de conseguir una mayor intensidad en la implementación de los distintos procesos de integración, así como el logro de unos más amplios y profundos aportes entre las dos partes de la reiterada relación: la U.E. y la C.E.L.A.C. Además, de esta manera, se pone de manifiesto como las experiencias generadas por cada uno de los dos procesos que mantienen nuestra atención, resultan ser absolutamente esenciales para dar cumplimiento al objetivo de avanzar en la relación bilateral.

En fin, volviendo nuestra atención a las Cumbres, hemos de reseñar que, en la Cumbre de Bruselas celebrada en el año 2015, última de las que han tenido lugar antes de organizar la que se acaba de concluir tan solo hace un par de semanas, se adoptó un Plan de Acción U.E. – C.E.L.A.C. que estaba basado en una serie de prioridades fijadas en anteriores Cumbres.

En este mismo orden de ideas, el referido Plan de Acción vino a fijar diez ámbitos de carácter prioritario, con la finalidad de llegar a alcanzar el establecimiento de la perseguida Asociación y Cooperación Birregional. Así, se configuraban los siguientes ámbitos temáticos:

1) Ciencia, Investigación, Innovación y Tecnología
2) Desarrollo sostenible y Medio Ambiente, Cambio Climático, Diversidad Biológica y Energía
3) Integración Regional e Interconectividad para fomentar la Integración y Cohesión Sociales
4) Migración
5) Educación y Empleo
6) Problema Mundial de la Droga
7) Cuestiones de Género
8) Inversiones y Espíritu Empresarial para un Desarrollo Sostenible
9) Educación Superior
10) Seguridad Ciudadana

Probablemente, sea indicado en este momento sacar, también, a colación el hecho de que, desde el año 1974, se iniciaron las conocidas como Reuniones Interparlamentarias, las cuales, con el paso del tiempo y, en concreto, a partir del año 2006, se llegaron a convertir en la actual Asamblea Parlamentaria Eurolatinoamericana (EUROLAT), la cual constituye el órgano parlamentario de la Asociación Estratégica Birregional. La citada Asamblea Parlamentaria está integrada por 150 miembros, que se reparten del siguiente modo: 75 son eurodiputados pertenecientes al Parlamento Europeo, mientras que, los otros 75, son diputados provenientes del Parlatino, del Parlandino, del Parlacen, del Parlasur y de los Parlamentos nacionales de México y de Chile.

En otro orden de cosas y, de cara al futuro, debemos hacer alusión, entre otras muchas, a las siguientes cuestiones:

a) Para hacer frente a la actual crisis sanitaria y económica que viene afectando, de manera muy específica y que está resultando de gran crudeza para algunos países, en el marco de la relación U.E. – C.E.L.A.C., se nos antoja que, es esencial la integración regional y birregional, así como la cooperación para el desarrollo humano.

   En tal sentido, estamos convencidos de la importancia fundamental de potenciar al máximo la relación existente entre la Unión Europea con el resto de los distintos procesos de integración que están en curso en las diferentes regiones de América Latina y del Caribe. De este modo, somos conscientes, absoluta y plenamente, manifestando nuestra persuasión acerca de la necesidad apremiante de proceder a redimensionar las negociaciones entre la U.E. y la C.E.L.A.C.

   Consideramos que es preciso tener en cuenta el hecho de que, muy posiblemente, las futuras relaciones entre las dos regiones del mundo que nos ocupan podrían presentarse en condiciones asimétricas, motivo por el cual, la decisión de intensificar programas de cooperación serviría para optar por la atribución de un papel activo y responsable de ambas organizaciones en el contexto internacional.

b) Existen una serie de temas que dominan la Agenda interna de la U.E. y de la C.E.L.A.C., como, por ejemplo, el nivel de desarrollo precario en ciertos países, el populismo partidista creciente en la política interna de un cada vez mayor número de países miembros, la constatable inseguridad que está presente en la vida diaria de los ciudadanos de bastantes países, etc. En este orden de ideas, es necesario manifestar que, las dos regiones comparten problemas similares, siendo que, la cuestión a plantear debiera ser: ¿qué pueden hacer juntas?, en lugar de: ¿qué puede hacer la Unión Europea por América Latina?, que ha sido como se ha realizado el enfoque tradicionalmente del tema.

   Pueden observarse una importante cantidad de temas que dan lugar a la aparición de verdaderos problemas y, sobre los cuales, se constatan encuentros y coincidencias apreciables para conseguir unos niveles de gobernanza global que gocen de una evidente eficacia. Así, entre otros, pueden destacarse, por ejemplo: la Política de Drogas, el Cambio Climático, las Migraciones, el Comercio, etc.

c) Se debería y podría construir una verdadera alianza atlántica entre la U.E. y la C.E.L.A.C., la cual se constituiría en torno a los diferentes retos regionales y globales que se han reseñado más arriba.

   Para ello, la Unión Europea habría de identificar a América Latina en tanto que aliado y no como mero receptor de ayuda o contraparte interregional. La indicada perspectiva que, podemos considerar, más moderna, novedosa y pragmática, requiere reconocer las semejanzas, las fragmentaciones y las diferencias entre países y subregiones, y esto con el objetivo de desarrollar políticas aún más específicas, en lugar de aplicar el principio de "café para todos", y llevar a cabo la construcción pretendida sobre una base de absoluta y total igualdad entre ambas partes, es decir, la U.E. y la C.E.L.A.C. La observancia de este último criterio será fundamental para llegar a conseguir el fin que se busca. Resulta imprescindible subrayar que, la aplicación del principio de igualdad real y completa entre las dos partes de la relación se configura como algo incuestionable para alcanzar una auténtica alianza atlántica que pueda actuar con la eficacia que se requiere, a los efectos del logro progresivo de los grandes objetivos que se intentan conseguir.

d) La nueva situación paradigmática de socios en pie de igualdad, como estima Susanne Gratius en la Revista Nueva Sociedad, nº 270, del año 2017, implicaría como consecuencia inmediata el proceder a la revisión, por un lado, del actual formato de las Cumbres que vayan a tener lugar en los próximos años entre la U.E. y la C.E.L.A.C. y, por otro lado, de los contenidos de los Programas de Cooperación regionales. Actuando de la manera indicada, será factible llegar a identificar, a través de un ejercicio conjunto de las dos partes, los ejes temáticos en los que se centran y convergen tanto los intereses, como los valores y las posibles soluciones a las cuestiones que puedan plantearse como conflictivas. En definitiva, con el nuevo esquema diseñado, de lo que se trataría sería de encontrar respuestas, de forma conjunta, a los diferentes problemas y dificultades de carácter similar que se fuesen suscitando durante la vigencia de la relación birregional.

   Una vez más, se hace preciso poner de manifiesto el reconocimiento mutuo de ambas regiones como semejantes e iguales en la relación habilitada (U.E. – C.E.L.A.C.).

e) Ante la mera posibilidad de instalación de un futuro incierto a escala internacional debido a numerosos y variados factores, tales como: el resultado final de la guerra entre Rusia y Ucrania; la retirada de los EE. UU. de distintos Foros y Acuerdos internacionales motivado por la probable vuelta a la Presidencia de ese país de Donald Trump; el rumbo que vaya a seguir la O.T.A.N. y las cuestiones conflictivas derivadas de las nuevas adhesiones de países actualmente candidatos a incorporarse a su estructura militar; la difícil decisión de la Unión Europea acerca de la necesidad de constituir o no una exclusiva Defensa europea, independiente del marco que proporciona la O.T.A.N.; las sucesivas ampliaciones que van a tener lugar de la Unión Europea como consecuencia de las diferentes y, a veces, complicadas candidaturas presentadas por determinados Estados europeos (Turquía, Ucrania, Kosovo, Moldavia, Georgia, Bosnia y Herzegovina, Albania, Macedonia del Norte, Montenegro, Serbia y otros que pudiesen surgir); el papel que vaya a jugar China como potencia emergente y cada vez con mayor influencia en países de los distintos Continentes, incluida América Latina; etc., estamos convencidos y propugnamos que, la U.E. y la C.E.L.A.C. están obligados a asumir nuevas responsabilidades que sean útiles y contribuyan de modo suficiente a afrontar la probable crisis en la que pudiese entrar el actual multilateralismo, así como también la Gobernanza Global.

f) Asimismo, de cara a la posible nueva vertebración y diseño del panorama internacional en las próximas décadas, la relación birregional establecida entre la U.E. y la C.E.L.A.C. ha de ser fuerte, enormemente consistente y bien articulada y, sobre todo, muy constructiva, adquiriendo, en un plano de igualdad, las nuevas responsabilidades a que se deban hacer frente conjuntamente y que lleguen a implicar un importante liderazgo en la escena internacional.

En este mismo sentido, cabría destacar las oportunas referencias acerca de la reseñable posición que, la suma de las dos regiones proyectaría, en relación con la oportunidad de liderar la transición ecológica y promover, al propio tiempo, el desarrollo sostenible.

De igual manera, nuestra opinión se orienta en idéntico sentido al descrito, si a lo que nos referimos es a la necesidad de impulsar la transición digital, teniendo, naturalmente, en cuenta la directa afectación de la aludida cuestión con el desarrollo de las actividades vinculadas al comercio en su más amplio espectro. En consecuencia, la nueva relación o alianza a fijar entre las dos regiones y que nos gustaría anunciar, estaría fundamentada en una completa igualdad y en el respeto mutuo entre las partes, debiendo servir, también, para garantizar la equidad en las condiciones de competencia que pudiesen ser contrarias o contravenir el conjunto de normas jurídicas y otras disposiciones del Derecho en vigor.

V. LOS ÁMBITOS TEMÁTICOS QUE IMPORTAN PARA EL DESARROLLO DE LA CUMBRE DE BRUSELAS, DE 17 Y 18 DE JULIO DE 2023

Desde nuestra perspectiva, entendemos que, la Cumbre de los días 17 y 18 de julio a celebrar en Bruselas, bajo la Presidencia del Consejo de la Unión Europea del Reino de España, entre la U.E. y la C.E.L.A.C., debiera partir del planteamiento de las siguientes cuestiones:

1) Tanto la Unión Europea como la Comunidad de Estados de América Latina y del Caribe, debieran estar unidas por un fuerte sentimiento de "Comunidad".

2) Se hace preciso llevar a término una redefinición de la antigua Asociación Estratégica U.E. – C.E.L.A.C.

3) La coyuntura actual hace más necesario que nunca el establecimiento de unos niveles adecuados de concertación entre ambas regiones (superación definitiva de la pandemia y sus secuelas, invasión del territorio de Ucrania por parte de Rusia y guerra subsiguiente con sus implicaciones y efectos para terceros países, actual situación de crisis económica que afecta a bastantes países de las dos regiones de ambos lados del Atlántico).

4) Parece, en nuestra opinión, bien urgente, llevar a cabo una potenciación real y efectiva del Diálogo Político, así como de los Acuerdos Comerciales, en especial con el MERCOSUR ya que, la negociación concluyó en 2019, y aún se ponen en entredicho determinados aspectos que se refieren a su ratificación y posterior entrada en vigor, corriéndose el riesgo severo de una reapertura del Acuerdo para proceder a una nueva negociación que podría ser interminable y comportaría, probablemente, la declaración de ruina total del Acuerdo alcanzado después de más de veinte años de complicadas negociaciones.

5) Es una evidente realidad el hecho de que, América Latina requiere de grandes e importantes inversiones al objeto de que se consiga el aspirado y ansiado nivel de crecimiento que implique y pueda dar lugar a alcanzar y afianzar la pretendida fase de modernidad que constituye un desarrollo equilibrado de muchas de sus economías.

6) Consideramos que, sin duda alguna, debiera verse introducido un necesario reforzamiento de la cooperación y, ello sería conveniente realizarlo a través de una nueva óptica de visión capaz de detectar con mayor eficacia y prontitud los distintos problemas que pudiesen suscitarse y las posibles soluciones a ser aplicadas en una perspectiva de futuro sostenible.

7) Se hace preciso potenciar y proceder a impulsar, sin ambages de ningún tipo, el establecimiento de una mejor

relación birregional en materias tales como, por ejemplo: ciencia, tecnología e innovación digital. Actuando decididamente en estos aludidos campos, se lograría avanzar bastante en el resultado final de la relación entre ambas partes.

8) Parece probado, de manera suficiente, el hecho de que, la inseguridad provoca un empeoramiento de la calidad de la democracia en su conjunto, ocasionando importantes problemas en todo lo que afecta a la implementación y afianzamiento de la misma en nuestras sociedades. En consecuencia, resulta conveniente y urgente atajar las cuestiones relativas, en concreto, a la corrupción y a la seguridad en los distintos países en donde ambas causas corroen y ponen continuamente en peligro la esencia de la democracia.

9) Por otro lado, estamos persuadidos de que, en materia de inmigración, las visiones que patrocinan las dos regiones, la U.E. y la C.E.L.A.C., son bien distintas y nada o bastante poco coincidentes. En consecuencia, nos parece que, esta temática debiera ser abordada de frente, sin impedimentos, y ser capaces de articular la búsqueda de posibles soluciones comunes. El problema es real y existe, por tanto, es inútil omitirlo o disfrazar su resolución. Se hace preciso llegar a fijar instrumentos que sean útiles y eficaces para resolver, del mejor modo, una cuestión que tantas espinas levanta en la relación birregional y, la mencionada solución ha de venir por la vía de la plena y estricta cooperación, en términos de igualdad y respeto mutuo entre las partes, y hacerlo, además, de manera conjunta y coordinada, con la finalidad anteriormente expuesta, de buscar y encontrar soluciones comunes, asumibles y válidas para lograr niveles de excelencia en la relación entre las dos regiones.

10) Estimamos que, se hace absolutamente necesario, proceder a la formulación de una visión general y amplia, desde la perspectiva de la geopolítica, de la relación que debiera articularse, de cara al futuro de los próximos años, entre la U.E. y la C.E.L.A.C. Para ello, es preciso partir de ciertos postulados. Así, podemos señalar, a título de ejemplo, como, es evidente que, la Unión Europea tiene una orientación con cierta inclinación hacia el Este, resultando imprescindible que, en el futuro, venga a conectar en mayor medida con América Latina, reorientando su posición tradicional para enfocarla adecuadamente hacia esta región del Nuevo Continente. Para conseguir el mencionado objetivo, la Cumbre de Bruselas debiera, positivamente, arrojar resultados que fuesen constatables, al menos en dos aspectos concretos, a saber: a) en la política: no se puede, ni tampoco se debe, excluir a nadie del contexto relacional; y, b) en el afianzamiento de la democracia: dado que lo subregional es importante y que lo birregional ha de alinearse con lo global. Asimismo, consideramos que, en el documento que contenga las Conclusiones de la Cumbre de Bruselas, debiera insertarse algún párrafo alusivo, de modo directo, a una posición común eurolatinoamericana sobre la guerra de Ucrania. Ello pondría en valor la posición más fuerte, a escala internacional, de la nueva alianza entre las dos regiones de uno y otro lado del Atlántico.

11) Tal y como ya apuntábamos más atrás, se hace necesaria la fijación de una Estrategia para el Desarrollo, así como que, esta misma Estrategia aludida, consiga ser más sostenible, perfilando sus contenidos vertebradores hacia la implementación de la Agenda 2030.

12) Ya hemos analizado anteriormente, en el presente trabajo, los Acuerdos de Asociación. Sin embargo, conviene insistir ahora en el hecho de que, dichos Acuerdos de Asociación pueden ser considerados únicamente

como Tratados de Libre Comercio o también, ser estructurados de modo y manera que puedan ser mucho más ambiciosos en lo que respecta a la consecución de otros muchos objetivos de interés común a las partes que lo conforman. Resultaría prudente repensar, en el último sentido apuntado, los Acuerdos que en el futuro de los próximos años se pudieran negociar y aprobar para su posterior implementación por las partes firmantes y pertenecientes a la nueva relación birregional establecida. Los mencionados Acuerdos de futuro, como decíamos, debieran abarcar tanto aspectos relativos a lo geopolítico, como, asimismo, lo que se denomina la estrategia de sostenibilidad.

13) En cuanto hace referencia a las Transiciones (energética, medioambiental y digital), también hemos hecho ya referencia a las mismas más atrás, sin embargo, insistimos ahora en algo que es destacable: ninguna de las mencionadas Transiciones se encuentra escritas ni, por tanto, previstas en cuanto a sus respectivos contenidos y resultados previamente. Suponen una importante novedad ocasionada con motivo de la aparición de circunstancias concretas que afectan a las diferentes temáticas reseñadas y que, en consecuencia, deben procurarse poner los medios y adoptar las decisiones necesarias para proporcionar solución a los distintos problemas acaecidos, y ello con una clara perspectiva de futuro. Así, pues, las tres Transiciones reiteradas (energética, medioambiental y digital), conviene abordarlas sin miedos ni tapujos, enfrentándolas de cara por las dos partes de la nueva relación (U.E. y C.E.L.A.C.).

14) En lo que hace mención del Comercio, nuevamente, hacer énfasis en la necesidad de activar con gran empuje, fortaleza y espíritu de apertura mutua, la cooperación en tanto que elemento esencial para conseguir objetivos previstos, aportando cada una de las regiones lo

que poseen y reclamando sus respectivas carencias. Así, América Latina es muy rica en materias primas, mientras que, la Unión Europea controla las tecnologías y está capacitada para poner en marcha con suficiencia y experiencia acreditada, la precisa financiación. Toda esta cooperación señalada entre ambas regiones habría de servir para intentar evitar la cada vez más destacada competencia de China.

VI. ALGUNAS CUESTIONES QUE DEBIERAN SER PRIORITARIOS PARA SER ABORDADOS EN LA CUMBRE DE BRUSELAS, DE 17 Y 18 DE JULIO DE 2023

Aún a riesgo de ser algo reiterativo en nuestra exposición, consideramos que, deben indicarse diferentes temas que, en nuestra opinión, son prioritarios de cara a ser analizados en profundidad durante el desarrollo de la Cumbre de Bruselas. En este mismo sentido, destacamos, una vez más y, a manera conclusiva, algunas de las cuestiones que, entendemos, habrían de ser abordadas con carácter particular y prioritario en las reuniones que tendrán lugar en Bruselas, los días 17 y 18 de julio de este año. Serían, entre otras y, de manera telegráfica reseñadas, las siguientes:

- Justicia para todos los ciudadanos por igual, eliminando las asimetrías y usando como un importante instrumento de obtención de los objetivos, probablemente muy útil, la política fiscal en manos de los respectivos Estados.
- Consecución de la sostenibilidad en la transformación de las economías y de las sociedades.
- Intento por conseguir alcanzar un mayor peso geoestratégico en la nueva relación que se articule entre la U.E. y la C.E.L.A.C.

- Es necesario implementar una defensa común de lo que son valores compartidos. Así, por ejemplo, entre otros, los siguientes: a) la democracia y los Derechos Humanos; b) el multilateralismo; c) el orden internacional basado en reglas y normas jurídicas; d) el estado de Derecho; e) la Justicia social.
- Se requiere llevar a cabo, sin obstáculos ni interferencias que puedan producir un freno a la acción emprendida, el fomento de la relación bilateral y birregional.
- Atender con la debida precisión a las necesidades derivadas de las Transiciones (Verde o Medioambiental, Digital y Energética).
- No puede olvidarse, en ningún momento, que el gran objetivo a alcanzar consiste en fortalecer y garantizar la renovada Asociación Estratégica Birregional (U.E. – C.E.L.A.C.).
- Estimamos que, para lograr el gran objetivo mencionado de impulsar y potenciar la Asociación Estratégica Birregional, es preciso señalar la existencia de unas prioridades compartidas, que pueden ser citadas muy sintéticamente del modo siguiente:

  *Transición digital y verde o medioambiental.

  *Lucha contra el cambio climático y la pérdida de biodiversidad.

  *Salud.

  *Seguridad alimentaria.

  *Migración.

  *Seguridad.

  *Gobernanza.

  *Lucha contra el crimen transnacional.

  *Investigación.

BIBLIOGRAFÍA Y OTRAS FUENTES DOCUMENTALES

- MOLINA DEL POZO C. F.: Las relaciones económicas y de cooperación entre México y España en base a la integración en las Comunidades Europeas, Editorial Centro de Investigaciones Económicas, Universidad Autónoma de Nuevo León (México) ,1981.
- MOLINA DEL POZO C. F.: La inversión de la Comunidad Europea y de España en México", Editorial Centro de Investigaciones Económicas. Universidad Autónoma de Nuevo León (México), 1982.
- MOLINA DEL POZO C. F.: Acuerdo Mercosur-Unión Europea, en coautoría con R. DROMI, Editorial Ediciones Ciudad Argentina, Buenos Aires,1996. 303 págs. ISBN 950-9385-48-4.
- MOLINA DEL POZO C. F.: El Parlamento Europeo y la Comunidad Andina, Edita Parlamento Europeo, Servicio de Publicaciones de las Comunidades Europeas, Luxemburgo, 1997. 98 págs. ISBN W-32ª (Estudio Externo).
- MOLINA DEL POZO C. F.: Integración Eurolatinoamericana", 2ª edición, Editorial Ediciones Ciudad Argentina, Buenos Aires,1998. 807 págs.
- MOLINA DEL POZO C. F.: Dimensiones de la integración europea y americana", 1ª edición, Heredia (Costa Rica), 2000. Editorial Universidad Nacional Autónoma, 305 págs. ISBN 9968-9947-0-7.
- MOLINA DEL POZO C. F.: El Diálogo entre los pueblos y las culturas en el marco de las relaciones Eurolatinoamericanas. Editorial Dijusa y Escuela Gallega de Administración Pública, Madrid, 2005, 758 págs. ISBN: 84-95748-65-7.
- MOLINA DEL POZO C. F.: Treinta años de integración europea (Dir.), Editorial Juruá, Lisboa, 2009. Obra conmemorativa del XXX Aniversario del Centro de Documentación Europea de la UAH.
- MOLINA DEL POZO C. F.: Derecho Comunitario Comparado: Unión Europea- Centroamérica, en coautoría con R. CHAMORRO MORA, Editorial Imprimátur, Managua (Nicaragua), 2003, 488 Págs., ISBN: 99924-0-258-X.
- MOLINA DEL POZO C. F.: El Parlamento de la Unión Europea y el Parlamento del Mercosur: ensayos para un estudio comparado, en coautoría con C. PIZZOLO, Editorial EUDEBA. Buenos Aires, 2011. ISBN: 978-950-23-1858-5. 240 páginas.
- MOLINA DEL POZO C. F.: La Administración de Justicia y la Unión Europea y el Mercosur: un análisis para su fortalecimiento, en coau-

toría con C. PIZZOLO, Editorial EUDEBA. Buenos Aires, 2011. ISBN: 978-950-23-1859-2. 264 páginas.

- MOLINA DEL POZO C. F.: Derechos sociales en los procesos de integración (Dir.), Editorial Juruá, Curitiba (Brasil), 2011. ISBN: 978-85-362-3432-8. 380 páginas.
- MOLINA DEL POZO C. F.: Evolución histórica y jurídica de los procesos de integración en la Unión Europea y en el Mercosur (Dir.). Editorial EUDEBA. Buenos Aires, 2011. ISBN: 978-950-23-1857-8. 440 páginas.
- MOLINA DEL POZO C. F.: Relaciones bilaterales entre México y Europa. El Estado de la cuestión (Dir.). Editorial Juruá. Lisboa, 2011. ISBN: 978-989-712-018-3. 369 páginas.
- MOLINA DEL POZO C. F.: La jurisprudencia ambiental en Europa y en América Latina: Una construcción para el desarrollo sostenible, Editorial Arraes Editores, Belo Horizonte, 2016, ISBN 978-85-8238-224-0
- MOLINA DEL POZO C. F.: Tratado de Derecho de la Unión Europea, 4 volúmenes, Editorial Juruá, Lisboa-Curitiba, 2015
- ISBN Vol. I: 978 989 71 23 21 -4, 254 págs.;
- ISBN Vol. II: 978 971 71 23 23 -8, 722 págs.;
- ISBN Vol. III: 978 98 97 12 325-2 594 págs.;
- ISBN Vol. IV: 978 989 71 2327 -6, 776 págs.
- MOLINA DEL POZO C. F.: Tratado de Lisboa: TUE, TFUE y Carta Europea de Derechos Fundamentales. Textos consolidados y anotados. 2ª edición, Editorial Universitaria Ramón Areces, Madrid, 2018. ISBN: 13:978-84-9961-323-9.
- MOLINA DEL POZO C. F.: Las subvenciones en el Derecho de la Unión Europea, en coautoría con R. CIPPITANI, Editorial Juruá, Porto, 2021. ISBN:978-989-712-813-4.
- MOLINA DEL POZO C. F.: Aspectos jurídicos de la Política Comercial Común en la Unión Europea, Editorial Colex, A Coruña, 2022. ISBN: 878-84-1359-384-5
- MOLINA DEL POZO C. F.: Los procesos de integración eurolatinoamericanos: Aspectos jurídicos, económicos, políticos y sociales (Dir.), 1ª Edición, Editorial Colex, A Coruña, 2022. ISBN: 978-84-1359-401-9.
- MOLINA DEL POZO C. F.: Hacia la creación de un nuevo orden internacional postpandemia: el rol de los distintos procesos de integración en Europa y en América Latina (Dir.), Editorial Centro de Estudios Financieros - CEF, Madrid, 2021. ISBN 9788445441169

- MOLINA DEL POZO C. F.: Los Municipios y las Regiones en la Unión Europea, Editorial Juruá, Curitiba-Lisboa, 2023. ISBN 978-989-712-908-7
- MOLINA DEL POZO C. F.: Hacia la construcción de un verdadero proyecto federal para la Unión Europea (Dir.), Editorial Colex y Editorial de la UAH, Madrid, 2022. ISBN 9788413596616
- MOLINA DEL POZO C. F.: El futuro de los procesos de integración en el marco de las relaciones Unión Europea – América Latina (Dir.), Editorial Colex, A Coruña, 2022. ISBN 9788413595368
- MOLINA DEL POZO C. F.: Los procesos de integración en Europa y América Latina (Dir.), editorial EUDEBA, Buenos Aires, 2023.
- MOLINA DEL POZO C. F.: Derecho de la Unión Europea, Editorial Reus, 7ª edición, Madrid, 2023. ISBN 978-84-290-2725-9
- MOLINA DEL POZO C. F.: El Multilateralismo en el mundo actual: alcances y perspectivas" (Dir.), Edit. Colex, Colección Estudios para la Integración Regional, A Coruña, 2023. ISBN 978-84-1359-743-0
- MOLINA DEL POZO C. F.: Instituciones, órganos y organismos en la Unión Europea, Editorial Tirant Lo Blanch, Valencia, 2023. ISBN 978-84-1113-283-1
- MOLINA DEL POZO C. F.: "La Cumbre de Guadalajara: ¿Hacia el fortalecimiento de las Relaciones Eurolatinoamericanas?", en la página web del Convenio Andrés Bello, Universidad Nacional de Rosario (Argentina), Programación Académica 2005 de la misma Universidad, págs. 1 a 18, http://www.cab.int.co
- MOLINA DEL POZO C. F.: "Aspectos principales de las Cumbres Eurolatinoamericanas: desde Río hacia Lima", en la Revista Temas de Integraçao, vol. 22, ISSN: 0122-4484.
- MOLINA DEL POZO C. F.: "Da Asunción a Madrid: itinerario di un impegno tra U.E., e Mercosud", en Rivista Política Internazionale, nº 1/2, Gennaio/Aprile-1997, anno XXV, Pág. 63 a 70. Edit. IPALMO (Edigraf.). Roma, 1997. 7 págs.
- MOLINA DEL POZO C. F.: "El Acuerdo Marco U.E.-Mercosur como primer paso en el proceso de integración suprarregional", en Revista de Derecho Privado y Comunitario, nº 12, año 1996, Pág. 543 a 562. Edit. Rubinzal-Culzoni, Buenos Aires, 1996, 19 págs. ISBN: 950-727-105-8.
- MOLINA DEL POZO C. F.: "Unión Europea-Mercosur: un proyecto común para el siglo XXI", en la Revista de ECSA-Argentina, nº1, Edita ECSA-Argentina, Rosario (Argentina),1999, pág. 83 a 101.

- MOLINA DEL POZO C. F.: "Las relaciones UE-Mercosur: un trayecto largo y complicado que habrá de tener un final feliz", en European Journal of Latin American Studies, vol. 1, nº 1 del 2013. Edita National University of Political Studies and Public Administration, Bucharest (Rumania), págs. 77 a 93. ISSN: 2286-0053.
- MOLINA DEL POZO C. F.: "La necesidad de la aplicación del principio de transparencia en la puesta en práctica del acuerdo Unión Europea-MERCOSUR", en Revista da Secretaria do Tribunal Permanente de Revisão, ISSN-e 2304-7887, ISSN 2307-5163, Vol. 8, N.º 16, 2020, págs. 249-267.
- MOLINA DEL POZO C. F.: "Estudio comparativo de la naturaleza jurídica y de los caracteres de la Unión Europea y del MERCOSUR, en relación con su inserción en los respectivos ordenamientos nacionales", en Revista Electrónica del Instituto de Investigaciones Jurídicas y Sociales Ambrosio Lucas Gioja, ISSN-e 1851-3069, N.º. 27, 2021, págs. 126-154.
- MOLINA DEL POZO C. F.: "Las relaciones eurolatinoamericanas en el marco de la nueva política comercial de la Unión Europea" En Revista Latin American Journal of European Studies, Vol. I, No. I, 2021.
- MOLINA DEL POZO C. F.: "América y el futuro de Europa", en Revista de Filosofía Jurídica y Social, N.º 38, UNR, año 2021.
- MOLINA DEL POZO C. F.: "Las relaciones entre España y América Latina: de las relaciones bilaterales a un mundo globalizado", Edita AECI. 250 págs. Madrid, 1993.
- MOLINA DEL POZO C. F.: "Reflexiones en torno a la realidad Centroamericana". En el libro "América Latina: realidades y perspectivas", Edita Universidad de Salamanca (Colección Aquilafuente), Salamanca, 1997.
- MOLINA DEL POZO C. F.: "Aproximación al nuevo contexto de relaciones entre la Unión Europea y América Latina". En el libro "América Latina: realidades y perspectivas", Edita Universidad de Salamanca (Colección Aquilafuente), Salamanca,1997.
- MOLINA DEL POZO C. F.: "El Derecho de la integración como modelo aplicable en las transformaciones del Estado ante el nuevo milenio". En el Libro "Mercosul no cenário internacional: direito e sociedade", Editorial Juruá, Curitiba, 1998. 20 págs.
- MOLINA DEL POZO C. F.: "Los avances en las relaciones entre la Unión Europea y el Mercosur" en el Libro "El Mercosur en el siglo XXI". Editorial Ediciones Ciudad Argentina, Buenos Aires,1998. 18 págs. ISBN 987-507-062-9

- MOLINA DEL POZO C. F.: "Reflexiones en torno a las relaciones Unión Europea-Chile", en el Libro "Chile y el Mercosur en América Latina", Edita Editorial Jurídica de Chile, Santiago de Chile, 1999. 30 págs.
- MOLINA DEL POZO C. F.: "Situación actual y perspectivas de las relaciones entre la Unión Europea y América Latina", en la obra "Direito da Integraçao", en el Libro Homenaje al Prof. Werter Faria, volumen I, Juruá Editora, Curitiba, Brasil, 2001, págs. 183 a 198. ISBN: 85-7394-935-X.
- MOLINA DEL POZO C. F.: "La ciudadanía de la Unión como elemento esencial de las transformaciones del Estado en Europa para el próximo milenio", en la obra "Mercosur- Unión Europea", Intercontinental Editora y ECSA- AL, Asunción (Paraguay), 2001, págs.255 a 279.
- MOLINA DEL POZO C. F.: "Estado de Derecho, Reforma Administrativa, Gobernanza e Integración", en la obra "La Cumbre de Guadalajara 2004: ¿Una Alianza Histórica o una Asociación Estratégica entre la Unión Europea, América Latina y el Caribe?". Edita ECSA-México y Fundación Friedrich Ebert, México, 2004, págs. 59 a 78.
- MOLINA DEL POZO C. F.: "Derechos Fundamentales y Libertades Públicas: Marco Esencial para la Democracia Participativa", en la obra "La Cumbre de Guadalajara 2004: ¿Una Alianza Histórica o una Asociación Estratégica entre la Unión Europea, América Latina y el Caribe?". Edita ECSA-México y Fundación Friedrich Ebert, México, 2004, págs. 79 a 90.
- MOLINA DEL POZO C. F.: "La III Cumbre Unión Europa-América Latina: Derechos Fundamentales y Libertades Públicas, Estado de Derecho, Gobernanza e Integración", en la obra el "Acuerdo Global entre México y la Unión Europea: Balance y Perspectivas", Edita ECSA-México y Fundación Friedrich Ebert, México, 2005, págs. a 338.
- MOLINA DEL POZO C. F.: "El concepto de ciudadanía europea y los derechos que se protegen", en el libro "La política social en los procesos de integración", Edita Universidad de Concepción (Chile), Santiago de Chile, 2007, 43 páginas.
- MOLINA DEL POZO C. F.: -Prólogo a la obra: "Relaciones bilaterales entre México y Europa. El Estado de la cuestión". Edit. Jurua Editorial. Lisboa-2011, págs. 13 y 14.
- MOLINA DEL POZO C. F.: "Marco general de los aspectos institucionales del Acuerdo entre México y la Unión Europea", en la obra: "Relaciones bilaterales entre México y Europa. El Estado de la cuestión", Editorial Juruá, Lisboa, 2011, págs. 17 a 34.

- MOLINA DEL POZO C. F.: "Medio ambiente, energías renovables y cambio climático en el Derecho de la Unión Europea", en la obra de Lapenta, E. y Rochetti, A. (Coordinadores): "Derecho y complejidad", en homenaje al Prof. Dr. Miguel Ángel Ciuro Caldani. Editorial Universidad Nacional del Centro de la Provincia de Buenos Aires, Facultad de Derecho, Buenos Aires, 2011, págs. 35 a 76. ISBN: 978-950-658-288-3.
- "MOLINA DEL POZO C. F.: El desarrollo progresivo pero difícil de las relaciones interregionales UE y América Latina: el caso del Mercosur", en la obra coordinada por el Programa de Estudios Europeos de la Universidad de Concepción (Chile), Concepción, 2012.
- MOLINA DEL POZO C. F.: "Las relaciones UE-Mercosur: del Acuerdo Marco Interregional a una perspectiva de futuro", en la obra de Stahringer de Caramutti, O.: "MERCOSUR-UNASUR en un Mundo en Transformación. Cambios y Visiones Estratégicas en una Realidad Internacional Compleja.", UNR EDITORA, Rosario (Argentina), 2013. 21 páginas.
- MOLINA DEL POZO C. F.:"Les Relations Union Européenne / Amérique latine", en la obra dirigida por J. Bourrinet titulada: "Les Frontières Extérieures de l'Union Européenne, parte tres, capitulo cinco, Paris, 2017.
- MOLINA DEL POZO C. F.: "El papel de la Unión Europea en la Construcción y Mantenimiento de la paz", en la obra dirigida por Correia Da Silva Gomez Caldas "Guerra e Paz no Século XXI", Editorial Almedina, marzo de 2018, ISBN 978-972-40-7335-4.
- MOLINA DEL POZO C. F.: "La lucha contra el cambio climático en el contexto de la política de protección del medio ambiente en la Unión Europea" en la obra de Martha Lucia Ardila y Edgar Vieira Posada (Editores): Geopolítica y nuevos actores de la integración latinoamericana, Editorial: Universidad Cooperativa de Colombia, Bogotá, 2019, ISBN: 978-958-760-197-81.
- MOLINA DEL POZO C. F.: "El papel de la integración europea en el establecimiento de un orden mundial" (en colaboración con Jorge A. Jiménez Carrero) en la obra de Edgar Vieira Posada y Félix Peña (Editores): La Covid-19 y los cambios en la integración latinoamericana y europea, Editorial Universidad Cooperativa de Colombia, Bogotá, 2021, ISBN: 978-958-760-327-9

Capítulo III. Aspectos económicos, estratégicos y comerciales de las relaciones UE-CELAC

PROF. DR. PABLO PODADERA RIVERA[1]

SUMARIO

RESUMEN

El presente capítulo pretende exponer, de manera sucinta, los principales aspectos económicos, estratégicos y comerciales que subyacen a las relaciones entre la Unión Europea (UE) y la Comunidad de Estados Latinoamericanos y Caribeños (CELAC) en la actualidad, con el propósito de ponerlas de relieve en un momento de acercamiento entre ambas regiones con motivo de la tercera cumbre UE-CELAC, celebrada en los días 17 y 18 de julio de 2023 en Bruselas (sin ánimo de analizar, por ahora, la Declaración, los acuerdos y otras conclusiones que arroja la mencionada cumbre). Con dicho fin, el capí-

[1] Catedrático Jean Monnet *ad personam* de Economía y Política de la Unión Europea, Universidad de Málaga.

tulo se ha estructurado en cinco apartados. El primero, expone los rasgos más significativos del contexto económico, comercial, global y geopolítico en el que se desenvuelven las relaciones entre ambas regiones. El segundo, recoge los principales ejes de interés estratégicos en la colaboración entre ambos bloques. El tercero muestra los principales rasgos del eje económico-comercial y el cuarto los elementos más destacados de las relaciones comerciales de la UE con sus principales socios de América Latina y Caribe (en concreto con CARIFORUM, MERCOSUR, Comunidad Andina y América Central). El último apartado recoge las conclusiones y reflexiones sobre el tema tratado

PALABRAS CLAVE: economía, estrategia, comercio, ALC, UE, relaciones UE-CELAC.

I. EL CONTEXTO

No cabe duda de que nos encontramos en un contexto convulso, marcado por la incertidumbre y, como bien señala Detlef Nolte[2], caracterizado por elementos destacables como:

- La resaca de la experiencia del unilateralismo y el proteccionismo de Estados Unidos bajo la administración de Donald Trump,
- La creciente dependencia de China como socio económico y competidor,
- Los problemas con las cadenas de suministro todavía estancadas desde la pandemia de COVID-19 y, más recientemente, producto de la invasión rusa a Ucrania.

---

2 NOLTE, D. (2023). *Perspectivas de la próxima cumbre CELAC-UE: ¿sigue siendo válido y realista el objetivo de una asociación estratégica?* Obtenido de: https://eulacfoundation.org/es/perspectivas-la-proxima-cumbre-celac-ue-sigue-siendo-valido-y-realista-el-objetivo-una-asociacion, recuperado en febrero de 2023.
Detlef Nolte es *Associated Fellow* del Instituto Alemán de Estudios Globales y de Área (GIGA).

A estas podríamos añadir , de acuerdo con Ayuso[3]:

- Transformación de la naturaleza de la globalización, donde las relaciones entre la UE y la CELAC necesitan buscar nuevos caminos para su reactivación.
- Necesidad de una reconceptualización del inter-regionalismo vigente y una alineación con la agenda global de fortalecimiento del multilateralismo y también de reforma del sistema de las Naciones Unidas.
- Necesidad de herramientas de cooperación diseñadas para impulsar las transformaciones estructurales precisas para el cambio de paradigma de producción y consumo, acompañado de instrumentos regulatorios que favorezcan la creación de regímenes internacionales basados en normas y valores compartidos.
- Actual contexto de redefinición del orden global, en el cual se está redimensionando el rol de los actores internacionales que, como la UE y los países de América Latina y el Caribe, buscan un posicionamiento estratégico que les permita el mayor espacio posible de autonomía y, al tiempo, reducir su vulnerabilidad ante la creciente interdependencia global.

Es decir, el panorama geopolítico[4] ha reforzado la búsqueda de autonomía estratégica en la UE. Y, lógicamente, dicha

---

3 AYUSO POZO, A., "Claves para reactivar la asociación UE-CELAC y encauzar la globalización del futuro", *CIDOB Notes Internacionals*, núm. 247, 2021.

4 Luttwak identifica tres factores principales en la estrategia global: la geoeconomía, la geopolítica y la geocultura. Según Luttwak, la geoeconomía es un factor clave para atraer y desarrollar recursos económicos, y para lograr una ventaja competitiva en la economía global. A su vez, afirma que la Geoeconomía estaría tomando el relevo a la Geopolítica (también se puede entender, de acuerdo con

autonomía estratégica implica y requiere tener la capacidad de actuar y cooperar con socios internacionales y regionales siempre que sea posible, al mismo tiempo que ser capaces de operar de forma autónoma cuando sea necesario. Esto significa que la política comercial de la UE deba plantearse como objetivos primordiales no sólo lograr un mejor acceso de las empresas europeas a los mercados extranjeros, sino que también sea un instrumento para diversificar las fuentes de abastecimiento de Europa en el seno de las cadenas globales de valor (CVG) y de suministro.

Es en este punto donde América Latina y Caribe (ALC) pueden desempeñar un papel fundamental en la nueva política industrial y comercial de la UE, sobre todo, a la hora de facilitar acuerdos, inversiones conjuntas, nuevos proyectos en áreas especialmente estratégicas (prioritariamente en los ámbitos de la mejora de la productividad global, lucha contra el cambio climático y el desarrollo tecnológico)[5], generando así cadenas de valor estratégicas entre las dos regiones.

En la primera Cumbre América Latina-Europa, celebrada en Río de Janeiro en 1999, ya se anunció el objetivo de desarrollar una “asociación estratégica”. Desde entonces dicho tér-

---

expertos en la materia- Deborah Cowen y Neil Smith (2009)- como una evolución de la Geopolítica). Lo cierto es que es necesario separar la Geoeconomía de la Geopolítica y de la Economía Política Internacional (son matices distintos los que incorporan una y otras). Podría decirse que la economía y la política son interdependientes y que el conocimiento profundo de la economía de un país o región es fundamental para lograr una estrategia efectiva en la política nacional e internacional.

5 En este sentido, la UE prioriza áreas como: la microelectrónica, baterías, computación de alto rendimiento, seguridad cibernética, medicina y salud personalizada, industria baja en carbono, hidrógeno, internet de las cosas, energías renovables, en automoción o en el área digital, entre otras.

mino ha ido apareciendo en diversas declaraciones oficiales, pero sin terminar de aterrizar en una propuesta concreta. La próxima cumbre CELAC-UE en julio de 2023 ofrece la oportunidad de indagar y definir, dentro del marco de una asociación estratégica, las bases de dicha asociación, así como las futuras líneas o áreas estratégicas para el establecimiento de "cadenas de valor birregionales".

Desde la invasión rusa a Ucrania en febrero de 2022, el valor estratégico de América Latina y el Caribe (ALC) ha aumentado para la Unión Europea, tanto desde el punto de vista político en el seno de la Asamblea General de las Naciones Unidas, como desde la óptica económica, por sus reservas de materias primas (gas natural, petróleo) que ahora suministra Rusia a la UE, en su gran mayoría o, de forma estratégica, el litio y el hidrógeno verde, por el gran potencial de América Latina para producirlos y exportarlos a precios competitivos.

Después del último encuentro en Buenos Aires de los Ministros de Asuntos Exteriores de 60 países de Europa y ALC en octubre de 2022, en III Reunión de Ministros de Asuntos Exteriores CELAC-UE, Josep Borrell, Alto Representante de la UE para Asuntos Exteriores y Política de Seguridad, declaró que 2023 debía ser el año de América Latina en Europa y de Europa en América Latina.

Entre los principales resultados obtenidos en la mencionada Reunión destacan[6]:

- Garantizar una recuperación económica pospandémica inclusiva, equitativa y sostenible, acordando profundizar en la cooperación en materia de seguridad alimentaria, energía, salud, justicia social y la integración de los sistemas de producción y las cadenas de valor, incluso con

---

6 Obtenido de: https://www.consilium.europa.eu/media/59827/celac-eu-fmm-joint-communique.pdf, consultado en noviembre de 2022.

respecto a las materias primas; y fortalecer las relaciones comerciales y de inversión entre las dos regiones.

- Promocionar el respeto de los derechos humanos y las libertades fundamentales, la democracia y el estado de derecho (aquí es importante destacar la necesidad de hacer frente a los regímenes autoritarios de América Latina).
- La innovación, la lucha contra el cambio climático y la pérdida de biodiversidad, la gestión del riesgo de desastres y la agenda digital.
- Empoderamiento de mujeres y niñas. Las políticas de género, así como la lucha contra las discriminaciones, el racismo, la xenofobia y la intolerancia recibieron especial atención, así como la cooperación en la lucha contra la delincuencia transnacional, incluido el blanqueo de capitales y el narcotráfico.
- Fortalecer el multilateralismo.
- Acordar una hoja de ruta de actividades 2022-2023

II. EJES DE INTERÉS ESTRATÉGICO EN LA COLABORACIÓN UE-CELAC.

Puede decirse, casi con toda propiedad, que los principales ejes de colaboración estratégica entre ambas regiones son:

Derechos humanos y Democracia

Los valores democráticos y la promoción y protección de todos los derechos humanos y las libertades fundamentales de todas las personas, tal como establece la Declaración Universal de Derechos Humanos, constituyen el núcleo de la asociación estratégica UE-CELAC.

Investigación, Innovación y Educación

Desde la Cumbre UE-CELAC de 2015 se han intensificado los esfuerzos para desarrollar un espacio común de investigación UE-CELAC, centrándose en tres pilares estratégicos: movilidad de los investigadores, acceso a infraestructuras de investigación y solución conjunta de los retos globales compartidos.

Tanto Horizonte 2020, el mayor programa de investigación e innovación, con un presupuesto de 80 000 millones EUR, como Erasmus + son accesibles a las instituciones de investigación y los investigadores y científicos de los países de América Latina y el Caribe.

Cooperación de la UE con América Latina y el Caribe

La UE sigue siendo el mayor proveedor de ayuda oficial al desarrollo (AOD) en los países de América Latina y el Caribe pues concedió subvenciones por un importe de 3 600 millones EUR para el período 2014-2020. El programa regional del Instrumento de Cooperación al Desarrollo para América Latina y la asignación del Fondo Europeo de Desarrollo para el Caribe son instrumentos esenciales en este contexto.

Medio Ambiente (Cambio Climático)

No en vano solo América Latina (AL) es la región del mundo con más agua potable y biodiversidad (Brasil). América Latina posee el 30% del agua mundial (12% de recursos de agua dulce del planeta).

Es importante destacar la importancia del papel de AL en la transición ecológica y energética (las energías renovables e hidrógeno verde y el Litio nos lo proporciona en su gran mayoría AL) y, por tanto, en la reducción de la dependencia con China y Rusia.

Es necesario añadir, aunque no aparezca a menudo como tal eje el de **las Sociedades civiles UE-CELAC**

La UE tiene que revisar su relación con América Latina y el Caribe, promoviendo más cooperación e igualdad socioeconómica con un enfoque de derechos humanos. También en el desarrollo territorial y la cohesión social la Fundación EU-LAC juega un papel importante en ello.

Político: En este sentido, es preciso hablar de socios estratégicos (Brasil, México, Argentina...y otras organizaciones subregionales). Por tanto, debemos hablar, no solo de CELAC, sino también de la relación de la UE con otros países claves de América Latina, como, por ejemplo, Brasil[7].

Económico y comercial

---

7 Véase: PODADERA RIVERA, P., GARASHCHUK, A., "Strategic partner´s attractiveness index for the European Union: Can the eurasian economic unión headed by Russia become strategic partner for the EU?", *Revista de economía mundial*, núm. 51, 2019, págs. 207-228, obra en la que trabajamos sobre la construcción de un Índice de atractividad de socios estratégicos para la Unión Europea y obtenemos un top ten en el que Brasil aparece en octavo lugar, tras EE. UU, Japón, China, Canadá, Rusia...entre otros.
Asimismo, véase: PODADERA RIVERA, P., GARASHCHUCK, A., "Heterogeneity of the European Union´s Strategic Partners: Can They Still Be Compatible?", *European Review* , 28(2), 2020, pp. 202-224, obra en la que analizamos qué organizaciones regionales representan los mejores intereses de la UE desde un punto de vista estratégico con la intención de conocer el verdadero potencial de los socios estratégicos de la UE y se demuestra empíricamente que los socios estratégicos de la UE son tan heterogéneos como para representar una respuesta colectiva al multilateralismo y que, en su lugar, debería aplicarse un enfoque bilateral, teniendo en cuenta el carácter específico de cada socio estratégico. Uno de los resultados de dicho trabajo es un ranking en el que Mercosur aparece en tercer lugar como socio regional estratégico para la UE y Brasil en el número 10 como país de manera individual.

III. EL EJE ECONÓMICO-COMERCIAL

En conjunto, la UE ha celebrado acuerdos de libre comercio con 26 de los 33 países de América Latina y el Caribe (ALC).

En 2016 se reanudaron las negociaciones con vistas a celebrar un Acuerdo de Asociación con el Mercosur y están actualmente entrando en las fases finales. Están a punto de finalizar con México las negociaciones de cara a celebrar un acuerdo modernizado, que sustituya al anterior. Ambas partes se han comprometido a la rápida conclusión de las restantes cuestiones comerciales de carácter técnico y las disposiciones institucionales y finales. En el caso de Chile, se ha avanzado en la negociación de la actualización del Acuerdo de Asociación.

En los diez últimos años, la cuota total de la UE en el comercio de ALC se mantuvo estable (14,4 %). El total de los intercambios comerciales de bienes entre la UE y ALC se ha más que duplicado en la última década, hasta alcanzar 369.000 millones EUR en 2022 (crecimiento de un 39% desde 2013), y la UE es el tercer socio comercial de ALC. La UE es el primer inversor en la región (693.000 M€ de stocks de inversión en 2021, que respaldaron 2,75M de empleos en la región). El volumen de inversión extranjera directa (IED) de la UE en ALC ascendió a 825. 700 millones EUR en 2016, una cuantía superior a la IED conjunta de la UE en China, la India y Rusia. Las inversiones de la UE son de alta calidad y diversificadas (abarcan los sectores primario, secundario y terciario) y contribuyen al desarrollo sostenible con la transferencia de tecnología y la innovación. El volumen de IED de ALC en la UE también aumentó sustancialmente, pasando de 128 500 millones EUR en 2009 a 250 300 millones EUR en 2016; Brasil sigue siendo el mayor inversor[8].

---

8 Datos extraídos de: https://policy.trade.ec.europa.eu/eu-trade-relationships-country-and-region/countries-and-regions_es y https://

Por su parte, la UE mantiene en vigor más de 40 acuerdos comerciales con cerca de 80 países. Además, mediante el Sistema de Preferencias Generalizadas, ofrece un acceso preferencial al mercado a los países de renta media o baja. Los mercados de terceros países proporcionan oportunidades de exportación, pero también son importantes fuentes de materias primas y mercancías para las empresas de la UE. De ahí que formen parte de sus cadenas de suministro mundiales.

IV. RELACIONES COMERCIALES DE LA UE CON SUS PRINCIPALES SOCIOS DE AMÉRICA LATINA Y CARIBE

El presente apartado pretende, sin ánimo de exhaustividad, exponer algunos datos y elementos característicos sobre las relaciones comerciales de la Unión Europea con sus principales socios de América Latina y Caribe con base en información estadística extraída de la propia Comisión Europea. Con ello se pretende evidenciar la importancia de la actividad entre ambas regiones, así como su gran potencial y proyección futura.

CARIFORUM

La UE es el tercer socio comercial más grande de CARIFORUM (en el marco del Acuerdo de Asociación Económica UE-CARIFORUM[9]), después de EE.UU.

---

policy.trade.ec.europa.eu/analysis-and-assessment/statistics_es?etrans=es#letter-l, consultado en diciembre de 2022 y junio de 2023.

9 Ver El Acuerdo de Asociación Económica UE-Cariforum. Obtenido de: https://trade.ec.europa.eu/access-to-markets/es/content/el-acuerdo-de-asociacion-economica-ue-cariforum, consultado en diciembre de 2022.

Las principales exportaciones del Caribe a la UE son combustibles y productos mineros, en particular gas y aceites de petróleo, plátanos, azúcar y ron, minerales (en particular, oro, corindón, óxido e hidróxido de aluminio), productos de mineral de hierro y fertilizantes.

Las principales importaciones en el Caribe desde la UE son embarcaciones, barcos, automóviles, vehículos de construcción y piezas de motor, equipos telefónicos, leche y crema y bebidas espirituosas.

MERCOSUR

La UE ha celebrado un acuerdo comercial con los cuatro miembros fundadores del Mercosur (Argentina, Brasil, Paraguay y Uruguay) como parte de un Acuerdo de Asociación birregional.

Las actuales relaciones comerciales entre la UE y Mercosur se basan en un Acuerdo marco de cooperación interregional que entró en vigor a partir de 1999 (Interregional Framework Cooperation Agreement between the European Community and Mercosur, Council Decision 1999/279/EC)

La UE y cada uno de los países del Mercosur también tienen acuerdos marco bilaterales de cooperación, que también se ocupan de cuestiones relacionadas con el comercio.

Las negociaciones UE-Mercosur comenzaron en 2000 y a lo largo de los años experimentaron diferentes fases.

En mayo de 2016, la UE y el Mercosur relanzaron el proceso de negociación, intercambiaron nuevas ofertas de acceso a los mercados e intensificaron el ritmo de las negociaciones mediante la celebración de rondas de negociación y reuniones a intervalos regulares.

El 28 de junio de 2019, la Unión Europea y Mercosur alcanzaron un acuerdo político para un acuerdo comercial ambicioso, equilibrado y global que abarcase cuestiones como: tarifas, normas de origen, obstáculos técnicos al comercio, medidas sanitarias y fitosanitarias, servicios, contratación pública, propiedad intelectual, desarrollo sostenible o pequeñas y medianas empresas, entre otras.

Entre las principales características del comercio de la UE con Mercosur, podemos destacar las siguientes[10]:

- La UE es el socio comercial e inversor número uno del Mercosur.
- La UE es el segundo mayor socio comercial de Mercosur después de China, representando el 16,2 % del comercio total del bloque en 2021. Mercosur es el socio n.º 11 del comercio de bienes para la UE.
- En 2021, las exportaciones de la UE a los cuatro países del Mercosur ascendieron a 45 000 millones EUR, mientras que las exportaciones de Mercosur a la UE ascendieron a 43 000 millones EUR.
- Las mayores exportaciones de Mercosur a la UE en 2021 fueron los productos minerales (22,3 % de las exportaciones totales), los productos vegetales, incluidos la soja y el café (20,7 %), y los productos alimenticios, las bebidas y el tabaco (19,1 %)
- Las exportaciones de la UE al Mercosur incluyen maquinaria y aparatos (27,8 % de las exportaciones totales), productos químicos y productos farmacéuticos (26,3 %), equipos de transporte (10,5 %).

---

10 Ver: *Relaciones Comerciales de la UE con Mercosur. Hechos, cifras y últimas novedades.* Obtenido de: https://policy.trade.ec.europa.eu/eu-trade-relationships-country-and-region/countries-and-regions/mercosur_es?etrans=es, consultado en enero de 2023.

- La UE exportó 17 200 millones EUR de servicios al Mercosur, mientras que Mercosur exportó 7 700 millones EUR de servicios a la UE en 2020.
- La UE es el mayor inversor extranjero de la región, con un volumen acumulado de inversión que ha pasado de 130.000 millones de euros en 2000 a 330.000 millones de euros en 2020.

COMUNIDAD ANDINA

La UE tiene un acuerdo comercial con Colombia y Perú (Comisión Europea, 2012a). El acuerdo se aplica provisionalmente con Perú desde el 1 de marzo de 2013_(European Commission, 2013a) y con Colombia desde el 1 de agosto de 2013 (European Commission, 2013b).

El 1 de enero de 2017, Ecuador se adhirió al Acuerdo Comercial (European Commission, 2016). El acuerdo abre gradualmente los mercados de ambas partes y aumenta la estabilidad y previsibilidad del entorno comercial y de inversión. Bolivia, miembro de la Comunidad Andina, también puede solicitar la adhesión al acuerdo comercial.

Entre las principales características del comercio de la UE con la Comunidad Andina, podemos destacar las siguientes[11]

- La UE es el tercer socio comercial más grande y un importante inversor en los países andinos. En 2020, el comercio total de la UE con los países andinos ascendió a unos 21.000 millones de euros (en 2022 se duplicó para pasar a 45.000M€, según datos de la Comisión Europea).

---

11 Ver: *Relaciones de la UE con la Comunidad Andina. Hechos, cifras y últimas novedades*. Obtenido de: https://policy.trade.ec.europa.eu/eu-trade-relationships-country-and-region/countries-and-regions/andean-community_en, consultado en enero de 2023.

- Los países andinos exportan productos agrícolas (50,1 %), productos pesqueros (14,5 %) y productos minerales (18,6 %) a la UE.
- La UE exporta principalmente productos manufacturados a los países andinos (90 %), en particular maquinaria y equipos de transporte (34 %) y productos químicos (24,7 %).
- La UE, Colombia y Perú concluyeron las negociaciones comerciales en 2011. El Acuerdo Comercial UE-Colombia/Perú se firmó en junio de 2012.
- Las negociaciones para la adhesión de Ecuador al acuerdo comercial con Colombia y Perú concluyeron en julio de 2014. El Protocolo de Adhesión para Ecuador se firmó en noviembre de 2016 y se aplica provisionalmente desde el 1 de enero de 2017.

Los beneficios del acuerdo comercial incluyen:

- Apertura de mercados de bienes, servicios, contratación pública e inversión;
- Mejores condiciones para el comercio mediante nuevas normas sobre barreras no arancelarias, competencia, transparencia y derechos de propiedad intelectual;
- Un entorno más estable y previsible para las empresas con un mecanismo bilateral de solución de diferencias y un sistema de mediación para las barreras no arancelarias;
- Acuerdos de cooperación en materia de competitividad, innovación, modernización de la producción, facilitación del comercio y transferencia de tecnología, y
- Un capítulo integral de Comercio y Desarrollo Sostenible con compromisos destinados a garantizar altos niveles de protección laboral y ambiental, que incluya un sistema de arbitraje transparente y procedimientos para interactuar con la sociedad civil.

- Bolivia se beneficia del acceso preferencial que la UE concede en el marco del Sistema de Preferencias Generalizadas (SPG) de la UE, en particular a través del régimen especial de incentivos para el desarrollo sostenible y la buena gobernanza, conocido como SPG +.

Las mayores exportaciones de la UE a los tres países andinos son productos manufacturados, especialmente maquinaria y equipos de transporte, así como productos químicos.

A su vez, las importaciones más elevadas de Colombia, Perú y Ecuador en la UE consisten en productos agrícolas, combustibles y productos mineros.

AMÉRICA CENTRAL

La UE y la región centroamericana (Panamá, Guatemala, Costa Rica, El Salvador, Honduras, Nicaragua) celebraron un nuevo Acuerdo de Asociación (Comisión Europea, 2012b) firmado el 29 de junio de 2012. El Acuerdo de Asociación se basa en tres pilares complementarios e igualmente importantes, a saber, el diálogo político, la cooperación y el comercio que se refuerzan mutuamente y sus efectos.

El pilar comercial del Acuerdo de Asociación se aplica provisionalmente desde el 1 de agosto de 2013 con Honduras, Nicaragua y Panamá, desde el 1 de octubre de 2013 con Costa Rica y El Salvador, y desde el 1 de diciembre de 2013 con Guatemala.

Entre las principales características del comercio de la UE con la Comunidad Andina, podemos destacar las siguientes[12] :

---

12 Ver: *Relaciones comerciales de la UE con América Central. Hechos, cifras y últimas novedades.* Obtenido de: https://policy.trade.ec.europa.eu/eu-trade-relationships-country-and-region/countries-and-regions/central-america_en, consultado en enero de 2023.

- Según datos de EUROSTAT, el flujo comercial entre la UE y Centroamérica asciende a 10 700 millones EUR en 2020 (en 2022 ascendió a 26.000M€ según la propia Comisión Europea). La balanza comercial de la UE con Centroamérica presentaba un déficit comercial de 900 millones EUR en 2019 (el año anterior hubo un superávit de 400 millones EUR), lo cual es indicativo de que el comercio bilateral con Centroamérica se ha visto particularmente afectado por la pandemia de COVID-19 en 2020.
- Las exportaciones de la UE a Centroamérica han disminuido un 21,7 % en 2020. Esta disminución se debe principalmente a los malos resultados de las exportaciones de: el aceite mineral; Maquinaria y equipo; y Productos Químicos, que disminuyeron un 16,8 %, 13,9 % y 35,9 % respectivamente.
- Por contra, las principales importaciones de la UE procedentes de Centroamérica por sección del Sistema Armonizado (SA) han sido resistentes y han disminuido solo un 0,4 %. Las importaciones de la UE son, por orden de importancia: productos vegetales; instrumentos ópticos y fotográficos, etc.; productos alimenticios, bebidas y tabaco; grasas y aceites animales o vegetales.
- Las principales exportaciones de la UE a Centroamérica por sección del SA son, por orden de importancia: Productos de las industrias químicas o afines; Máquinas y aparatos; Equipo de transporte; Alimentos, bebidas, tabaco.

La UE y Centroamérica intercambian anualmente sus estadísticas respectivas para elaborar un análisis conjunto, ya que dada la importancia de la zona franca panameña (la segunda del mundo), los datos de EUROSTAT tienden a sobreestimar las exportaciones de la UE a Centroamérica.

La UE y Centroamérica han mantenido relaciones estrechas y globales durante décadas, volviendo al apoyo de la UE a las regiones que tuvieron éxito en el proceso de paz en la década de 1980.

El objetivo central de la política comercial de la UE para Centroamérica es aumentar el comercio bilateral y utilizarlo para reforzar el proceso de integración regional entre los países de la región. En términos prácticos, esto significa la creación de una unión aduanera y la integración económica en Centroamérica. La UE ha apoyado este proceso a través de su acuerdo comercial y sus programas de cooperación técnica relacionados con el comercio.

Este nuevo acuerdo tiene por objeto fomentar el desarrollo sostenible y profundizar su proceso de integración regional. Esta integración económica más estrecha entre los países de la región centroamericana es importante para atraer inversiones a la región y ayudar a las empresas locales a desarrollar la fortaleza en su mercado regional para competir internacionalmente.

La parte comercial del Acuerdo de Asociación sustituirá al acceso preferencial unilateral a su mercado concedido a Centroamérica en virtud del Sistema General de Preferencias de la UE.

Entre los beneficios del Acuerdo, según el mencionado documento, pueden mencionarse los siguientes:

- Eliminación de la mayoría de los aranceles de importación;
- Mejora del acceso a la contratación pública, los servicios y los mercados de inversión;
- Mejores condiciones para el comercio a través de nuevas disciplinas sobre las barreras no arancelarias al acceso al mercado, la competencia y los derechos de propiedad intelectual;
- Un entorno más previsible para el comercio con un mecanismo de mediación para las barreras no arancelarias y un mecanismo bilateral de solución de diferencias;
- Reforzar la integración regional, por ejemplo, mediante el establecimiento de un derecho único de importación para toda la región y la utilización de un documento administrativo único para las aduanas, y

- Apoyo al desarrollo sostenible, incluida la consulta a las partes interesadas de la sociedad.

V. CONCLUSIONES Y REFLEXIONES

A la vista de todo lo expuesto anteriormente y dadas las características del contexto geopolítico y geoeconómico actual, ALC necesita profundizar en un marco de integración comercial, económica y política (construir un verdadero mercado regional integrado, avanzar en la cooperación económica y comercial, llevar a cabo procesos de aproximación política capaces de eliminar conflictos y vetos políticos y profundizar en la armonización normativa) que le permita participar de forma segura en las relaciones internacionales y situarse de forma estratégica en dicho contexto. Sólo de esta forma, la CELAC estará en condiciones de construir su propia identidad, con el fin de poder interactuar con mayores garantías de éxito frente a la UE y otros bloques económicos.

Por su parte, la UE también debe poner en valor el potencial con el que cuenta y diseñar su propia autonomía, de forma estratégica y abierta en la que la Comunidad de Estados de Latinoamérica y Caribe ocupan un lugar primordial.

No en vano, es necesario destacar la existencia de ciertas sombras en la relación birregional UE-CELAC[13]. Una de las principales es la condición de foro regional de la CELAC, con distintos grados de voluntad y compromiso por parte de sus Estados miembros y no de organización regional, como la UE, lo

---

13 NOLTE, D. (2023). *Perspectivas de la próxima cumbre CELAC-UE: ¿sigue siendo válido y realista el objetivo de una asociación estratégica?* Obtenido de: https://eulacfoundation.org/es/perspectivas-la-proxima-cumbre-celac-ue-sigue-siendo-valido-y-realista-el-objetivo-una-asociacion , recuperado en febrero de 2023.

cual deja en evidencia la verdadera vinculación de los acuerdos que alcancen ambas regiones.

Por otro lado, están los intereses de ambas regiones; los de abastecimiento de materias primas estratégicas y energía (como el litio, los combustibles fósiles o la energía verde) por parte de la UE, y la de reindustrialización por parte de América Latina y Caribe, lo cual puede provocar un conflicto en las cadenas de suministro birregionales si no se produce un verdadero entendimiento entre ambas partes, así como tensiones en la esfera geopolítica.

Por su parte, existen diferencias latentes, que luego se implementan en la práctica, en el marco de la definición y protección de la democracia y de los derechos humanos, perímetro fundamental de los valores entre los que se desenvuelven las actividades de la UE.

BIBLIOGRAFÍA Y OTRAS FUENTES DOCUMENTALES

- AYUSO POZO, A., "Claves para reactivar la asociación UE-CELAC y encauzar la globalización del futuro", *CIDOB Notes Internacionals,* Nº. 247, 2021.
- COMISIÓN EUROPEA (2012a). *Acuerdo comercial entre la Unión Europea y sus Estados miembros, por una parte, y Colombia y el Perú, por otra,* EUR-Lex - 22012A1221(01)-ES, Edición Especial en croata: Capítulo, tomo 088 P. 5 – 2609. Obtenido de: https://eur-lex.europa.eu/legal-content/EN/TXT/?uri=celex:22012A1221(01), recuperado en diciembre de 2022.
- COMISIÓN EUROPEA (2012b). *Acuerdo por el que se crea una Asociación entre la Unión Europea y sus Estados miembros, por una parte, y Centroamérica, por otra,* DO L 346 de 15.12.2012, p. 3/2621. EUR-Lex - 22012A1215(01) – ES, edición especial en croata: Capítulo 11 Tomo 087 p. 5 – 2623. Obtenido de: https://eur-lex.europa.eu/legal-content/EN/ALL/?uri=CELEX:22012A1215(01), recuperado en diciembre de 2022.
- COWEN, D., & SMITH, N., "¿After Geopolitics? From the Geopolitical Social to Geoeconomics". *Antipode,* núm. 41, 2009.
- EUROPEAN COMMISSION (2013a). *EU trade agreement with Peru goes live – Colombia's next in line.* Obtenido de: https://ec.europa.eu/commission/presscorner/detail/en/IP_13_173, recuperado en enero de 2023.

- EUROPEAN COMMISSION (2013b). *EU-Colombia trade agreement takes effect on 1 August.* Obtenido de: https://ec.europa.eu/commission/presscorner/detail/en/IP_13_749, consultado en enero de 2023.
- EUROPEAN COMMISSION (2016). *Ecuador joins EU-Colombia/Peru trade agreement.* Obtenido de: https://ec.europa.eu/commission/presscorner/detail/en/IP_16_3615, recuperado en febrero de 2023
- LUTTWAK, EDWARD. N., "From Geopolitics to Geo-Economics: Logic of Conflict, Grammar of Commerce". *The National Interest,* núm. 20 (Summer 1990), pp. 17-23, Center for the National Interest.
- NOLTE, D. (2023)., *Perspectivas de la próxima cumbre CELAC-UE: ¿sigue siendo válido y realista el objetivo de una asociación estratégica?* Obtenido de: https://eulacfoundation.org/es/perspectivas-la-proxima-cumbre-celac-ue-sigue-siendo-valido-y-realista-el-objetivo-una-asociacion , recuperado en febrero de 2023.
- PODADERA RIVERA, P. and GARASHCHUK, A., "Strategic partner's attractiveness index for the European Union. Can the eurasian economic union headed by Russia become strategic partner for the EU?", *Revista de Economía Mundial,* ISSN 1576-0162, Nº 51, 2019, págs. 207-228.
- PODADERA-RIVERA, P., & GARASHCHUK, A., "Heterogeneity of the European Union's Strategic Partners: Can They Still be Compatible?" *European Review,* 28(2), 2020, págs.202-224. doi:10.1017/S1062798719000450

Capítulo IV.
El multilateralismo ante un renovado diálogo birregional, UE-CELAC 2023, la oportunidad de un futuro posible

PROFª. LILIANA BERTONI[1]

SUMARIO

RESUMEN

Así como el multilateralismo supo ser la base de reconstrucción del mundo de posguerra y otorgar una paz prolongada y duradera al continente europeo, está hoy llamado a asistir los nuevos desafíos que presenta la sociedad tecnológica de nuestros días. Vemos entonces en este reinicio del sistema de Cumbres un primer paso para retomar el diálogo en busca de un consenso

---

1 Directora del Departamento de Publicaciones del IELEPI. Secretaria académica de la Unión de Parlamentarios del MERCOSUR y Profesora universitaria en la Universidad de Buenos Aires (Argentina)

sobre determinados temas y cuestiones comunes , en busca de una solución conjunta. En este sentido entonces analizaremos seguidamente las propuestas y resultados de la Cumbre UE-CELAC acontecida en el mes de Julio 2023.

PALABRAS CLAVE: Multilateralismo, Cumbre, Relaciones Birregionales, UE / CELAC.

I. INTRODUCCIÓN

En el mes de mes de mayo de este año 2023 tuve la oportunidad de participar y compartir con colegas y amigos un interesante Congreso realizado en la tradicional ciudad de Burgos. Congreso que se desarrolló en una importante Casa de Estudios como es la Universidad Isabel I, promovido y organizado en esta Universidad por la Facultad de Derecho de la misma y por el Instituto Eurolatinoamericano de Estudios para la integración (IELEPI) al cual pertenezco.

La propuesta de trabajo de este Congreso Internacional nos acercaba al análisis de las relaciones entre la Unión Europea y la CELAC y ciertamente resultó muy oportuna e interesante dado que nos encontrábamos a meses de la realización de una tan esperada Cumbre entre Presidente y Jefes de Estados que se realizaría en el mes de Julio de 2023 en Bruselas.Cumbre en la cual después ocho años de postergaciones, los jefes de Estado y de Gobierno de la Unión Europea y la Comunidad de Estados de América Latina y el Caribe (CELAC) se dieron cita en Bruselas para celebrar la III Cumbre Biregional que reunió nuevamente en 2023 a los países integrantes de la Unión Europea y los países latinoamericanos agrupados en la CELAC.

El presente trabajo pretende recordar lo expresado en oportunidad del Congreso de Burgos agregando las conclusiones y consideraciones finales de la Cumbre realizada el 17 y 18 de Julio en Bélgica.

II. LAS RELACIONES ENTRE ESTADOS EN LA COMUNIDAD INTERNACIONAL

Terminado el periodo de la pandemia, que soportamos con gran incertidumbre durante dos largos años, en esta primera veintena del año 2000 todo debió recomenzar.

Y ante el descreimiento del alcance que podría tener el multilateralismo en ámbitos internacionales para sobrellevar los tiempos difíciles y enfrentar los grandes desafíos que esta sociedad tecnológica nos pone por delante tanto a los individuos como a los Estados, resurge con fuerza la idea de la necesidad de aunar esfuerzos a partir de acciones conjuntas, acciones multilaterales.

Esta conclusión ha conducido a afirmar que el futuro de la Humanidad, la vida en el planeta, la sustentabilidad, la paz y la seguridad mundial son cuestiones que no pueden ser enfrentadas en soledad, la base de las acciones necesarias con miras al futuro, hacia un futuro mejor, deben ser indiscutiblemente multilaterales, basadas en la cooperación y la solidaridad.

II. A.-Relaciones entre diferentes UE /CELAC

Este caso en particular que analizamos en el presente trabajo, nos encontramos ante un renovado diálogo birregional entre bloques integrados de países.

Por un lado, un_bloque de integración regional como es la UE, un proceso de integración regional entre Estados fuertemente consolidado que ha cumplido en más los objetivos establecidos y que lleva ya más de 70 años de actuación conjunta, a partir de una idea innovadora en su momento (1951), cuando los Estados decidieron ceder soberanía en instituciones superiores para el manejo de determinadas cuestiones que por ese entonces resultaban cruciales, como el acero y el carbón.

Y como contraparte de esta relación birregional encontramos a la Comunidad de Estados Latinoamericanos y Caribeños (CELAC) creada en el 2011 que podríamos calificar como una organización multilateral de carácter regional conformada por países con profundas diferencias estructurales, económicas, políticas, poblacionales y culturales donde confluyen países de Latinoamérica y el Caribe a partir de un mecanismo intergubernamental de diálogo y concertación política que cuenta entre sus miembros a los treinta y tres (33) países de América Latina y el Caribe que busca otorgar una visión unificada de Latinoamérica.

Como vemos las diferencias y asimetrías existentes en esta relación birregional se visualizan desde sus inicios tanto en la organicidad como en los objetivos buscados al momento de integrarse.

Y ello pone de manifiesto otra gran asimetría que se relaciona de manera directa con el modo de gestionar las diferencias también existentes dentro del seno de sus propias organizaciones.

Uno de los objetivos centrales de la construcción europea ha sido a lo largo de los años, alcanzar crecientes grados de convergencia principalmente entre las economías que fueron incorporándose a este proceso de integración, de modo que el conjunto de países parte del grupo integrado pudieran contar con un equilibrio económico y financiero que les permitiera otorgar igualdad de oportunidades a los Estados participantes

En este camino la UE ha ido reforzando su institucionalidad a modo de acompañar y profundizar el proceso de integración, hoy en día está dotada de un marco institucional que le permite promover y defender sus valores y objetivos, así como sus intereses, los de sus ciudadanos, y los de los países miembros. Este marco contribuye asimismo a asegurar la coherencia, la eficacia y la continuidad de las políticas y acciones de la UE. con aportes de documentos oficiales de las instituciones comunitarias, declaraciones de sus principales responsables, de la misma manera que con las sentencias y jurisprudencia del Tribunal de Justicia de la Unión Europea que en su conjunto contribuyeron a alcanzar una institucionalidad reforzada que permitió la construcción de un edificio comunitario y un andamiaje jurídico sólido y sostenible en el tiempo.

En la CELAC encontramos de base una gran asimetría con la UE dado que su objetivo principal no es la conformación de un proceso de integración regional sino establecer un canal de diálogo político entre los Estados latinoamericanos, tarea difícil y en muchas ocasiones discontinuada.

La CELAC es una organización intergubernamental que nos lleva más de una vez a preguntarnos ¿De qué hablamos cuando hablamos de América Latina? ¿Cuáles son los rasgos de homogeneidad que se han utilizado para crear una identidad regional como latinoamericana?

Lo cierto es que esta conceptualización que identifica a una parte de América como Región, nos pone frente a una realidad que demuestra que solo algunos países que la integran tienen semejanzas entre sí y que, entre algunos de ellos, encontramos homogeneidades que en muchas ocasiones no los identifican con aquellos países componentes del Grupo.

En ocasiones esta situación nos lleva a pensar que Latinoamérica es solo un hito geográfico que responde a las divisiones hechas en hemisferios, continentes y regiones, pero en realidad constituye un universo tan rico como complejo y su diversidad y particularidades le otorga identidad .

Es decir, América latina tiene un carácter identitario disperso que toma formas diversas, a partir de las cuales se forman mini regiones que en poco contribuyen a conformar ese elemento aglutinador de lo latinoamericano.

III. LAS BASES DEL DIÁLOGO BIRREGIONAL

La cumbre efectivamente llevada a cabo los días 17 y 18 de Julio de 2023 en Bruselas, sentó sus bases sobre un "modelo de inclusión" que pudiera permitir a través de un diálogo multilateral y transversal lograr una aproximación a través del consenso entre los Estados participantes.

El diálogo se había reanudado en octubre de 2022, con la Reunión de Ministros de Relaciones Exteriores de ambos bloques en Argentina en la ciudad de Buenos Aires, y ello generó expectativas respecto de los resultados y avances que pudieran surgir de una futura Cumbre.

En aquella ocasión en Buenos Aires, la Reunión estuvo presidida por el Ministro de Relaciones Exteriores de Argentina como Presidente pro tempore de la Comunidad de Estados Latinoamericanos y Caribeños (CELAC), y el Alto Representante de la UE para Asuntos Exteriores y Política de Seguridad/Vicepresidente de la Comisión Europea, Josep Borrell.

El lineamiento general del trabajo realizado en esa oportunidad se basó en el relanzamiento de la relación birregional, para consolidar e institucionalizar un diálogo político regular", abordado desde la dimensión jurídico institucional para echar luz al complejo entramado que la sociedad tecnológica instalada ya en nuestros días requiere.

IV. LA CUMBRE DE BRUSELAS

Durante la Cumbre de Bruselas se dio cuenta de la existencia de prioridades compartidas como las transiciones digital y transición ecológica, la composición de la matriz energética, la lucha contra el cambio climático y la pérdida de biodiversidad, la degradación medioambiental, la salud, la seguridad alimentaria, la migración, como temas principales de los desafíos presentes que solo pueden ser resueltos en un escenario multilateral, más igualitario, más justo cuyas bases jurídicas incorporen valores y derechos humanos, posibilitando de esta manera la cohesión y la armonía entre los diversos actores involucrados .

V. TEMAS A DESTACAR DE LA CUMBRE DE BRUSELAS

Más allá de la exitosa apertura del canal de diálogo y de muchas coincidencias, la Cumbre puso de relieve la existencia de diferencias sustanciales entre los dos continentes cuyos países se encuentran inmersos en realidades distintas.

Poner énfasis en el análisis de dos cuestiones relevantes no solo para las discusiones de la Cumbre sino de significativa importancia a nivel mundial nos permite nuevamente observar las diferencias existentes en este diálogo birregional.

Uno de los temas en cuestión es el conflicto armado entre Rusia y Ucrania y el otro las acciones emprendidas para mitigar los efectos del cambio climático y la composición de la degradación medio ambiental.

El tema del conflicto armado entre Rusia y Ucrania demostró una vez más que fue esta una Cumbre marcada por las divisiones y opiniones encontradas,

El segundo y último día de la cumbre entre la UE y la Comunidad de Estados Latinoamericanos y Caribeños (CELAC) se mantuvo en tensión en la búsqueda de un acuerdo que pretendía ser una enérgica resolución de condena entre los dos bloques contra la invasión rusa a Ucrania.

Finalmente fue aprobada, como una declaración moderada, sin el respaldo de Nicaragua, y con cambios en la redacción del texto tras las reticencias de Cuba y Venezuela sobre el lenguaje empleado. Terminadas las deliberaciones, en la Declaración los Estados expresan:

> Su profunda preocupación por la guerra en curso contra Ucrania, que sigue causando un inmenso sufrimiento humano y está agravando debilidades ya existentes en la economía mundial, limitando el crecimiento, aumentando la inflación, perturbando las cadenas de suministro, incrementando la inseguridad energética y alimentaria e intensificando los riesgos para la estabilidad financiera..

Sin embargo más allá de lo expresado en la Declaración final valga recordar que en las deliberaciones este tema no despertó la misma preocupación en los países latinoamericanos que en los europeos, y ello lleva cierta lógica sobre todo dada la cercanía del continente europeo a la zona de conflicto y su dependencia en el sector energético.

El conflicto bélico es sin duda una cuestión de alta prioridad para la seguridad, la economía y la provisión energética de los países europeos.

Los países latinoamericanos expresaron su preocupación por este conflicto armado, quizás el más enfático fue el presidente chileno Gabriel Boric que insistió en condenar la invasión rusa que calificó como una agresión imperial inaceptable donde se viola el Derecho internacional: "Es importante que desde América Latina digamos con claridad, lo que sucede en Ucrania es una guerra de agresión, imperial, inaceptable (...) Hoy es Ucrania, pero mañana podría ser cualquiera de nosotros".

Por su parte el ferviente apoyo de Europa a la nación invadida por el Kremlin chocó con el enfoque más generalizado en la Comunidad de Estados de América Latina y el Caribe, de 33 naciones donde como sostuvimos anteriormente no existe homogeneidad y por tanto se esgrimieron una variedad de posturas diferenciadas que fueron desde una condena a esta guerra, hasta una postura casi prorrusa .

La Habana y Caracas, Gobiernos con estrechos vínculos políticos y económicos con Moscú, habrían exigido cambios en el documento.

Según un borrador del texto, citado por Reuters, a pedido de otros países se eliminaron los pronunciamientos que se referían a "deplorar en los términos más enérgicos la agresión de la Federación Rusa".

Lo cierto es, que, si bien la invasión rusa a Ucrania representa un golpe significativo para la economía mundial, y puede desacelerar el crecimiento y provocar una crisis de seguridad alimentaria en algunos países. En América Latina el impacto es aún limitado y las consecuencias serán posiblemente heterogéneas en la región .

Por el momento la Región permanece en alerta y enfocada a resolver cuestiones más de orden interno, dado que muchos de los países latinoamericanos atraviesan un periodo de inestabilidad política e institucional que pone en ocasiones en riesgo los estándares democráticos, que sumado a la desigualdad económica y las crisis monetarias acompañadas de un alto índice de desempleo incrementan la inseguridad e inestabilidad de la ciudadanía.

La segunda cuestión que a mi entender tuvo un lugar central en la Cumbre, dado que la comunidad internacional lo percibe como un tema de gran preocupación, se centró en los efectos adversos del cambio climático y la degradación ambiental.

Temas en los cuales existieron convergencias conceptuales, pero el grado diferenciado de avance de los planes en ejecución para encaminar ambos temas puso de manifiesto nuevamente las diferencias sobre todo desde la mirada inicial de estos asuntos.

En lo que respecta al medio ambiente la UE ha dado el paso inicial al poner el eje de la reconstrucción en la "Acción europea por el clima" y en ello el Pacto Verde Europeo consolida ampliamente estos propósitos . A partir de allí la UE desarrolla un ambicioso plan de medidas que configuran y forman parte de la búsqueda de una autonomía estratégica sostenida en varios aspectos que pretende aplicar tanto en el desarrollo dentro, desde y hacia afuera de la EU..

Sobre estas bases la UE busca asumir un rol protagónico en la materia conduciendo ordenadamente la transición energética y da un paso adelante en las acciones contra el cambio climático.

Una frase que ilustra bien esta idea fue expresada por el mandatario español, Pedro Sánchez, cuando manifestó frente a su par brasileño que "nosotros [la UE] podemos aportar el *know how* de desarrollo ambiental".

En su intervención en el Acto inaugural de la Cumbre, Pedro Sánchez sostuvo[2] que la Unión Europea es el primer inversor en América Latina, y que cuenta con herramientas de un gran potencial, como la iniciativa Global Gateway[3] para contribuir a mejorar su impacto del cambio climático y fomentar la sostenibilidad, por eso consideró fundamental profundizar la cooperación birregional.

La postura de los países de América Latina y el Caribe frente al cambio climático se sostiene por el principio de las responsabilidades comunes pero diferenciadas surgido como una norma constitutiva de la política climática global . Y algunos países sostienen el concepto en cuanto a que los países de la Región son "acreedores ambientales", lo cual involucra el imperativo de que los países desarrollados (y más contaminantes) deben ofrecer mecanismos de financiamiento para llevar a cabo acciones efectivas contra el calentamiento global.

---

2 https://spanish-presidency.consilium.europa.eu/es/noticias/discurso-pedro-sanchez-celac-ue/

3 la Global Gateway, es una plataforma de inversiones de la UE orientada a proyectos como la promoción de energías renovables y servicios digitales. En efecto, más de 70% de los proyectos de la Global Gateway para América Latina y el Caribe se centran en cuestiones como el desarrollo de minerales como el litio y el cobre, la promoción del hidrógeno limpio y la implementación de bonos verdes. la presidenta de la Comisión Europea, Ursula von der Leyen, anunció una inversión de45.000 millones de euros .

VI. DECLARACIÓN FINAL CUMBRE DE BRUSELAS

En la Declaración final se dejó sentado que el desarrollo futuro de esta relación birregional deberá conducirse de acuerdo con el principio de la equidad y de las responsabilidades comunes pero diferenciadas y las capacidades respectivas, a la luz de las diferentes circunstancias nacionales.

Quizá sería oportuno para la próxima Reunión Cumbre a realizarse en Colombia en el año 2025 rescatar aquel lema europeo que fue guía de la concreción de muchos proyectos europeos: "Unidad en la diversidad".

Concepto que contribuye significativamente al logro de los propósitos y proyectos trascendentales y es una fuente de enriquecimiento de las capacidades y las potencialidades de logro de cualquier relación.

La próxima Cumbre UE-CELAC planteada en estos términos posibilitará , esperemos, ahondar las relaciones entre ambas Regiones.

Todo ello en el convencimiento en que las acciones para enfrentar los desafíos futuros son indudablemente de carácter multilateral porque solo así se podrá vertebrar la estructura necesaria que posibilite la instauración de una nueva sociedad .

Por eso depositamos en este resurgimiento del multilateralismo y del sistema de Cumbres, la esperanza de poder contar con un futuro posible, un futuro mejor.

BIBLIOGRAFÍA Y OTRAS FUENTES DOCUMENTALES

- https://www.consilium.europa.eu/es/press/press-releases/2023/07/17/speech-of-president-charles-michel-at-the-opening-ceremony-of-the-eu-celac-summit/
- https://www.consilium.europa.eu/es/press/press-releases/2023/07/18/declaration-of-the-eu-celac-summit-2023-17-18-july-2023/
- https://eulacfoundation.org/es/iii-cumbre-ue-celac-2023

- Cumbre Celac 2023 en Argentina | Conexión Global Prime
- YouTube · CNN Chile1 de febrero 2023
- https://www.celag.org/cumbre-celac-ue-asimetrias-negocios-y-desacuerdos/

Capítulo V. A globalização da legislação europeia sobre economia digital

PROF. DR. NUNO CUNHA RODRIGUES[1]

SUMARIO

---

1 Professor Associado da Faculdade de Direito da Universidade de Lisboa. Cátedra Jean Monnet.
O presente texto serviu de suporte à apresentação efectuada no "I Congreso internacional sobre las relaciones Unión Europea y Celac, celebrado nos dias 29 e 30 de maio de 2023, organizado pela Universidad Isabel I, o Instituto Eurolatinoamericano de Estudios para la Integración (IELEPI) e a Cátedra Jean Monnet ad personam de Derecho de la Unión Europea (UAH).
Agradece-se ao Senhor Professor Carlos Molina del Pozo o amável convite para participar na referida conferência.
As opiniões expressas no presente artigo são emitidas a título estritamente pessoal e não vinculam qualquer entidade na qual o autor desempenhe funções.

RESUMO

A economia digital veio quebrar o típico vínculo territorial presente no comércio tradicional que permitia identificar o local de venda – ainda que situado em país terceiro – e o local de compra de bens ou serviços. Esta nova realidade económica assenta em plataformas eletrónicas que funcionam em mercados de dois (ou múltiplos) lados, sejam mercados não transacionais – onde não há qualquer interação direta entre a oferta e a procura - ou mercados transacionais – nos quais as plataformas funcionam como intermediários entre os dois lados (procura e oferta).

Neste contexto, a União Europeia (EU) tem procurado atrair para a órbita do Direito Europeu situações que ocorrem em países terceiros, mas que podem ter impacto no funcionamento do mercado interno, através do estabelecimento, na legislação europeia, de elementos de conexão territoriais com intensidade suficiente para serem conformes ao Direito Internacional Público.

Não obstante, as recentes propostas da UE que visam regular a economia digital procuram também produzir, a final, um efeito extraterritorial na medida em que se aplicam a empresas localizadas fora do território europeu, uma vez que neste prossigam parte ou a totalidade da sua atividade. Para o efeito foram previstos, elementos de conexão apropriados.

PALAVRAS-CHAVE: Extraterritorialidade; Direito da União Europeia; Economia digital; Digital Markets Act; Digital Services Act; Mercados digitais; Inteligência artificial; Direito da Concorrência.

I. ENQUADRAMENTO GERAL;

O mundo vem assistindo, desde o início do ano 2000, à disrupção dos modelos de comércio tradicionais, como consequência do surgimento de uma economia digital que, num mundo globalizado, transformou, definitivamente, os hábitos de consumo.

A economia digital veio quebrar o típico vínculo territorial presente no comércio tradicional em que era possível identificar o local de venda – ainda que situado em país terceiro – e o local de compra de bens ou serviços. Esta nova economia assenta em plataformas eletrónicas que funcionam em mercados de dois (ou múltiplos) lados, sejam mercados não transacionais – onde não há qualquer interação direta entre a oferta e a procura - e mercados transacionais – nos quais as plataformas funcionam como intermediários entre os dois lados (procura e oferta).

As plataformas funcionam num ambiente digital o que torna difícil (ou até impossível) a tarefa de identificar, com precisão, o território onde se situa o prestador do serviço (seja a plataforma, seja uma entidade terceira) ou até o adquirente dos bens ou serviços.

É, por isso, particularmente espinhosa a tarefa de regular juridicamente a economia digital.

Por esse motivo, a UE tem procurado atrair para a órbita do Direito Europeu situações que ocorrem em países terceiros, mas que podem ter impacto no funcionamento do mercado interno, através do estabelecimento, na legislação europeia, de elementos de conexão territoriais com intensidade suficiente para serem conformes ao Direito Internacional Público.

Tal ocorre, por exemplo, através da identificação de um território de entrada relativo à importação de bens ou serviços, que torna legítima a intervenção normativa europeia à luz do Direito Internacional Público, ainda que esta vise ter, simultaneamente, um alcance extraterritorial *impuro2* (como sucede, por exemplo, na legislação europeia sobre aviação civil ou ambiental).

---

2 Distinguimos efeito extraterritorial *impuro* de efeito extraterritorial *puro* uma vez que o primeiro baseia-se em excepções legítimas à luz do Direito Internacional Público, tais como o princípio da nacionalidade ou o principio da territorialidade objectiva, quanto o segundo efeito extraterritorial *puro* – dar-se-á perante situações que ofendem o princípio da territorialidade, sem qualquer suporte em alguma das excepções admitidas pelo Direito Internacional Público.

A dissipação do princípio da territorialidade provocada pela emergência de uma nova era digital justifica, para alguns, a hipótese de vir a ser aprovado um novo instrumento de Direito Internacional – v.g. uma Convenção – que regule a economia digital[3] não sendo, no entanto, expectável que tal aconteça a curto ou médio prazo atendendo à falta de consenso internacional neste domínio.

No plano europeu, a resposta jurídica aos desafios suscitados pela nova economia digital foi inicialmente dada por instrumentos clássicos.

Esta traduzia-se, por exemplo, na aplicação, à economia digital, das liberdades de circulação[4]; do Direito do Trabalho ou do Direito da Concorrência.

Foi assim possível acomodar algumas das novas dimensões jurídicas trazidas pela economia digital, tendo em consideração a plasticidade destes ramos de Direito.

Porém, a nova economia era, e é, em muitos aspetos, diferente da que resulta do paradigma económico clássico e suscita novos desafios, como veremos de seguida.

---

3 V. JAEGER JUNIOR, A., CRAVO, D., "The Extraterritoriality of the Right to Data Portability: Cross-Border Flow Between the European Union and Brazil" in *The Application of EU Economic Law Outside the Territory of the EU* (book chapter), Nuno Cunha Rodrigues (ed.), Springer, 2021, p. 364
V. HERT, P., CZERNIAWSKI, M., "Expanding the European data protection scope beyond territory: Article 3 of the General Data Protection Regulation in its wider context", *International Data Privacy Law,* volume 6, Issue 3, August 2016, p. 231.

4 Cfr. Diretiva 2000/31/CE (Diretiva sobre o comércio eletrónico).

II. A DILUIÇÃO DA TERRITORIALIDADE NA ECONOMIA DIGITAL;

Desde o início a economia digital tem levantado novas questões jurídicas para as quais não é possível dar respostas baseadas em modelos jurídicos tradicionais.[5]

O Direito da Concorrência, em particular, foi confrontado com novos desafios decorrentes, nomeadamente, do surgimento de plataformas eletrónicas, incluindo as chamadas *big techs,* e do enorme poder de mercado (*market power*) que lhes está associado.

As plataformas digitais apresentam características inovadoras tais como (i) efeitos de rede, (ii) mercados de múltiplos lados, (iii) mercados de preço zero, (iv) dados pessoais como ativo, (v) multihoming e (vi) dinamicidade[6], que colocaram em crise alguns paradigmas do Direito da concorrência.

No primeiro caso – efeitos de rede – está em causa uma externalidade decorrente do aumento de utilidade que uma plataforma pode gerar face ao gradual aumento de utilizadores se socorrem desta com base em factores tradicionais, como o preço ou a qualidade mas, bem-assim, tendo em conta o número existente de utilizadores e a possibilidade de interagirem com outros dentro da mesma rede. O efeito de rede pode ser

---

5 V. RODRIGUES, N.C., "The regulation of collaborative economy in the European Union", *UNIO – EU Law Journal,* 5(1), 2019, pp. 40–53. Numa outra dimensão, a qualificação das relações laborais prestadas no contexto das plataformas colaborativas colocou, de forma equivalente, novos desafios ao Direito do Trabalho, tema que não será aqui tratado.

6 V. RENZETTI, B.P., DESTAILLEUR, C., PAIXÃO, R., "Mercados Digitais: alguns conceitos", in Caio Mário da Silva Pereira Neto (org.), Defesa da concorrência em plataformas digitais, FGV, São Paulo, 2020, p. 22 e passim.

direto – nas situações em que os utilizados procuram a rede por mimetismo face aos que já a utilizam – ou indiretos – que ocorrem em mercados de dois lados nos quais o número de utilizadores de um dos lados beneficia os que estão do outro lado (por exemplo no caso de plataformas de pagamento, em que o maior número de lojas aderente beneficiará os detentores de cartões de crédito).

Estes efeitos são conhecidos em setores de atividade económica tradicionais – como o setor das comunicações electrónicas – e justificam formas de intervenção de regulação económica que visam, aqui, colmatar a falha de mercado decorrentes desses efeitos de rede gerados.

Nos mercados digitais, os efeitos de rede podem ainda motivar fenómenos designados por *market tipping* que sucedem nas situações em que determinada plataforma atinge um número de tal forma elevado de utilizadores que o mercado acaba por se inclinar definitivamente a favor desta o que implica, frequentemente, a eliminação dos restantes concorrentes e o surgimento de barreiras à entrada porquanto os potenciais entrantes não conseguirão atrair novos utilizadores face à impossibilidade de gerarem o desejado efeito de rede.

Por outro lado, o efeito de rede pode ocorrer em mercados de dois lados (ou múltiplos lados) (*two-sided markets*).[7]

Estes mercados são frequentemente classificados como mercados não transacionais – uma vez que não há qualquer interação direta entre o lado da procura e o lado da oferta - e mercados transacionais – em que as plataformas funcionam como intermediários entre os dois lados (procura e oferta). Dentro

---

7 A este propósito é essencial conhecer os estudos precursores de JEAN-CHARLES ROCHET / JEAN TIROLEñ. ROCHET, J., TIROLE, Jean., "Platform competition in two-sided markets", in Journal of the European Economic Association, vol. 1, n.º 4, 2003, pp. 990-1029.

de uma classificação mais vasta, que abrange igualmente os mercados digitais, podem ser classificados como mercados *single-homing* – em que a concorrência entre plataformas ocorre no momento da adesão às mesmas – ou mercados *multihoming* – nos quais a adesão dos utilizadores pode verificar-se relativamente a várias plataformas uma vez que os consumidores apenas podem utilizar uma de cada vez.

Por outro lado, nos mercados digitais frequentemente a plataforma eletrónica não cobra preços (ou, dito de forma mais rigorosa, presta serviços a preço zero). Há diversos motivos para atuar assim porquanto a remuneração da plataforma pode advir da oferta de serviços *permium,* com um custo associado (muitas vezes designada por estratégia *freemium,* como sucede no caso do Whatsapp ou do Zoom), de produtos complementares (exemplificativamente no caso do Windows / internet explorer) ou da cobrança de preços a um dos lados em mercados multilaterais (por exemplo na publicidade paga no Facebook ou no Google).[8]

Note-se, porém, que os mercados a preço zero não são, necessariamente, mercados gratuitos. Apesar de os utilizadores não terem de suportar um encargo financeiro pode-lhes ser exigido o fornecimento de dados ou atenção[9] que servirão para a plataforma aumentar os já descritos efeitos de rede. É, aliás, a este propósito que muitos assinalam as insuficiências do teste do monopolista hipotético (small but significant and non-transitory increase in price [SSNIP test]) perante mercados de preço zero, o qual poderia ser substituído por um teste

8 V. NEWMAN, J.M., "Antitrust in zero-price markets: foundations", *University of Pennsylvania Law Review*, vol. 164, 2015.

9 V. RENZETTI, B.P., DESTAILLEUR, C., PAIXÃO, R., "Mercados Digitais: alguns conceitos", *in Caio Mário da Silva Pereira Neto (org.), Defesa da concorrência em plataformas digitais,* FGV, São Paulo, 2020, p. 30.

semelhante que analise a reação dos consumidores a um decréscimo da qualidade dos serviços prestados a preço zero.[10]

O surgimento de mercados a preço zero, no âmbito da economia digital, quando o modelo de negócio assenta, fundamentalmente, na obtenção de dados pessoais dos utilizadores coloca, também, novos desafios ao Direito da Concorrência.

Em certos mercados, a obtenção de dados pessoais pode gerar um efeito de rede apto a alcançar o *market tipping* e a funcionar como uma barreira à entrada (por exemplo no caso do Facebook).

Noutros casos, a obtenção de dados pessoais terá pouca ou nenhuma relevância para o funcionamento do negócio. Perante a possibilidade de a detenção de bases de dados representar uma barreira à entrada, têm sido defendidas formas de a atenuar, seja através da portabilidade dos dados; da interoperabilidade destes ou da possibilidade de empresas concorrentes adquirirem bases de dados.

Por fim, a dinamicidade associada aos mercados digitais é apta a gerar a criação de grandes operadores económicos com efeitos de rede e economias de escala significativas decorrentes de situações de *market tipping*, como as anteriormente referidas, conducentes ao surgimento de modelos *winner-takes-all* nos mercados digitais (como sucedeu, por exemplo, com a Google).

Esta circunstância pode dificultar o surgimento de entrantes e suscita novos debates no âmbito da economia digital que são tipicamente divididos entre (i) concorrência pelo mercado e (ii) concorrência no mercado.

---

[10] V. OECD, The role and measurement of quality in competition analysis. 2013. p. 9, disponível em: http://www.oecd.org/competition/Quality-in-competition-analysis-2013.pdf .

No primeiro caso – concorrência pelo mercado – são conhecidas as dificuldades que se colocam aos potenciais entrantes na obtenção de novos utilizadores face ao efeito de rede de que beneficia o operador incumbente.

No segundo caso – concorrência no mercado – tem sido assinalada a hipótese de se procurar aumentar a concorrência inter-plataforma – entre plataformas distintas que atuam nos mesmos mercados relevantes (v.g. *sites* de alojamento local) - e competem pelos mesmos utilizadores ou de concorrência intraplataforma, na qual a concorrência seria gerada dentro da mesma plataforma, funcionando esta como um regulador dos operadores que nela viessem a atuar (v.g. no caso de plataformas que atuam como *marketplaces*).

Certo é que todas estas circunstâncias motivaram a modificação de princípios clássicos de análise jus-concorrencial, como o conceito de bem-estar do consumidor, por novos objectivos de interesse público – como a proteção dos dados pessoais ou a regulação dos conteúdos digitais - que passaram igualmente a estar associados à intervenção jus-concorrencial.[11]

Paralelamente, a economia digital permitiu identificar lacunas que decorrem da aplicação tradicional do Direito da Concorrência a esta nova realidade.

Problemas como a detenção de grandes bases de dados pessoais (*big* data); a aquisição de empresas emergentes por grandes operadores (*killer acquisitions*) que, pela dimensão em causa, escapam aos critérios de notificabilidade de operações de concentração de empresas e, consequentemente, aos radares das autoridades da concorrência competentes ou a regulação de conteúdos pelas plataformas digitais – considerando as

---

11 V. WU, T, "After Consumer Welfare, Now What? The "Protection of Competition" Standard in Practice", *Competition Policy International*, 2018; Columbia Public Law Research Paper No. 14-608.

questões em torno das chamadas *fake news* tornaram evidente a necessidade de encontrar novos instrumentos jurídicos que permitam regular a economia digital e os desafios da extraterritorialidade que esta suscita.

III. AS RECENTES PROPOSTAS DA UE RELATIVAS À ECONOMIA DIGITAL;

Por forma a dar resposta às questões suscitadas pela economia digital, a UE delineou, em 2020, uma estratégia para a economia digital conhecida por «Construir o futuro digital da Europa» ("*Shaping Europe's Digital Future*") assente em três pilares: (a) A tecnologia ao serviço dos cidadãos; (b) Uma economia digital justa e competitiva e (c) Uma sociedade aberta, democrática e sustentável.

Esta estratégia secundou a aprovação, no passado, de diversa legislação aplicável à economia digital tal como, entre outros, o famoso Regulamento Geral de Proteção de Dados (RGPD)[12]; o Regulamento relativo ao livre fluxo de dados não pessoais[13]; o Regulamento sobre cyberseguranç[14] ou a Diretiva relativa a dados abertos.[15]

---

12 V. Regulamento (UE) 2016/679 do Parlamento Europeu e do Conselho, de 27 de abril de 2016.

13 V. Regulamento (UE) 2018/1807 do Parlamento Europeu e do Conselho de 14 de novembro de 2018 relativo a um regime para o livre fluxo de dados não pessoais na União Europeia.

14 V. Regulamento (UE) 2019/881 do Parlamento Europeu e do Conselho de 17 de abril de 2019 relativo à ENISA (Agência da União Europeia para a Cibersegurança) e à certificação da cibersegurança das tecnologias da informação e comunicação.

15 V. Diretiva (UE) 2019/1024 do Parlamento Europeu e do Conselho de 20 de junho de 2019 relativa aos dados abertos e à reutilização de informações do setor público.

Não obstante persistem algumas debilidades e lacunas decorrentes da incapacidade e insuficiência da aplicação de instrumentos jurídicos clássicos a novos modelos digitais de negócio.

Neste contexto, a Comissão Europeia apresentou, em 2022, as versões finais de três propostas de regulamentos que visam, justamente, preencher lacunas jurídicas na regulação de diversos aspetos da economia digital:

i) Proposta de Regulamento de Serviços Digitais (DSA)[16];

ii) Proposta de Regulamento sobre Mercados Digitais (DMA)[17];

iii) Proposta de Regulamento sobre inteligência artificial (IA)[18];

Mais tarde, as duas primeiras propostas vieram a ser aprovadas e traduzidas nos seguintes regulamentos:

i) Regulamento (UE) 2022/2065 do Parlamento Europeu e do Conselho, de 19 de outubro de 2022, relativo a um mercado único para os serviços digitais e que altera a Diretiva 2000/31/CE (Regulamento dos Serviços Digitais (DSA))19;

ii) Regulamento (UE) 2022/1925 do Parlamento Europeu e do Conselho, de 14 de setembro de 2022, relativo à dispu-

---

16 V. Proposta de Regulamento do Parlamento Europeu e do Conselho relativo a um mercado único de serviços digitais (Regulamento Serviços Digitais) e que altera a Diretiva 2000/31/CE. Bruxelas, 15.12.2020 COM (2020) 825 final).

17 V. Proposta de regulamento do Parlamento Europeu e do Conselho relativo à disputabilidade e equidade dos mercados no setor digital (Regulamento Mercados Digitais) (Bruxelas, 15.12.2020, COM(2020) 842 final, 2020/0374(COD)).

18 V. Proposta de Regulamento do Parlamento Europeu e do Conselho que estabelece regras harmonizadas em matéria de inteligência artificial (Regulamento Inteligência Artificial) e altera determinados atos legislativos aa União (Bruxelas, 21.4.2021 COM(2021) 206 final 2021/0106(COD)).

19 In JOUE, L 277/1, de 27.10.2022.

tabilidade e equidade dos mercados no setor digital e que altera as Diretivas (UE) 2019/1937 e (UE) 2020/1828 (Regulamento dos Mercados Digitais (DMA))[20];

O DSA e o DMA têm dois objetivos principais (i) criar um espaço digital mais seguro no qual sejam protegidos os direitos fundamentais de todos os usuários de serviços digitais e (ii) estabelecer condições equitativas para promover a inovação, o crescimento e a competitividade, tanto no mercado único europeu como globalmente.

O primeiro – Regulamento sobre mercados de serviços digitais (*Digital Services Act* – DSA) – estabelece obrigações para os prestadores de serviços digitais, como as redes sociais ou os mercados *online*, para combater a propagação de conteúdos ilegais, a desinformação online e outros riscos sociais.

Destina-se, principalmente, a intermediários e plataformas *online* tais como mercados de compra e venda *online*, redes sociais, plataformas de compartilhamento de conteúdos, lojas de aplicativos e plataformas de viagens e acomodações *online*.

Procura-se, dessa forma, combater as chamadas *fake news*, através da promoção da auto-regulação, bem como definir formas de responsabilização dos operadores que disponibilizam bens, serviços e conteúdos *on-line* prevendo-se que possam ser emitidas decisões de atuação contra um ou mais elementos específicos de conteúdo ilegal ao abrigo do Regulamento (cfr. artigo 9.º, n.º 1).

A violação do Regulamento motivará a aplicação de coimas que podem ir até 6 % do volume de negócios das empresas em causa (cfr. artigo 52.º, n.º 3).

Por outro lado, o Regulamento sobre Mercados Digitais (Digital Markets Act – DMA) visa definir regras para as platafor-

---

20 In JOUE, L 265/1, de 12.10.2022.

mas *on-line* de grande dimensão ("*gatekeeper*"), sendo aplicável a partir de 2 de maio de 2023 (cfr. artigo 34.º).

Procura-se assegurar que nenhuma plataforma de grande dimensão que esteja numa posição de "gatekeeper" (*"controlador de acesso"*) face a um grande número de utilizadores abuse dessa posição em detrimento de empresas que pretendam aceder a esses utilizadores.

São consideradas como "*gatekeeper*" as plataformas digitais que tenham um impacto significativo no mercado interno, funcionando como *bottlenecks* ("gargalos" ou "estreitamento") entre empresas e consumidores, no âmbito do fornecimento de relevantes serviços digitais (cfr. artigo 3.º, n.º 8). O Regulamento define também limiares financeiros que funcionam como presunção da existência de um controlador de acesso (cfr. artigo 3.º, n.º 2).

As empresas qualificadas como "*gatekeepers*" serão designadas pela Comissão Europeia e terão um prazo máximo de seis meses após a decisão de designação para garantir o cumprimento das obrigações estabelecidas no Regulamento (cfr. artigo 5.º).

Se um "controlador de acesso" ("*gatekeeper*") violar as regras definidas neste Regulamento, a Comissão poderá aplicar coimas até 10 % do seu volume de negócios total a nível mundial no exercício precedente ou até 20 % em caso de incumprimento reiterado (cfr. artigo 30.º, n.ºs 1 e 3).

A terceira proposta de Regulamento, ainda aprovada, visa regular a chamada inteligência artificial (IA).

Esta categoriza os sistemas de inteligência artificial em três níveis de risco e atribui a cada nível um enquadramento legal específico, com suas próprias limitações e obrigações.

Todas as soluções incluídas na proposta fundam-se na categorização designada por *risk based approach.* Desta forma a proposta estabelece uma lista de práticas de IA proibidas baseada no risco e diferencia entre as utilizações de IA que criam: i) um risco inaceitável, ii) um risco elevado, iii) um risco baixo ou mínimo. A lista de práticas proibidas inclui todos os sistemas de IA cuja utilização seja considerada inaceitável por violar os valores da União, por exemplo, direitos fundamentais.

Em síntese, os dois novos regulamentos e a proposta de regulamento visam permitir uma (desejável) maior regulação da economia digital.

Espera-se que, quando estes novos instrumentos entrarem em vigor – previsivelmente em 2024 – tenham um profundo impacto na UE e a nível global, atendendo à originalidade e à relevância que o espaço europeu tem para as grandes empresas mundiais localizadas em países terceiros.

É por isso de prever que as propostas venham a ser, mais tarde, a servir como inspiração, em países terceiros, para a adoção de legislação nacional idêntica, à semelhança do que sucedeu, no passado, com o RGPD em diferentes ordenamentos jurídicos a nível mundial.

IV. O ALCANCE EXTRATERRITORIAL DAS PROPOSTAS DE REGULAÇÃO DA ECONOMIA DIGITAL;

Os Regulamentos e a proposta anteriormente referidos visam também produzir, a final, um efeito extraterritorial na medida em que se aplicam a empresas localizadas fora do território europeu, que neste prossigam a sua atividade tendo sido previstos, para o efeito, elementos de conexão idênticos.

No caso do DSA, o âmbito de aplicação abrange a oferta de serviços na União por qualquer prestador que tenha uma "ligação substancial à União".[21] A ligação substancial à União existe quando o prestador possui um estabelecimento na União.[22]

Na ausência de tal estabelecimento, a avaliação da ligação substancial baseia-se em critérios factuais específicos, como, por exemplo: (i) um número significativo de utilizadores num ou mais Estados-Membros, ou (ii) o direcionamento das atividades para um ou mais Estados-Membros.

Por outras palavras, o DSA é aplicável a qualquer prestador de serviços, independentemente da sua localização, desde que tenha uma atividade relevante no território da União Europeia atendendo ao número de utilizadores; volume de negócios ou direcionamento das atividades para Estados-membros.

Caso tal se verifique, o prestador que não possui um estabelecimento na União deve indicar o seu representante legal num dos Estados-Membros em que o prestador ofereça os seus serviços (cfr. artigo 11.º).[23]

---

21 V. a definição no artigo 2.º, alínea d): "permitir a pessoas singulares ou coletivas de um ou mais Estados-Membros a utilização dos serviços do prestador de serviços da sociedade da informação que tenha uma ligação substancial à União".

22 V. considerando 76 do Regulamento de harmonia com o qual um prestador deve estar sob a jurisdição do Estado-Membro em que se encontra situado o seu estabelecimento principal, ou seja, onde tem a sede social ou a sede estatutária onde são exercidas as principais funções financeiras e o controlo operacional.

23 Note-se que todos os Estados-Membros devem ter jurisdição sobre os prestadores que não tenham designado um representante legal, desde que seja respeitado o princípio non bis in idem. Para o efeito, cada Estado-Membro que exerça jurisdição sobre esses prestadores deve informar, sem demora injustificada, todos os outros Estados-Membros das medidas que tomou no exercício dessa competência. Assim, cfr. considerando 76 do Regulamento.

O Regulamento prevê que todos os prestadores de serviços abrangidos pelo DSA devam respeitar as ordens de atuação contra conteúdos ilegais emitida pelas autoridades judiciárias ou administrativas nacionais competentes (cfr. artigo 8.º, n.º 1).

Essas decisões terão de respeitar um conjunto de condições elencadas no n.º 2, entre as quais consta, na alínea b), a necessidade de ser respeitado o âmbito territorial da decisão, com base nas regras aplicáveis do direito da União e do direito nacional, incluindo a Carta e, quando pertinente, nos princípios gerais do direito internacional e de este não exceder o estritamente necessário para alcançar o seu objetivo (cfr. artigo 9.º, n.º 2, alínea b)).

No caso do DMA definiu-se um âmbito subjectivo de aplicação amplo que abrange os serviços essenciais de plataforma prestados ou propostos por controladores de acesso a utilizadores profissionais estabelecidos na União ou a utilizadores finais estabelecidos ou situados na União, independentemente do local de estabelecimento ou de residência dos controladores de acesso e independentemente do direito aplicável à prestação do serviço (cfr. artigo 1.º, n.º 2).

Dito de outra forma, o DMA pressupõe apenas que os serviços abrangidos sejam prestados ou propostos por controladores de acesso a utilizadores (profissionais ou finais) estabelecidos ou situados na União.

Por fim, o Regulamento sobre IA define elementos de conexão ainda mais latos. Este é aplicável não apenas a utilizadores de sistemas de IA localizados na União (cfr. artigo 2.º, n.º 1, alínea b)), mas também a fornecedores que coloquem no mercado ou coloquem em serviço sistemas de IA no território da União, independentemente de estarem estabelecidos na União ou num país terceiro (cfr. alínea a)) e a fornecedores e utilizadores de sistemas de IA localizados num país terceiro, se o resultado produzido pelo sistema for utilizado na União (cfr. alínea c)).

Aqui chegados é legítimo perguntar se fará sentido utilizar elementos de conexão tão latos que acabam por ter um alcance global.

Na verdade a utilização destes elementos de conexão por parte da União Europeia é propositada e visa não apenas regular os concretos desafios jurídicos suscitados pela economia digital como também exprimem a vontade da União Europeia em elevar os *standards* regulatórios – através da produção do "efeito Bruxelas" - e proteger bens públicos globais, afirmando, desta forma, diversos valores e interesse caros à União Europeia: no plano europeu, a defesa do mercado interno e a afirmação das liberdades de circulação e, no plano externo, a defesa de objectivos não-comerciais protegidos de forma deficiente pelo mercado global ou pela regulação multilateral, como a proteção de dados pessoais ou a defesa do meio ambiente.[24]

Os elementos de conexão acima expostos, determinados pela UE, são válidos e conformes ao direito internacional, funcionando como um anzol que assegura a expansão do poder regulatório da UE no âmbito da economia digital.

BIBLIOGRAFÍA Y OTRAS FUENTES DOCUMENTALES

- HERT, P., CZERNIAWSKI, M., "Expanding the European data protection scope beyond territory: Article 3 of the General Data Protection Regulation in its wider context", *International Data Privacy Law*, volume 6, Issue 3, August 2016, pp. 230–243.

- JAEGER JUNIOR, A., CRAVO, D., "The Extraterritoriality of the Right to Data Portability: Cross-Border Flow Between the European Union and Brazil" in *The Application of EU Economic Law Outside the Territory of the EU* (book chapter), Nuno Cunha Rodrigues (ed.), Springer, 2021, pp. 359-370.

- NETO, C., "Apresentação", *Defesa da concorrência em plataformas digitais*, FGV, São Paulo, 2020, pp. 9-14.

---

24 V. CEDRIC RYNGAERT (2014), p. 7.

- NEWMAN, J.M., "Antitrust in zero-price markets: foundations", *University of Pennsylvania Law Review*, v. 164, 2015.
- RENZETTI, B.P., DESTAILLEUR, C., PAIXÃO, R., "Mercados Digitais: alguns conceitos", in Caio Mário da Silva Pereira Neto (org.), *Defesa da concorrência em plataformas digitais, FGV*, São Paulo, 2020, pp. 21-39.
- ROCHET, J., TIROLE, Jean., "Platform competition in two-sided markets", in *Journal of the European Economic Association*, vol. 1, n.º 4, 2003, pp. 990-1029.
- ROCHET, J.C., / TIROLE, J., "Two-sided markets: a progress report", in *Rand Journal of Economics*, vol. 37, n.º 3, 2006, pp. 645-667.
- RODRIGUES, N.C., "The regulation of collaborative economy in the European Union", *UNIO – EU Law Journal*, 5(1), 2019, pp. 40–53,
- RYNGAERT, C., "Whither Territoriality? The European Union's Use of Territoriality to Set Norms with Universal Effects", November 11, 2014.
- WU, T, "After Consumer Welfare, Now What? The "Protection of Competition" Standard in Practice", Competition Policy International, 2018; Columbia Public Law Research Paper No. 14-608.

Capítulo VI.
Estrategias para el fortalecimiento de la integración en América Latina y el Caribe

PROF. DR. RICARDO EDMUNDO SCHEMBRI CARRASQUILLA[1]

SUMARIO

RESUMEN

El trasfondo económico y el Estado Social de Derecho son inherentes a la integración suramericana.

PALABRAS CLAVE: Integración; Etapas económicas de la integración; Multiplicidad orgánica de la integración latinoamericana; Comunidad Suramericana; Democracia; políticas sectoriales comunes.

---

1 Presidente Consejo Superior Universidad Andina Simón Bolívar, órgano académico de la Comunidad Andina. (las opiniones aquí expresadas son personales del autor y no involucran a ninguna institución u organismo).

I. PERSPECTIVA HISTÓRICA

Desde las proclamas de Independencia los líderes de entonces abogaron por la Democracia y por la Unión de nuestros pueblos, asimilando más el modelo federalista entonces conocido y surgido en los Estados Unidos de América; la unión no se dio y peor aún, la secesión avanzó y de esa manera la entonces Colombia hoy llamada históricamente Gran Colombia se dividió y de ese Estado histórico que como unidad política se independizó, hoy le suceden Colombia, Venezuela, Ecuador y Panamá, hoy Estados separados, y a más de ello la cercanía histórica federativa con Perú y Bolivia también se diluyó, a pesar de que todos fueron liderados e independizados simultáneamente y con unidad de liderazgo. En efecto, Simón Bolívar, el Libertador, acompañado por diversos próceres y líderes nacionales, luchaba por la Unión lo cual se ratificó cuando llegó a encontrarse con el otro gran líder suramericano, el general José de San Martín, el Protector, cuyo actuar fue fundamental para la independencia de Argentina, Chile y Perú. Así fue como los Libertadores de Suramérica se reunieron en Guayaquil en 1822 y entre otros varios temas coincidieron en la voluntad para la creación de la Federación de Estados Americanos "El Protector aplaudió altamente la Federación de los Estados Americanos como la base esencial de nuestra existencia política... Ha manifestado que nada desea tanto como que la Federación de Colombia y el Perú subsista aunque no entren otros Estados"[2]. Es decir desde el origen mismo de estos jóvenes Estados la Unión estuvo en la agenda política de los Libertadores, lo que los diferencia notablemente de los Estados europeos, sumidos durante siglos en rivalidades y confrontaciones bélicas. Lastimosamente en nuestra región terminaron

---

2 MARTINEZ GARNICA, A., "La entrevista de Guayaquil: Introducción y Transcripción", PROCESOS, *Revista Ecuatoriana de Historia,* I Semestre 2013, Quito, 2013, página 144.

primando los caudillismos provinciales y la Unión no se logró a pesar de la voluntad de estos colosos.

Javier Alejandro Orso y Alfredo Da Silva presentan:

> una breve reseña sobre el concepto de integración en tres momentos históricos de las relaciones internacionales latinoamericanas: 1810, representado por la lucha emancipatoria y la búsqueda del reconocimiento internacional y defensa de los Estados como entidades independientes y autónomas; 1910 cuando ya está lograda la consolidación de los Estados nacionales, la inserción periférica internacional y la defensa de los intereses nacionales respecto de los intentos hegemónicos de los Estados Unidos; y, finalmente, 2010, caracterizado por la lucha de la región a favor del desarrollo de sus sociedades, la inserción económica internacional, la gobernabilidad, la democracia y la defensa de los intereses comunes relacionados con la superación de la situación periférica[3].

Pero en términos y visiones de la integración de la actualidad, rigurosamente podemos decir que el proceso integrador de América Latina se inició hace casi seis décadas, en 1960, con el Tratado fundacional de la Asociación Latinoamericana de Libre Comercio ALALC; desde entonces, ha evolucionado a través de un enorme multiplicidad normativa internacional, sendos tratados de creación orgánica, con poco orden y método, sin reales estrategias ni visión, más idealista que práctica, con escasas metas cumplidas, lo que se evidencia en que ni siquiera se ha logrado construir una zona de libre comercio regional o suramericana plena, esto es, el que no haya aranceles o impuestos de importación entre los países; mucho menos una unión aduanera que implica un arancel externo común ante terceros países, es decir, el resto del mundo; ni una comunidad económica que conlleve la libre circulación de personas, mercancías e inversiones y la armonización de políticas macro-

---

3 (En: http://historiaregional.org/ojs/index.php/historiaregional/article/view/83, Consultado enero 2 de 2109).

económicas; ni mucho menos una unión política y económica, con ciudadanía común, moneda común y autoridades supranacionales o integradoras: nada de esto se ha logrado[4].

Lo importante para lograr un acertado análisis no es la discursiva sino el resaltar la importancia crucial que tiene el trasfondo económico en los tratados de integración, ese es su eje central y allí se debe centrar el análisis de los mismos. Oswaldo Salgado indica las siguientes "etapas económicas (comerciales) de los procesos de integración: Integración Fronteriza (IF), Zona de Libre Comercio (ZLC), Unión Aduanera (UA), Mercado Común (MC), Unión Económica (UEca)" y agrega "Otras expresiones" que utilizan los Procesos de Integración: Unión Monetaria (UM), Unión de Mecanismos Compensatorios (UMC), Unión Política (UP).[5]

Así que habría que invitar a la Academia de nuestra región a realizar sendas investigaciones sobre las efectivas realizaciones económicas del proceso integrador de América Latina y el Caribe y cruzar las mismas con estas tipologías de la Teoría General de la Integración para concluir el grado de integración que realmente se ha alcanzado y nuestra hipótesis es que los avances son escasos.

Existen, eso sí, multiplicidad de organismos de integración a nivel regional y subregional con altos grados de paralelismo es decir que no se van a encontrar nunca, como precisamente ocurre con las líneas paralelas, en consecuencia con muy escasa convergencia o posibilidades de confluencia o fusión de los mismos, todo lo cual conlleva grandes debilidades estructurales

---

4 Se pueden confrontar estos grados de integración económica en: SCHEMBRI CARRASQUILLA, Ricardo, SCHEMBRI CARRASQUILLA, R., *Teoría Jurídica de la Integración Latinoamericana, Parlamento Latinoamericano*, Sao Paulo, Brasil, 2.001, págs. 31 y ss.

5 SALGADO ESPINOZA, O., *El ABC del Derecho para la Integración*, 2010, págs. 75 a 79.

en el proceso integrador de la región y permanentes contradicciones inter-orgánicas; así, encontramos la Comunidad Andina CAN, el Mercado Común del Sur MERCOSUR, la Comunidad del Caribe CARICOM, el Sistema de la Integración Centroamericana SICA, la Comunidad de Estados Latinoamericanos y Caribeños CELAC, la Asociación Latinoamericana de Integración ALADI, el Parlamento Latinoamericano PARLATINO, la Organización del Tratado de Cooperación Amazónica OTCA, la Iniciativa para la Integración de la Infraestructura Regional Suramericana IIRSA, la Unión de Naciones Suramericanas UNASUR, el CONVENIO ANDRÉS BELLO, el Banco de Desarrollo de América Latina CAF, el FONDO LATINOAMERICANO DE RESERVAS FLAR, el Sistema Económico Latinoamericano y del Caribe SELA, que serían algunos de los diversos organismos o sistemas intergubernamentales de integración en América Latina y el Caribe. Para cualquier observador desprevenido esta impresionante estructura de la integración en esta región del mundo le llevaría a concluir que la misma es muy fuerte y profunda, pero no es así. Entiéndase bien: son organismos diferentes, con órganos y presupuestos separados, ni siquiera se articulan, complementan o coordinan a través de un Sistema latinoamericano, todos con variados órganos y presupuestos de funcionamiento propios, estos no muy grandes lo que dificulta aún más su actuar; es una integración con múltiples personalidades, diferentes visiones, múltiples autoridades, bajos presupuestos, escasa coordinación y como resultado de todo ello, escasos resultados.

Otro aspecto negativo a tener en cuenta es que la integración de la región ha sido más tecnocrática que democrática, es decir, el proceso integrador se ha dado en buena medida de espaldas a la ciudadanía, la presencia de mecanismos democráticos en el seno de los mecanismos y organismos de integración es escasa. La integración ha sido definida, controlada y ejecutada por los altos gobiernos y los diversos ministerios que se involucran en este proceso a través de Consejos de Ministros que no tienen control parlamentario alguno de manera tal que funcionarios sin origen popular toman las grandes decisiones de la integración, eso sí con consultas técnicas y económicas con el sector empresarial, pero sin que tendencialmente la ciudadanía en general haya estado presente a través de mecanismos de participación ciudadana o en la elección popular directa de parlamentos pero con reales poderes legislativos; algunos elementos democráticos existen pero son escasos e inocuos; de nada valer elegir, o contar con parlamentos de integración conformados por legisladores nacionales, que no tienen funciones de relevancia institucional; estos parlamentos existen por supuesto pero su impacto es muy bajo, su presencia en el sistema de pesos y contrapesos del poder en el seno de los organismos de integración resulta ser de bajo impacto. Mucho menos se han tenido o aplicado mecanismos de participación ciudadana (plebiscitos, referéndums, consultas populares) en el proceso integrador latinoamericano, lo que por el contrario sí ha ocurrido en el seno de la Unión Europea. Meta importante es entonces la de involucrar cada vez más al pueblo en la integración.

Además de ello, otra gran falla es la inexistencia de un presupuesto de inversión para los organismos de integración y derivada de ella, la ausencia de verdaderas políticas públicas ejecutadas por los mismos, aunque sí hay cierta coordinación internacional para algunas políticas ejecutadas en consonancia por los diferentes gobiernos nacionales, como sería el caso de la IIRSA. Es decir, hay una grave inmersión en un populismo integrador que genera grandilocuentes discursos oficiales de los diferentes gobiernos y organismos de integración de la Región en pro de la integración, pero en la realidad conllevan políticas aislacionistas y nacionalistas, con mayores nexos económicos extra regionales. En suma, se trata de un proceso integrador de décadas, que ha implicado algunos avances, en la que muchos funcionarios y diversos actores han realizado esfuerzos enormes para avanzar y construir lo que hoy llamamos el *patrimonio histórico de la integración,* pero en verdad estos pioneros y titanes de la integración no han estado acompañados por la plena voluntad política de los Gobiernos. Avances se han dado, por supuesto; logros se han tenido, también; algunos pocos resultados se han obtenido, verdad; pero nada de ello compensa el déficit integrador del que se adolece.

Así las cosas, lamentablemente debemos concluir que la integración en América Latina y el Caribe ha sido llevada adelante con gran vigor discursivo pero poco rigor en las realidades ejecutadas, de manera tal que el balance después de este intervalo histórico no es positivo ya que ni los gobiernos nacionales ni los organismos de integración han logrado superar el reto histórico de construir una profunda integración económica y política a nivel regional o al menos subregional. No se trata de negar los esfuerzos realizados por gobernantes y funcionarios de la integración, se ha avanzado, se ha creado conciencia de integración e identidad geopolítica y ello es muy importante; pero ahora hay que mirar el futuro y es esencial obtener una fuerte voluntad política que revigorice el proceso integrador de América Latina y el Caribe. Si se logra fortalecer la voluntad política hacia la integración se podrá avanzar en forma muy importante gracias al andamiaje y el conocimiento acumulado integracionista con el que ya se cuenta; eso es lo importante de este trasegar institucional pero hay que saber reconocer cada momento histórico: ahora la prelación debe ser profundizar y fortalecer el proceso de integración de América Latina y el Caribe, tomar lo ya existente, lo ya construido, lo ya aprendido y avanzar; pero para ello se debe contar con una muy fuerte voluntad política y ésta ahora debe ser dada por la ciudadanía a sus mandatarios; si se deja el proceso integrador como está, se continuará por otras sendas décadas en un limbo discursivo de la integración en esta región.

II. MEGATENDENCIAS A CONSTRUIR

Después de superada la etapa de la segunda posguerra mundial con un bipolarismo dado en torno a las dos superpotencias que emergieron del mencionado conflicto, que fueron la Unión Soviética y los Estados Unidos, se tiene en la actualidad un mundo multipolar en el que se está paulatinamente superando la época de los Estados nacionales clásicos e ingresando tendencialmente a un mundo de potencias de dimensiones geográficas continentales o subcontinentales, organizados bien como Estados nacionales clásicos como China, India, Rusia o Estados Unidos, bien como organizaciones supranacionales como la Unión Europea, pero se reitera se trata de organizaciones geopolíticas de gran extensión territorial y/o gran potencialidad política y militar y/o enormes poblaciones y/o gran desarrollo económico, todos ellos acompañados de grandes y ricas estructuras empresariales con capacidad de cobertura mundial. Es decir, el gran poder económico, político y empresarial está hoy concentrado en grandes estructuras de poder a nivel mundial; los actores internacionales de pequeña envergadura, trátese de Estados nacionales u organismos internacionales tienen muy poco juego de poder en este escenario mundial y por ello la estrategia de la integración es de vital importancia para América Latina y el Caribe, es estructural para la misma; si no se entiende este contexto, se continuará con una plena inmersión en un discurso miope, que no va a lograr mayor suceso ni impacto en esa complejidad internacional de la actualidad. Así por ejemplo, la población de toda América Latina y el Caribe en conjunto (unas seiscientas cincuenta 650 millones de personas) no alcanza ni de cerca a la población de la China o de la India (unos mil 1.000 millones de seres humanos en cada uno de estos Estados subcontinentales); el producto interno bruto sumado de toda América Latina y el Caribe está en conjunto muy lejos del PIB de las grandes potencias económicas mundiales e incluso de la riqueza de varias de cada una de las grandes empresas multinacionales; así el PIB de los

Estados Unidos fue de unos diecinueve billones de dólares (19.39) frente a los 2 billones de Brasil o el billón de México (1.15 billones), que son las dos más grandes economías de la región; los más de diecisiete 17 millones de kilómetros cuadrados de Rusia son enormes ante la extensión de cualquier país latinoamericano, incluso del más extenso que es Brasil al cual casi dobla en área. Ello mirando la región como un todo, entonces ¿qué se dirá y cuán débiles están actuando los Estados nacionales dispersos en este nuevo contexto mundial? Compromisos políticos y económicos inmediatistas, intereses empresariales de corto plazo, urgencias y necesidades electorales, actúan como un enorme saco de fuerza que amarra, que impide a los gobiernos moverse más allá de esos intereses, su autonomía de poder es limitada, por lo que se debe superar el lastre histórico que impide profundizar y construir la integración en nuestra región.

Dentro de esta realidad de la actualidad a nivel mundial y regional se hace necesario reflexionar sobre las estrategias que se deberían seguir para fortalecer el proceso integrador de Latinoamérica y el Caribe y por ello se plasman a continuación las que probablemente podrían ser las mega tendencias que gobiernos (Estado), empresarios (Mercado) y ciudadanos (Sociedad) de la región deberían construir para impulsar la integración a una fase de profundización económica y política, acompañada de un importante fortalecimiento institucional.

Se debe entonces propender primero por **fortalecer las tres grandes subregiones** de América Latina y el Caribe, que podrían ser Suramérica, Mesoamérica (México y Centroamérica) y el Caribe o aquellas que la dinámica negociadora indique. Solamente cuando se hayan logrado grandes y efectivos avances en cada subregión se deberá proceder a buscar la convergencia de las mismas. Entre tanto lo que se debe realizar con mucha premura es la creación de un Sistema que articule, que coordine, que induzca y dirija la convergencia de toda la institucionalidad de la integración en Latinoamérica y el Caribe y este es precisamente uno de los objetivos centrales de la Comunidad de Estados Latinoamericanos y Caribeños CELAC. Por lo que se refiere a Suramérica se ha propuesto la fusión en un solo organismo de la UNASUR, el MERCOSUR, la CAN, la IIRSA y la OTCA (SCHEMBRI CARRASQUILLA, Ricardo, El Reto Histórico de conformar la Unión de Naciones Suramericanas UNASUR, Ediciones Jurídicas Ibáñez, Bogotá – Colombia, 2008), que podría denominarse la **Comunidad Suramericana**, la que recogería todos los propósitos institucionales de estos diversos pero desarticulados esfuerzos integradores.[6]

En esta Comunidad Suramericana se deberían crear órganos únicos como sería un solo Parlamento Suramericano que sustituiría al Parlamento Andino, al Parlamento del MERCOSUR y al Parlamento Amazónico, con un único Ejecutivo (pluripersonal por supuesto, con la participación de diversos Jefes de Estado y Ministros en los respectivos Consejos) y con un mismo sistema y órgano de solución de controversias, judicial o arbitral.

La arquitectura institucional de esta Comunidad Suramericana debería pensarse y debatirse con sumo cuidado; hay que evitar esa tendencia a copiar otros modelos, especialmente el europeo, pero copiarlos mal, como ocurre por ejemplo con los Parlamentos de Integración que no tienen ni una sola de las funciones del Parlamento Europeo: no son poder constituyente, no legislan, no hacen control político el ejecutivo, no aprueban el presupuesto[7]; al respecto habría que primero darles estas funciones y solamente luego de esto proceder a institucionalizar la elección popular directa de estos parla-

---

6 SCHEMBRI CARRRASQUILLA, R., *La Comunidad Suramericana de Naciones, En: Integración, Revista del Grupo Parlamentario venezolano del Parlamento Latinoamericano,* Año III, # 10, Caracas-Venezuela, octubre / noviembre de 2003, págs. 18-33.

7 SCHEMBRI CARRASQUILLA, R., *Los Parlamentos de Integración en Europa y América Latina,* Ediciones Jurídicas Ibáñez, Bogotá, 2008.

mentarios, para reducir así el déficit democrático de la integración; pero no cometer el error ya dado de pasar a instaurar la elección popular directa de parlamentarios sin funciones, pues ello lejos de fortalecer la institución la deslegitima ante la opinión pública que no acepta los costos de esas elecciones y de los sueldos de unos parlamentarios permanentes pero sin funciones, esto es, sin un verdadero impacto institucional. Cuando se implementó la elección popular de parlamentarios andinos en Colombia y estos devinieron en parlamentarios de tiempo completo con pleno sueldo la prensa denominó a este organismo el "Congreso Inútil" y finalmente ante la presión ciudadana mediante la Ley 1729 de 2014 se debió desmontar esta elección y retornar a la representación ocasional que hacen parlamentarios nacionales en el Parlamento Andino[8].

Por lo que hace relación con el fondo económico de la integración, la estrategia a seguir es la de **focalizar la integración en ciertos sectores**; es un error pretender construir la misma en torno a toda la economía; así es muy difícil avanzar y por ello hay estancamientos permanentes; otra cosa es Europa, la realidad latinoamericana y caribeña es muy distinta y por ello se deben escoger ciertos sectores para focalizar allí la creación y ejecución de **políticas comunes, financiadas por un presupuesto de inversión de recursos propios**, previamente cedidos en forma definitiva por los Estados miembros[9] ello no impediría que los Estados se puedan coordinar en otros sectores a través de sus competentes autoridades nacionales.

---

8 SCHEMBRI CARRASQUILLA, R., *Control Social Electoral*, Bogotá, 2014, págs. 42 a 44.

9 SCHEMBRI CARRASQUILLA, R., "La gestión presupuestal autónoma y administrativa como elemento esencial de las Comunidades de Naciones y sus implicaciones en la Comunidad Andina", *Revista Con - Texto de Derecho Económico*, núm. 1, Universidad Externado de Colombia, Bogotá, enero 1.998, págs. 22 a 31.

Pero las autoridades de integración deberían focalizar su actuar institucional solamente en ciertos sectores, en los cuales las autoridades nacionales cederían sus competencias. En suma, se sostiene que la integración en esta región del mundo se debe focalizar en la cesión de recursos y competencias nacionales a un solo Organismo de Integración que actúe inicialmente en cada Subregión. Advirtiendo que esto requiere de profundos y autorizados análisis en especial de los Gobiernos nacionales y sus Ministerios, los sectores en los que se debería focalizar la agenda integradora podrían ser el Medio Ambiente, el Turismo, Energías alternativas, Alimentos y Ciencia y la Tecnología pues la región es una potencia ecológica mundial (lo cual en el mundo de hoy es una gran fortaleza y una gran oportunidad), se tiene un enorme potencial turístico, se requiere contar con una espacio común de ciencia y de tecnología, se cuenta con la capacidad de devenir potencia alimentaria mundial. Nótese cómo, aún sectorizando la integración, la tarea es colosal. Pero la **Integración Sectorial** es la respuesta para esta región y la ejecución de las respectivas políticas públicas comunes deberá estar iluminada por los objetivos 2030 de las Naciones Unidas pues las autoridades de integración así como las nacionales están por ellos vinculadas[10].

Una realidad que se debe afrontar es que **el proceso integrador de América Latina y el Caribe tendrá que ser ajeno a la supranacionalidad** por la potísima razón de que no es aceptada ni por Brasil ni por México, las dos potencias regionales, a más de otros importantes Estados como son todos los miembros plenos del MERCOSUR y Chile; en algunos órganos subregionales como la CAN y el SICA sí hay supranacionalidad pero en un esquema regional a nivel latinoamericano o subregio-

---

10 La Agenda 2030 de las Naciones Unidas que consagra 17 Objetivos de Desarrollo Sostenible se puede consultar en https://www.un.org/sustainabledevelopment/es/development-agenda/.

nal suramericano ello no será posible, al menos por ahora. Así que en nuestra región **no debemos hablar de Derecho Comunitario sino de Derecho de la Integración**; a diferencia de lo que ocurre en la Unión Europea cuyo derecho permea todo el sistema jurídico, las normas de la integración en América Latina no tienen las características del Derecho Comunitario Europeo[11] ya que no son generales a todo el sistema jurídico, ni son de efecto directo, ni de aplicación directa, ni priman sobre el derecho nacional (salvo las muy limitadas excepciones indicadas, como ocurre en la CAN con un derecho supranacional; las normas del Derecho de la Integración en América Latina y el Caribe deben entonces contar con una estructura y técnica jurídicas que impliquen el que primero emanen de los órganos de integración para que luego sean incorporadas en la legislación interna por los respectivos poderes nacionales, en una interrelación y equilibrio de poderes primero a nivel de autoridades de integración y luego a nivel de autoridades nacionales, como ocurre por ejemplo en el MERCOSUR cuyo sistema jurídico podría ser el modelo a seguir en la Comunidad Suramericana. En suma, el derecho de la Integración no es autónomo como sí lo es el Derecho Comunitario; el Derecho de la Integración es un derecho especial del Derecho Internacional Público, adolece de las características ya mencionadas del derecho Comunitario y por ello debe ser **incorporado** a las diversas legislaciones nacionales por las respectivas autoridades nacionales[12]. No es que se rechace aquí la supranacionalidad como instrumento integrador, es que hay que reconocer la realidad de que si varios Estados la rechazan es evidente que

---

11 MOLINA DEL POZO, C.F., Manual de Derecho de la Comunidad Europea, Reus, Madrid, 1997, págs. 505 a 512.

12 Véanse: ROUSSEAU, C., *Derecho Internacional Público,* Ariel, Barcelona, 1966; HOYOS MUÑOZ, J., *Apuntes Sencillos de Derecho Internacional,* Señal, Medellín, 1993; MARIÑO MENENDEZ, F.M., *Derecho Internacional Público,* Trotta, Madrid, 1993.

la misma no podrá hacer parte de la estrategia integradora de América Latina y el Caribe, al menos en sus etapas iniciales.

El Estado (poder político) y el Mercado (poder económico y empresarial) se han quedado cortos con sus roles y han demostrado con su omisión y estancamiento que sus prioridades y sus más importantes intereses no están en la integración; por ello la Sociedad, que es el tercer gran actor de todo organismo social, debe asumir el liderazgo del proceso integrador, lo cual se puede realizar mediante los mecanismos de la democracia participativa y monitorizada[13] para así convertirse en la gran impulsadora y líder de nuestra integración y de esta manera convocar a los otros actores de manera tal que Sociedad, Estado y Mercado confluyan con sus fuerzas en el proceso integrador de Latinoamérica y el Caribe. Es decir, los ciudadanos activos y participantes podrían asumir un rol decisivo que vinculase al Estado y le obligase a acatar el mandato político del Pueblo soberano para negociar, suscribir y ratificar los tratados necesarios que impliquen una reorganización de la estructura institucional de la integración, la asunción de metas económicas integradoras de mayor calado e impacto, el cumplimiento de efectivas metas en plazos perentorios, la eliminación de las dilaciones y la falta de compromiso histórico con la integración que sea definitivo por parte de los gobiernos nacionales. En otras palabras, la ciudadanía actuante o Sociedad debe legitimar la integración a través de los pertinentes y adecuados mecanismos de participación contemplados en las diversas y respectivas Constituciones Nacionales, para con su mandato popular crear la real voluntad política integradora, de la que los Estados de Latinoamérica y el Caribe dudan tanto; debemos así cerrar ese círculo vicioso en que se puede ver sumida. Por ello se hace necesario el que, acorde con la respectiva normatividad de las diversas Constituciones Nacionales de

---

[13] Véase: KEANE, J., ¿Democracia Monitorizada?, Castelló de la Plana, 2009.

Suramérica y en la medida en que estas lo habiliten **se realice hacia la misma fecha en todos los países un Plebiscito en el cual la ciudadanía suramericana dé un mandato político a sus gobiernos** para la negociación, firma y ratificación del Tratado Constitutivo de la Comunidad Suramericana de Naciones con los contenidos ya indicados. Ya las otras subregiones habrán de organizar similar proceso, si así lo tiene a bien. Y posteriormente, la confluencia subregional hacia la fortalecida Comunidad Latinoamericana y del Caribe emanará en una segunda fase. Lo cierto es que este propósito del **Plebiscito Integrador Suramericano** es de muy difícil realización y habrá que superar muchos obstáculos de toda índole: se necesitan recursos monetarios, activa participación de múltiples organizaciones sociales, activación ciudadana a través de las redes sociales, superación de múltiples problemas legales que serán interpuestos, ojalá apoyo de varios Gobiernos nacionales y de sendos partidos políticos de diferentes ideologías, logro de mayorías altísimas, etcétera, de manera tal que se requiere de una fase previa de gran organización y financiamiento para no fracasar en el intento; por supuesto si la propuesta es vencida en el libre juego democrático y el mandato integrador no pasa, pues habrá que acatar la decisión popular: no se acude al pueblo para luego desconocerlo.

Hay que llegar aún más allá y para ello hay que remitirse a las diferencias claras entre los conceptos de Estado y Nación, que para algunos son irrelevantes por desconocerlos pero que en realidad implican un profundo impacto en la vida social: conviene ejemplificar para denotar esta relevancia histórica. En la historia de la Humanidad el Estado Nacional es solamente una de las muchas formas de organización geopolítica que se han dado; en la Antigüedad tuvimos las Ciudades Estado (Atenas, Esparta, Roma, Cartago, entre otras) y los Reinos (Egipto, Persia...) en los que miembros de una misma nación, personas afines entre sí, estaban sometidos a su propio poder político y en un momento dado algunos de estos se expandieron y sometieron a otros pueblos de otras latitudes, de otras culturas, de otras religiones, de otras razas y surgieron los Imperios (Romano, Mongol, Otomano, Británico...) en los que seres humanos de distintas nacionalidades quedaron sometidos a un poder político externo. Posteriormente surgieron los Estados Nacionales en Europa (Inglaterra, Francia, España primero; luego Italia y Alemania, entre muchos otros) en los cuales el Estado coincide altamente con la Nación, esto es, el poder político se organiza y ejerce en un espacio geográfico determinado sobre una población con múltiples caracteres comunes entre sí y por ello se auto identifica como una Nación; después, ese modelo de organización geopolítica se difundió por el mundo y entramos así en la época actual en la que coexisten múltiples Estados con sus fronteras casi que totalmente definidas. Pero ello no quiere decir que todos los Estados existentes tengan en su seno una sola nacionalidad cada uno. De hecho, han existido Estados multinacionales o plurinacionales, esto es Estados que ejercen su poder político sobre pobladores de diversas Naciones, como fue el caso de la Unión Soviética, como hoy se autoproclama Bolivia, como es Israel en la actualidad con judíos y palestinos. También hay Naciones separadas pues viven en distintos Estados, como podrían ser los kurdos que habitan en Siria, Turquía, Irak e Irán. Digamos entonces por ahora que el Estado es la organización del poder político ejercido en un espacio geográfico determinado por sus fronteras y ejercido sobre la población que allí se encuentra mientras que la Nación es un conjunto humano que se auto identifica como perteneciente a ese grupo y ello se da por un cúmulo de razones sociológicas vinculadas por su vida en un espacio común, la historia así creada, la visión de vida similar, la cultura común. Por ello, desde un punto de vista más acorde con la realidad geopolítica y sociológica de la Humanidad es más exacto no hablar de Nacionalidad sino de Ciudadanía para referirse a los pobladores de un Estado que a él están sometidos políticamente; pero esto no es lo relevante, sino el entender la enorme diferencia existente entre los dos conceptos. ¿A qué viene todo esto?: pues bien, lo que se sostiene es que los latinoamericanos pertenecen a una misma Nación, fraccionada en múltiples Estados. Se trata de una misma identidad, con una misma cultura, una muy similar visión de vida, Libertadores comunes que pelearon en buena medida iluminados por las mismas creencias, en similar momento histórico, muchas veces coordinadamente, con idiomas latinos, con ancestros y cultura latina común, todo lo cual lleva a una clara auto identificación permanente; además, sólo basta ver la realidad social para encontrar un incontable número de organizaciones de la sociedad civil organizadas y autodenominadas "Latinoamericanas", como son la Central Latinoamericana de Trabajadores CLAT, la Federación Latinoamericana de Bancos FELABAN, la Asociación de Universidades de América Latina y el Caribe para la Integración AUALCPI, la Conferencia Episcopal Latinoamericana CELAM para sólo mencionar algunas de las más connotadas dentro de las miles que hay. De manera tal que ya se cuenta con una unión social latinoamericana muy profunda, lo que permite visualizar la existencia de una única Nación Latinoamericana. La pregunta por supuesto aparece de inmediato: ¿cómo un continente como Europa, con tan profundas diferencias nacionales y recién salida de dos sanguinarias y enormes guerras en el siglo xx y posteriores a siglos de enfrentamientos, logró en tan poco tiempo construir una integración tan profunda y en Latinoamérica no se ha logrado a pesar de tanta afinidad o igualdad? Algo se está haciendo mal. Pero es claro que **la Nación Latinoamericana es una sola, dividida como está en varios Estados**.

Enorme reto a superar es el de las profundas contradicciones políticas e ideológicas que se presentan actualmente entre los Gobiernos de Centro y Derecha contra los Gobiernos de Izquierda; las tendencias autoritarias y totalitarias que han azotado a la región, los que no solamente han violado los derechos humanos y las libertades ciudadanas en forma canalla sino que son precisamente los más antagónicos con la integración, durante momentos históricos muy distintos pero con la coincidencia de visiones autoritarias, patrioteras y aislacionistas. En otras palabras **si no se tiene una visión común de aceptación del Estado Social de Derecho y en consecuencia de la Democracia como el tipo de Estado a implementar en la región, la integración no es posible**; las diferencias políticas y partidistas son esenciales al libre juego democrático, entendiendo por Democracia no una afirmación hueca y maliciosa de autoproclamación democrática sino a la sociedad organizada constitucionalmente, con respeto por toda su normatividad jurídica, con elecciones libres y periódicas, sin reelecciones amañadas e indefinidas de despreciables tiranuelos, con multipartidismo y alternancia en el poder, con pleno respeto legal y verbal por la oposición, con separación de poderes y controles mutuos entre los órganos de poder, con jerarquía normativa emanada de la Constitución, con respeto por los derechos humanos, con amplio bienestar social, con austeridad de los gobernantes, con amplia igualdad, sin discriminaciones: cualquier Estado y Gobierno que no cumplan plenamente con estas condiciones sencillamente no es democrático, no importa cuántos discursos den sobre su seudo talante democrático; las tendencias autoritarias y totalitarias anulan la Democracia más allá, también aquí, de los falsos discursos con que se arropen los tiranos de turno. Y arruinan la integración, en adición a su catastrófico legado histórico. Entiéndase bien: la verdadera Democracia necesita partidos políticos de diversas ideologías y la alternancia en el poder de los mismos pues así se equilibran los yerros del poder al Electorado escoger diversas opciones; los partidos políticos de Izquierda, Derecha y Centro son esenciales al libre juego democrático; lo que no es aceptable es que accedan al poder por la vía democrática y una vez logrado ello se dediquen a destruir la Democracia por dentro; en lo que no se puede caer es en tiranías ocultas, escondidas tras triunfos electorales fraudulentos, que persiguen a la oposición, que acallan a la Sociedad, que infiltran y someten a los otros Órganos de poder para lograr convertirse así en poderes sin control alguno. La región debe entonces desde un punto de vista de cultura ciudadana el superar el paternalismo y caudillismo imperantes en la historia regional, con ciudadanos responsables y activos, acabar con todo gobierno usurpador de la soberanía popular y tirano, para definitivamente ingresar a una etapa de ciudadanía participativa, consciente de sus derechos pero también de sus deberes ciudadanos, que actúa como Sociedad dentro de un Estado plenamente identificado con una verdadera Democracia y el profundo respeto de los Derechos Humanos. Cero Despotismo, mucha Democracia. Por supuesto que se deben fortalecer y hacer más eficaces las normas de estabilidad democrática que se incorporan a los Tratados de la integración de manera que se impongan sanciones, suspensiones y hasta expulsiones a los Estados que pierdan su condición de Democracias, que violen los Derechos Humanos, que instauren Gobiernos personalistas con elecciones reeleccionistas amañadas.

La **eficiencia administrativa y la lucha contra la corrupción** deben iluminar permanentemente el actuar de los organismos de integración precisamente para superar ese enorme lastre que ha frenado nuestro desarrollo y que no permite ahondar la unión del pueblo latinoamericano, para así evitar que los grupúsculos nacionales puedan seguir administrando a sus anchas sus respectivas esferas de poder político e intereses económicos; los gobernantes deben ser austeros, alejarse de la arrogancia del poder, sintonizarse en un plano de igualdad con la ciudadanía, bajarse de su pedestal; también aquí necesitamos una **ciudadanía participante y vigilante**, como lo exige la nueva Democracia Monitorizada que se apoya en los medios de comunicación y las redes sociales, que monitorea y vigila a las autoridades y que depende esencialmente de una ciudadanía verdaderamente activa, transparente en su actuar, cívica y comprometida con los más altos valores de su Sociedad, cumplidora a la vez de sus deberes ciudadanos. Dentro de este propósito resulta indispensable crear en la arquitectura institucional de la integración un **Tribunal de Cuentas** que realice el control fiscal de las autoridades de integración, en toda la ejecución presupuestal.

Si se logran construir efectivamente estas grandes tendencias e irlas implementando a través de toda la geografía regional, seguramente la integración dará un paso histórico enorme y se podrá así entrar a una fase de obtención de grandes resultados, de fortalecimiento institucional, de involucramiento ciudadano, todo ello para fortuna de la Unión de América Latina y el Caribe, la que podrá así emerger ante la Comunidad Internacional como una prestigiosa potencia verde, democrática y respetuosa de los derechos humanos. Es un compromiso histórico, un deber ser institucional, la construcción de la nueva estructura social para la Nación Latinoamericana, que las generaciones venideras tanto se merecen.

BIBLIOGRAFÍA Y OTRAS FUENTES DOCUMENTALES

- ABELLAN, V., *et alt, Lecciones de Derecho Comunitario Europeo,* Ariel Derecho, Brcelona, 1.995.
- BALLARINO, T., *Lineamenti de Diritto Comunitario,* CEDAM, seconda edizione, Padova, 1.987.
- DE VERGOTTINI, G., Diritto Costituzionale Comparato, seconda edizione, Cedam, Padova (Italia), 1987.
- *GONZALEZ-OLDEKOP,* F., *La integración y sus instituciones,* Ediciones Ciudad Argentina, Buenos Aires 1997.
- HOYOS MUÑOZ, J., *Apuntes Sencillos de Derecho Internacional,* Señal Editora, Medellín, 1993.
- KEANE, J, ¿Democracia Monitorizada?, Universitá Jaumé I, Castelló de la Plana, España, 2009.
- LINDE PANIAGUA, E. y otros., *Derecho de la Unión Europea,* Marcial Pons Ediciones jurídicas s.a., Madrid, 1.995.
- LOEWENSTEIN, K., *Teoría de la Constitución,* Ariel derecho, Barcelona, 1986.
- MARIÑO MENENDEZ, F., Derecho Internacional Público, Trotta, Madrid, 1993.

- MARTINEZ GARNICA, A., "La entrevista de Guayaquil: Introducción y Transcripción", En: PROCESOS, *Revista Ecuatoriana de Historia, I Semestre 2013,* Quito, 2013, ISSN 1390/0099, consultado en diciembre 20 de 2018 en http://repositorio.uasb.edu.ec/bitstream/10644/3477/1/08-DOC-Martinez.pdf.
- MOLINA DEL POZO, C., *Manual de Derecho de la Comunidad Europea,* Editorial Trivium, tercera Edición, Madrid, 1997.
- MOLINA DEL POZO, C., et alt, *Integracao e ampliacao da Uniao Europeia,* Curitiba, Juruá, 2003.
- ORDOÑEZ SOLIS, D., *La ejecución del Derecho comunitario europeo en España, Fundación Universidad Empresa* – Civitas, Madrid, 1993.
- ORSO, Javier Alejandro y DA SILVA, A., "La Evolución de la Integración Latinoamericana.Tres coyunturas históricas: 1810, 1910 y 2010", *Historia Regional,* núm. 28, Sección Historia (ISP No 3), Año XXIII, Villa Constitución, 2010, En: http://historiaregional.org/ojs/index.php/historiaregional/article/view/83/86
- POCAR, F., *Diritto delle Comunitá Europee,* Giuffré editore, quarta edizione,Milano, 1.991.
- ARMENTA DE LA PEÑA, R., *El Comercio Internacional,* Bogotá, Editorial Norma, 1.984.
- ROUSSEAU, J.J., *El contrato Social,* Alonso Ediciones s/f.
- ROUSSEAU, C., *Derecho Internacional Público,* 3ª edición, Ariel, Barcelona, 1966
- RUIZ DIAZ LABRANO, R., *El MERCOSUR, Marco jurídico e institucional, análisis y perspectivas de sus normas derivadas,* Intercontinental Editora, Asunción 1.992- 1993.
- SACHICA, L.C., *Derecho Comunitario Andino,* Editorial TEMIS, segunda edición, Bogotá, 1990.
- SALGADO ESPINOZA, O., *El ABC del Derecho para la Integración,* EDISLAT, Cuenca, Ecuador, 2010.
- SCHEMBRI CARRASQUILLA, R., "La práctica profesional en el derecho comunitario", *UNIVERSIDAD EXTERNADO DE COLOMBIA, Revista Jurídica,* vol. 8, núm. 1, Bogotá, diciembre, 1.995.
- SCHEMBRI CARRASQUILLA, R., *El Neofederalismo Comunitario, En: El Federalismo en Colombia,* Universidad Externado de Colombia, Bogotá, 1997.
- SCHEMBRI CARRASQUILLA, R., "La gestión presupuestal autónoma y administrativa como elemento esencial de las Comunidades de Nacio-

nes y sus implicaciones en la Comunidad Andina", *Universidad Externado de Colombia, Revista de Derecho Económico CON-TEXTO*, ENERO 1998.

- SCHEMBRI CARRASQUILLA, R., *Teoría Jurídica de la Integración Latinoamericana, Parlamento Latinoamericano*, Sao Paulo, 2.001.
- SCHEMBRI CARRASQUILLA, R., "La Comunidad Suramericana de Naciones", *Integración, Revista del grupo parlamentario venezolano del PARLAMENTO LATINOAMERICANO*, año III, núm. 10, Octubre/Noviembre de 2003.
- SCHEMBRI CARRASQUILLA, R., *El Reto Histórico de conformar la Unión de Naciones Suramericanas UNASUR*, Ediciones Jurídicas Ibáñez, Bogotá – Colombia, 2008
- SCHEMBRI CARRASQUILLA, R., *Los Parlamentos de Integración en Europa y América Latina*, Ediciones Jurídicas Ibáñez, Bogotá – Colombia, 2008
- SCHEMBRI CARRASQUILLA, R., *Control Social Electoral*, Registraduría Nacional el Estado Civil CEDAE, Bogotá, 2014.
- SERRA, M., (tesista), ORSO, J.A., (tutor), *La Integración Regional.* Historia y Perspectiva actual, Universidad Abierta Interamericana, 2016.

Capítulo VII. La CELAC y los liderazgos en la integración latinoamericana

PROF. DR. EDGAR VIEIRA POSADA[1]

SUMARIO:

RESUMEN

El propósito de este escrito es tratar las características de la participación de los países latinoamericanos y del caribe en la CELAC, teniendo en cuenta algunos hechos históricos limitantes de la unidad latinoamericana, afectados también por la inexistencia de liderazgos claros en la región y el incompleto e insuficiente reparto de responsabilidades regionales con respecto a la integración latinoamericana.

La razón de considerar este tema, es la lamentable falta de unidad regional latinoamericana evidenciada en el desaprovechamiento que desde el momento del surgimiento como naciones independientes en el siglo XIX se hizo de los

[1] Director del Centro de Pensamiento Global - CEPEG · Universidad Cooperativa de Colombia.

planteamientos de integración por parte de quienes realizaron la independencia, la prevalencia de liderazgos presidencialistas en la mayoría de los países donde cada cual quiere imponer su visión sobre integración y desarrollo, la ideologización predominante en los procesos de regionalismo latinoamericano y en el posicionamiento internacional de los países que ha sido especialmente evidente en perjuicio de los procesos latinoamericanos de integración y las posiciones opuestas de los dos países que podrían ejercer un liderazgo latinoamericano como son Brasil y México.

PALABRAS CLAVE: América Latina; liderazgos; integración; caudillismo; Brasil; México; CELAC.

I. FALTA DE UNIDAD REGIONAL A TRAVÉS DE LA HISTORIA E IMPACTO DEL CAUDILLISMO LATINOAMERICANO

Desde el momento mismo de la independencia y la conformación como estados-nación a comienzos del siglo XIX, se ha insistido en la existencia de elementos en común que deberían haber facilitado la unidad e integración latinoamericana, pero los intereses caudillistas y localistas lo han impedido.

La CELAC tendría hoy condiciones de trabajo muy diferentes si se hubieran atendido los llamados a la unidad, a la integración regional, formulada por los libertadores del siglo XIX. Incluso desde 1786, ya el precursor Francisco Miranda se había referido a "Nuestra América", diferenciándola de la América anglosajona, haciendo referencia a Hispanoamérica y a Brasil para dar idea de una dimensión integracionista continental iberoamericana o latinoamericana[2].

---

2 ROJAS GÓMEZ, M., "Aportes a la identidad integracionista latinoamericana". En: *50 años del proceso de integración latinoamericana 1960-2010 – Ensayos sobre integración regional*, ALASADI Secretaría General, Montevideo, 2011, págs. 151 y ss.

Y en Centroamérica, una Asamblea Nacional Constituyente en un primer congreso el 24 de junio de 1823, produjo el importante hecho político integracionista promovido tanto por José Cecilio del Valle como por Francisco Morazán, de la creación de las "Provincias Unidas del Centro de América" compuesta por cinco países del Istmo

Pero la idea de unidad regional provino principalmente de los planteamientos del Libertador Simón Bolívar, de un Estado de Estados o Estado Supranacional general ("la patria es América"), constituido por una Nación-de-Naciones, donde la Confederación implicaba la unidad en la diversidad[3].

Simón Bolívar tuvo la concepción de una América (sin Estados Unidos) igualmente federada e integrada, lo cual planteó en diferentes escenarios: la carta de Jamaica de 1815, la carta al director Pueyrredón de las Provincias Unidas del Río de la Plata en 1818 ("*Una sola debe ser la patria de todos los americanos*"), el discurso de Angostura en 1819 y la convocatoria al Congreso Anfictiónico de Panamá en 1824 .[4]

---

3 Igual consideración tienen José Briceño Ruiz, Andrés Rivarola y Ángel Casas: "Para los Libertadores como Simón Bolívar, José de San Martín, Francisco Morazán, José Gervasio Artigas o Bernardo O´Higgins, la independencia política de las nacientes repúblicas no podía estar separada de la idea de unidad regional" (Briceño Ruiz, Rivarola y Casas, 2002, p.17).

4 En la convocatoria se evidenciaron signos de desunión y varios de los invitados como las Provincias Unidas del Río de La Plata y Chile no concurrieron al evento. Brasil por su parte no quiso involucrarse en el conflicto entre los estados beligerantes de América y España, pues su proceso de independencia había sido pacífico. Las naciones participantes solo representaron a la Gran Colombia (hoy Colombia, Ecuador, Panamá y Venezuela), a las Provincias Unidas de Centroamérica (hoy Costa Rica, Guatemala, Honduras, Nicaragua y el Salvador), y al Perú y México.

Primaron los particularismos y egoísmos que en décadas siguientes tanto afectarían las posibilidades de integración latinoamericana y los estados del sur quedaron por fuera del proyecto integracionista de Bolívar que se iba a considerar en el Congreso Anfictiónico en Panamá, el cual no logró los objetivos previstos y América Latina perdió la oportunidad de integrarse, como personalmente lo expresé en 2004 en estos términos:

> Bolívar no fue escuchado y se produjo una verdadera frustración de los primeros propósitos integracionistas presentados a consideración de América Latina. Esta pierde la oportunidad de actuar unida para procurar su inserción en la escena internacional, pasando a responder a intereses personalistas y localistas, a ser manejada por caudillos ambiciosos, a jugar a ser estados soberanos, a vivir absurdos conflictos por intereses territoriales de fronteras que en muchos casos separaban a poblaciones vecinas con más intereses en común que con poblaciones del mismo país [5]

En resumen, desde el momento mismo de la independencia las concepciones individuales y aisladas de los gobernantes latinoamericanos y sus actuaciones caudillistas han sido limitantes para el trabajo conjunto y solidario con los demás y han llevado a la disgregación territorial de los primeros intentos de integración. Primaron los nacionalismos localistas y la concepción integracionista de Bolívar de "continentalismo democrático" chocó con disputas de poder local e intereses particulares y parroquiales.[6]

---

5 VIEIRA POSADA, E., *La integración de América Latina - Del Congreso Anfictiónico de Panamá de 1826 a una Comunidad Latinoamericana de Naciones en el año 2010.* Editorial Pontificia Universidad Javeriana, Bogotá. 2004, p.56.

6 Según el historiador Indalecio Liévano Aguirre: [—] bajo el título de civilismo granadino, federalismo venezolano, argentinidad, peruanidad, etc., se improvisaron en el hemisferio una serie de entidades políticas verticales, destinadas a impedir el progreso del continentalismo democrático horizontal que Bolívar persiguió ahincadamente. LIÉVANO AGUIRRE, I.. *Bolívar.* Editorial Oveja Negra, Bogotá, 1987, p.475).

En el actual mundo globalizado e interconectado, se hubiera podido contar con espacios geopolíticos y geoeconómicos unificados en condiciones de lograr una mejor inserción y de tener un mayor peso en la escena internacional. La continuidad de la *Gran Colombia* con los actuales territorios de Colombia, Ecuador, Venezuela y Panamá; un solo territorio del Alto y Bajo Perú con la Confederación Peruano-boliviana; el espacio de las Provincias Unidas del Río de la Plata con Argentina, Uruguay y Paraguay o los cinco países centroamericanos dando continuidad a su inicial Provincias Unidas de Centroamérica, habría habilitado una mayor integración y facilitado la unidad latinoamericana que ahora se trata de lograr en la CELAC.

Las consecuencias de esa desunión y ese caudillismo resultan negativas para la unidad y la integración latinoamericana, donde como dice José Antonio Sanahuja los resultados corresponden "a un patrón de toma de decisiones que descansa en liderazgos presidenciales fuertes que adoptan metas integracionistas tan ambiciosas como irreales, y recurren a llamamientos retóricos al unionismo latinoamericano mientras se acumulan los incumplimientos"[7]

La dificultad para construir esa unidad latinoamericana se volvió a repetir recientemente durante la década de los años noventa a nivel institucional, cuando en el Parlamento Latinoamericano fracasaron los intentos por conformar una "Comunidad Latinoamericana de Naciones" (CLAN) con los diecinueve países de habla española y portuguesa, a pesar de ser un mandato de las constituciones nacionales de la mayoría de los países. Se hubiese podido contar con una institucionalidad más unificada, sin el número innecesario de instituciones existentes, muchas de las cuales pretenden tener responsabilidades en

---

7 SANAHUJA, J. A., "Regionalismo e integración en América Latina: de la fractura Atlántico-Pacífico a los retos de una globalización en crisis", en *Pensamiento Propio*, Buenos Aires, 2016, vol.1 núm. 44, pág.39.

la integración latinoamericana, a pesar de no haber recibido responsabilidades precisas. Esto influye en el funcionamiento de la propia Comunidad de Estados Latinoamericanos y Caribeños (CELAC), como se verá más adelante.

II. IDEOLOGIZACIÓN DEL REGIONALISMO LATINOAMERICANO

A la integración latinoamericana le han correspondido entornos mundiales muy diferentes, que han incidido en el modelo de desarrollo y de regionalismo integracionista llevado a cabo, al pasar de contextos cerrados a contextos de apertura; a tendencias neoproteccionistas como neoaperturistas, en donde han influido fuertemente las tendencias políticas de los gobiernos de turno para privilegiar variables económico-comerciales o variables político-sociales como metas de integración, con lo cual se desconocen principios indispensables de multidimensionalidad, de multilateralidad y hasta de gobernanza multinivel característicos de procesos efectivos de integración.

La integración latinoamericana ha vivido distintas formas de regionalismo, desde un "regionalismo cerrado o regionalismo desarrollista" a mediados del siglo pasado, época en la que la CEPAL otorgó su apoyo al desarrollo de los primeros procesos de integración en América Latina como instrumento de industrialización que impulsara el desarrollo económico del continente; para con la llegada de un proceso globalizador impulsado por el mundo desarrollado, cambiar a un nuevo contexto de "*regionalismo abierto o regionalismo liberal*" a finales del siglo XX, que priorizó el libre comercio por encima de la armonización de políticas para las cuales existían objetivos y metas en los procesos latinoamericanos de integración de lograr ser "mercados comunes"[8].

Detlef Nolte comenta al respecto: "Una política de integración exitosa debe combinar lo político con lo económico y lo comercial. Las críticas que se han hecho al regionalismo abierto fueron justificadas. La integración regional es más que solo comercio. Además, la base económica y comercial del regionalismo latinoamericano es muy débil".[9] Son elementos a tener en cuenta en las relaciones entre la CELAC y la UE.

Pero al inicio del presente siglo XXI, mientras el resto del mundo continuaba en un regionalismo abierto, en América Latina el ascenso al poder en la mayoría de los países de gobiernos de izquierda – la ola rosa - produjo fuertes cambios en la orientación política y económica de los Estados y por consiguiente en los procesos de integración, que dieron origen a nuevas formas de regionalismo, denominado "regionalismo posliberal, o regionalismo poshegemónico", donde los gobiernos ideologizaron la integración, al considerar como válida la integración política y social, pero descalificando la económica y comercial, cuando una verdadera integración debe ser multidimensional!

---

8 VIEIRA POSADA, E., *La formación de espacios regionales en la integración de América Latina.* Convenio Andrés Bello y Pontificia Universidad Javeriana, Bogotá, 2008; DE LOMBAERDE, P. y GARAY, L. "El nuevo regionalismo en América Latina", en *Del regionalismo latinoamericano a la integración interregional.* Fundación Carolina y Siglo XXI de España Editores S.A, Madrid, 2008; BRICEÑO RUIZ, J., "Estado, mercado y el modelo económico de la integración regional en América Latina. Los casos del Mercosur y la Alianza del Pacífico", en *Repensar la integración en América Latina: los casos del Mercosur y la Alianza del Pacífico* (pp. 21-68), Ediciones Universidad Cooperativa de Colombia, Bogotá, 2019, págs. 21 y ss.

9 NOLTE, D., "Lo bueno, lo malo, lo feo y lo necesario: Pasado, presente y futuro del regionalismo latinoamericano". *Revista Uruguaya de Ciencia Política,* vol. 28 núm. 1, Montevideo, junio 2019, pág. 147.

Al oponerse las concepciones de desarrollo en lugar del manejo de enfoques complementarios de una integración multidimensional, se ha producido un fuerte grado de politización y de polarización de los procesos de integración latinoamericanos, con descalificaciones entre los partidarios del regionalismo abierto que se mantenía en algunos países, defensores de la integración económica y comercial; frente a los partidarios del regionalismo postliberal o posthegemónico, defensores de una integración política y social en entornos neoproteccionistas, todo lo cual ha conducido al estancamiento de la integración latinoamericana y a la falta de unidad continental. En este contexto fue en el que comenzando la segunda década del siglo XXI se creó la Comunidad de Estados Latinoamericanos y caribeños (CELAC).

Ante los cambios de tendencia política en las elecciones en los distintos países, en Latinoamérica siguen cohabitando regionalismo abierto o liberal con regionalismo postliberal o posthegemónico, pues las tendencias políticas cambian permanentemente., lo cual lleva a los académicos Elena Carolina Díaz Galán y Harold Bertot Triana a considerar que

> [...] queda claro que no se ha abandonado por completo una visión del regionalismo liberal o neoliberal en Latinoamérica, pues las propuestas del regionalismo posthegemónico se despliegan en una dimensión que queda atrapada por la diversidad ideológica de los gobiernos que integran estos espacios posthegemónicos y que fluctúan entre el progresismo y las tendencias neoliberales, y que en definitiva marcan el ritmo y la vitalidad o el retroceso de mecanismos de integración política, económica y de cooperación[10]

---

10 DÍAZ GALÁN, E.C. y BERTOT TRIANA, H., "La Comunidad de Estados Latinoamericanos y Caribeños (CELAC): un enfoque desde la perspectiva de la integración", *Cuadernos de Política Exterior Argentina (Nueva Época),* núm. 126, julio-diciembre 2017, pág. 51.

Como anota José Briceño Ruiz sobre esta diversidad de regionalismos latinoamericanos: "Esta forma de pensar y actuar dualista o dicotómica es una de las limitaciones mayores que han tenido los procesos de integración económica regional en América Latina" [11].

Esta división ideológica entre gobiernos de izquierda y de derecha también afecta el funcionamiento de la CELAC, la cual ha visto paralizada la continuidad de sus reuniones, una menor asistencia a las mismas e incluso el retiro de países como Brasil durante el gobierno de Jair Bolsonaro. Dicha polarización ha impedido una convivencia posible mediante la aceptación de distintas posiciones de los países dentro del nuevo organismo de alcance latinoamericano y caribeño, la cual buscaría un equilibrio entre la unidad y la diversidad.

En resumen, los problemas a superar son muchos, como la ideologización de los gobiernos, las diferencias estructurales geopolíticas y geoeconómicas entre países latinoamericanos y caribeños, o los distintos intereses para ejercer un liderazgo en la CELAC, principalmente entre Brasil y México.

III. CONFRONTACIÓN DE DISTINTOS INTERESES EN LOS LIDERAZGOS DE BRASIL Y MÉXICO

El concepto de liderazgo a considerar es el de potencia regional (*regional power*) o líder regional con poder duro (*hard power*), basado en capacidades militares, económicas y

---

11 BRICEÑO RUIZ, J., "Estado, mercado y el modelo económico de la integración regional en América Latina. Los casos del Mercosur y la Alianza del Pacífico", en *Repensar la integración en América Latina: los casos del Mercosur y la Alianza del Pacífico* (pp. 21-68), Ediciones Universidad Cooperativa de Colombia, Bogotá, 2019, pág. 37.

demográficas,[12] donde el liderazgo se ejerce en la medida en que la potencia regional aspira a éste y cuenta con consenso.

Una dificultad para el buen funcionamiento de la CELAC son los intereses distintos de los dos países protagonistas de condiciones de liderazgo en América Latina, como son Brasil y México. Ambos usan el liderazgo para su inserción internacional, donde les interesa lograr una inserción efectiva que les permita desarrollar un papel de influencia política y económica global, un papel de "global players".

Según Pedro Rodríguez, México y Brasil son "los dos actores con mayores capacidades para promover y liderar la integración de América Latina, debido a que conforman las economías más grandes del subcontinente latinoamericano y a que poseen un peso político, económico y cultural". Igualmente señala "la aceptación de la opinión pública latinoamericana para constituirse como los principales socios del subcontinente"[13]

Con su pertenencia a la ALADI y a la CELAC y apelando a características de identidad latinoamericana, México ha tratado de proyectar una imagen de liderazgo continental, que se ve confrontada a una realidad bien distinta en términos de intercambio comercial, el cual es muy reducido con la región y de enorme dependencia de sus vecinos del norte. Esto lleva a una relación más fundamentada en el folclor y en lazos históricos, que en compromisos efectivos comerciales y de inversión, situación que podría cambiar si México decidiese asumir un protagonismo más efectivo y real de integración con América Latina.

---

12 LEMKE, D., "Dimensions of Hard Power: Regional Leadership and Material Capabilities", en *Regional Leadership in the Global System: Ideas, Interests and Strategies of Regional Powers*, pp.31-50. Ashgate Publishing Limited, Surrey, UK, 2010, págs. 31 y ss.

13 RODRIGUEZ, P., "Brasil y México, dos actores estratégicos en la integración de América Latina", en *Brasil en el contexto regional e internacional: actores y temas,* Universidad Externado de Colombia, Bogotá, 2017, pág.145.

El vínculo cada vez más fuerte de México con Estados Unidos y Canadá se ha venido desarrollando desde el Tratado de Libre Comercio de América del Norte (TLCAN) de los años noventa, reforzado con la reciente renegociación en el gobierno Trump del nuevo acuerdo: el Tratado de Libre Comercio entre Estados Unidos, Canadá y México (USMCA o T-MEC), donde a pesar de ser negociado por el gobierno de izquierda de AMLO, no ha dejado que cada vez se consoliden más las relaciones entre México y Estados Unidos.

Por lo pronto, esta situación se traduce en un área de influencia de México limitada a su área de vecindad natural: los países centroamericanos y del caribe, con los cuales ha desarrollado lazos geopolíticos y comerciales concretos, suscribiendo diferentes acuerdos de libre comercio y liderando el proyecto de impacto en el Istmo Centroamericano conocido como el Proyecto Mesoamérica o ex Plan Puebla Panamá (PPP)[14]

En cambio, en su aproximación a Sudamérica con su incorporación a la Alianza del Pacifico (AP), no ha mostrado la atención y el interés necesario para desarrollar dicha relación, donde tendría grandes posibilidades por ser en la AP el país con mejores condiciones para desarrollar cadenas regionales de valor con los socios sudamericanos Colombia, Perú y Chile. Pero en el actual gobierno del presidente AMLO, México ha desperdiciado esta posible mayor vinculación con países de América Latina, pues su política ha sido la de atender con prioridad los problemas de su país y otorgar preferencia a sus relaciones comerciales y de inversión con los Estados Unidos. Tal situación de aislamiento, se ve todavía más agravada con la complicación en las relaciones

14 ARDILA, M., "Multilateralismo cooperativo de México en el Proyecto Mesoamérica y en la Alianza del Pacífico (2000-2014)". En: *¿Nuevo multilateralismo en América Latina?: concepciones y actores en pugna*, Universidad Externado de Colombia, Bogotá, 2016, págs. 147 y ss.

externas con el actual gobierno del Perú al que desconoce, paralizando el funcionamiento de la Alianza del Pacífico (AP).

Por su parte Brasil, como una de las diez potencias mundiales en perspectiva, ha entendido que para ejercer el liderazgo mundial al cual aspira, debe mostrar que es un jugador importante en el escenario sudamericano. En tal sentido, son las diferentes acciones emprendidas por los gobiernos brasileños, comenzando por el de Fernando Henrique Cardoso a comienzos del siglo XXI, convocando a encuentros presidenciales sudamericanos, a una integración sudamericana mediante una Comunidad Sudamericana de Naciones y a la atención prioritaria de los problemas de infraestructura del subcontinente con la creación de IIRSA, la Iniciativa para la integración física regional sudamericana, todas los cuales terminaron siendo incorporadas en la recién creada Unión de Naciones Suramericanas . UNASUR.

Las iniciativas internacionales de Brasil durante las dos primeras décadas del presente siglo indican claramente su voluntad de mostrar un liderazgo en la región, y ante la propuesta hecha por México para la creación de la CELAC en buena parte para recuperar un protagonismo en Latinoamérica, se evidenció la disputa de liderazgo en América Latina entre los dos países, al desarrollar Brasil sus propuestas de UNASUR y de reforzamiento de acciones políticas y sociales en el MERCOSUR.

Lamentablemente una vez más el hiperpresidencialismo que evita manejar políticas de Estado y se circunscribe a políticas de gobierno, sumado a la ideologización del modelo de desarrollo y de la integración, implicó que el gobierno del presidente Chávez de Venezuela interfiriera las propuestas iniciales y aplicara políticas excluyentes con quienes no compartían sus ideas, y el mismo Brasil y otras naciones se plegaron a esa ideologización excluyente que ha paralizado la integración en la región. Adicionalmente, al ser políticas de gobierno, la anterior presidencia de Jain Bolsonaro paralizó aún más cualquier avance integracionista, dificultó el funcionamiento y representatividad de la CELAC con su retiro y desatendió cualquier acción de liderazgo en nuestro continente, contentándose con ser considerado el Trump latinoamericano.

Con relación a un liderazgo continental en la CELAC, los caminos transitados tanto por México como por Brasil no permiten apreciar esa posibilidad. En un mundo donde los ajustes del proceso globalizador están llevando hacia la consolidación de bloques regionales, la realidad es que en ALC no se vislumbra la posibilidad de un liderazgo unificado, sino que en América Central y del Norte continuará el liderazgo mexicano y en Sudamérica el nuevo gobierno Lula tiene la posibilidad de relanzar su liderazgo, siempre y cuando se deje a un lado la descalificación partidista ideologizada y se trabaje respetando la diferencia.

Corresponde a una realidad histórica, geopolítica y territorial el que se den los dos liderazgos de Brasil y de México en nuestro continente, con posibilidades para México de incursionar territorialmente en Sudamérica si reactiva una participación y liderazgo en la Alianza del Pacífico (AP) y el tercer gobierno Lula de volver al desarrollo de acciones internacionales de Brasil, luego del aislamiento de la escena internacional que tuvo con Bolsonaro.

Ello es posible, positivo y realizable, como lo ha probado el liderazgo del binomio Francia y Alemania en el buen funcionamiento de la integración europea, donde la acción combinada de ambos países ha sabido sortear los momentos de dificultad y ha sabido aprovechar los contextos favorables para seguir avante profundizando la integración. Es el reto en materia de liderazgo que le espera a México y a Brasil.

IV. ALCANCE DE LAS FUNCIONES ASIGNADAS A LA CELAC

Un tema que finalmente justifica una breve reflexión, es el alcance puntual de las responsabilidades de la CELAC según las funciones que le han sido asignadas, pues, aunque de manera general se incluye el tema de la integración latinoamericana, la realidad es que hay otras responsabilidades más claras de las cuales debe ocuparse, dada la existencia más que suficiente de instituciones responsables directa y formalmente de llevar a cabo la integración en el continente.

Nuestra opinión es que la CELAC tiene responsabilidades mayores que atender en su accionar, más orientadas a ser un facilitador del entendimiento de la región con otras regiones del planeta, planeta dividido en bloques en el ejercicio del poder, mientras a América Latina le ha faltado ejercer una vocería unificada para contar con mayores condiciones negociadoras en la escena internacional. Así lo preveían los gobiernos desde 2010 en la Declaración de Cancún – México, cuando establecieron que: "la región requiere de una instancia de concertación política fortalecida que afiance su posición internacional y se traduzca en acciones rápidas y eficaces que promuevan los intereses latinoamericanos y caribeños frente a los nuevos temas de la agenda internacional" (Declaración de Cancún, México, 2010). Esta es claramente su función en el próximo encuentro con la Unión Europea en julio de 2023.

Sobre el papel de la CELAC frente a la integración, según los investigadores Elena Carolina Díaz y Harold Bertot:

> La CELAC encuentra dificultades para constituirse en un verdadero mecanismo de integración regional que pueda derivar en una forma superior de institucionalidad y le impide, de alguna forma, convertirse en una organización internacional con objetivos precisos. Entre los obstáculos que existen para ello destaca, sin duda, uno de carácter histórico: América Latina y el Caribe han sido reacios tradicionalmente a integrarse en organismos jurídicos supranacionales y han optado usualmente por fórmulas más flexibles de integración[15]

---

15 DÍAZ GALÁN, E.C. y BERTOT TRIANA, H., "La Comunidad de Estados Latinoamericanos y Caribeños (CELAC): un enfoque desde la

La CELAC, no recibió ni cuenta con las funciones y la estructura para asumir responsabilidades con respecto a la integración, la cual necesita de mayor institucionalidad, como lo sostienen también Díaz y Bertot:

> La CELAC actúa en un marco regional caracterizado por una amplia variedad de movimientos centrípetos a escala regional y subregional, que impiden, ante las propias reglas de funcionamiento de esta Comunidad y ante la gran variedad de agendas nacionales, propuestas y esquemas de colaboración e integración, que pueda convertirse en el espacio idóneo para lograr una verdadera integración política y económica. Al carecer de todos los elementos de una organización internacional y sin propósitos bien definidos, las decisiones que se adoptan en su seno no sólo carecen de carácter vinculante sino, también, de mecanismos de control y de aplicación para exigir su cumplimiento[16]

Era tan real la fragmentación y la heterogeneidad de América Latina en varios organismos internacionales y en distintos esquemas de integración que dificultarían un trabajo de la CELAC en este campo, que llevó a los gobiernos de la región a manifestar en la Declaración de Santiago de 2013, que la CELAC está llamada a no "superponerse o duplicarse con otras experiencias o instituciones regionales y subregionales", y "destinada a fortalecer la complementariedad y evitar la duplicidad entre los mecanismos de integración de la región" (Declaración de Santiago, 2013).

Por eso en sus conclusiones, los profesores Elena Carolina Díaz y Harold Bertot refiriéndose a la CELAC concluyen en su artículo que: "Su posición en el ámbito latinoamericano y caribeño sólo se podrá determinar en la medida en que se aclare la situación de la integración en el conjunto de América[17]

---

perspectiva de la integración", *Cuadernos de Política Exterior Argentina (Nueva Época),* núm. 126, julio-diciembre 2017, pág. 58.

16 IBIDEM, pág. 58.

17 IBIDEM, pág. 63.

Son entonces más bien otras las prioridades de las cuales se debe ocupar la CELAC, pues se trata fundamentalmente de un mecanismo intergubernamental para el diálogo y el acuerdo político, y por mandato de los Jefes de Estado y de Gobierno, es la voz unificada de la región en cuestiones de consenso. La función de mediador y gestor de soluciones en las diferencias e incluso conflictos que se presenten entre los países de ALC, las ha ejercido en varias ocasiones. Y la de servir de ente coordinador y unificador del posicionamiento de América Latina en la escena internacional y de llevar a cabo las reuniones necesarias con las contrapartes de organizaciones de otros continentes o instancias globales como las Naciones Unidas, también la ha llevado a cabo con la celebración de los siguientes "Diálogos extrarregionales de la CELAC"

- Cumbres CELAC – Unión Europea y Reuniones Ministeriales UE-CELAC
- Foro CELAC – China
- Mecanismo de Diálogo y Cooperación con Rusia
- Diálogo Político y de Cooperación con Corea del Sur
- Diálogo Político con India
- Dialogo Político con Turquía
- Consejo de Cooperación para los Estados Árabes del Golfo

Son pues dos funciones principales precisas y claras: las de solucionar conflictos entre sus miembros y la de facilitar el posicionamiento internacional de ALC como bloque frente a los demás bloques existentes a través del planeta. Funciones que debería desarrollar actuando con objetividad, sin ideologización ni preferencia por determinada tendencia política, actuando de manera neutra, ceñida a las funciones y responsabilidades asignadas.

V. RESPONSABILIDADES PARA LA CELAC

En conclusión, existen varias acciones recomendables para lograr un buen funcionamiento de la CELAC:

- Admitir el doble liderazgo en la región de Brasil y de México, sin desgastarse en una competencia por un liderazgo único.
- Aceptar la espacialidad diferente de lo centroamericano (incluido México) frente a lo sudamericano, así como de lo latinoamericano frente a lo caribeño (excluidas Cuba y República Dominicana del ámbito latinoamericano).
- Acordar políticas de Estado que permitan continuidad en las responsabilidades de la CELAC, evitando tanto cambio ocasionado por las políticas circunstanciales de cada gobierno, a fin de lograr resultados efectivos y continuados en la plataforma de acción de la CELAC.
- Priorizar sus funciones en servir de mecanismo para el relacionamiento internacional de ALC como bloque con posiciones unificadas que permitan mejorar sus condicione de inserción frente a otros bloques en el mundo.
- De haber interés en considerar un protagonismo de la CELAC en el tema de la integración de ALC, no pretender desarrollar directamente funciones para las cuales no cuenta con las atribuciones ni las herramientas necesarias, al menos que una reforma de sus objetivos y responsabilidades se las asignase formalmente.

BIBLIOGRAFÍA Y OTRAS FUENTES DOCUMENTALES

- ARDILA, M., "Multilateralismo cooperativo de México en el Proyecto Mesoamérica y en la Alianza del Pacífico (2000-2014)", en *¿Nuevo multilateralismo en América Latina?: concepciones y actores en pugna,* Universidad Externado de Colombia, Bogotá, 2016, págs.. 147 y ss.
- BRICEÑO RUIZ, J; RIVAROLA, A. y CASAS, A., *Integración Latinoamericana y Caribeña. Política y Economía.* Fondo de Cultura Económica, Madrid, 2002.

- BRICEÑO RUIZ, J., "Estado, mercado y el modelo económico de la integración regional en América Latina. Los casos del Mercosur y la Alianza del Pacífico", en *Repensar la integración en América Latina: los casos del Mercosur y la Alianza del Pacífico,* Ediciones Universidad Cooperativa de Colombia, Bogotá, 2019, págs. 21-68.
- Declaración de Cancún, México (2010).
- Declaración de Santiago (2013).
- DE LOMBAERDE, P. y GARAY, L., "El nuevo regionalismo en América Latina", en *Del regionalismo latinoamericano a la integración interregional.* Fundación Carolina y Siglo XXI de España Editores S.A, Madrid, 2008.
- DÍAZ GALÁN, E.C. y BERTOT TRIANA, H., "La Comunidad de Estados Latinoamericanos y Caribeños (CELAC): un enfoque desde la perspectiva de la integración", *Cuadernos de Política Exterior Argentina (Nueva Época),* núm. 126, julio-diciembre 2017.
- LEMKE, D., "Dimensions of Hard Power: Regional Leadership and Material Capabilities", en *Regional Leadership in the Global System: Ideas, Interests and Strategies of Regional Powers,* pp.31-50. Ashgate Publishing Limited, Surrey, UK, 2010.
- LIÉVANO AGUIRRE, I., *Bolívar.* Editorial Oveja Negra, Bogotá, 1987.
- NOLTE, D., "Lo bueno, lo malo, lo feo y lo necesario: Pasado, presente y futuro del regionalismo latinoamericano". *Revista Uruguaya de Ciencia Política,* vol. 28 núm. 1, Montevideo, junio 2019.
- RODRIGUEZ, P., "Brasil y México, dos actores estratégicos en la integración de América Latina", en *Brasil en el contexto regional e internacional: actores y temas,* Universidad Externado de Colombia, Bogotá, 2017.
- ROJAS GÓMEZ, M., "Aportes a la identidad integracionista latinoamericana", en *50 años del proceso de integración latinoamericana 1960-2010 – Ensayos sobre integración regional.* ALADI Secretaría General, Montevideo, junio 2011.
- SANAHUJA, J. A., "Regionalismo e integración en América Latina: de la fractura Atlántico-Pacífico a los retos de una globalización en crisis", en *Pensamiento Propio,* Buenos Aires, 2016, vol.1 núm. 44.
- VIEIRA POSADA, E., *La integración de América Latina - Del Congreso Anfictiónico de Panamá de 1826 a una Comunidad Latinoamericana de Naciones en el año 2010.* Editorial Pontificia Universidad Javeriana, Bogotá. 2004.
- VIEIRA POSADA, E., *La formación de espacios regionales en la integración de América Latina.* Convenio Andrés Bello y Pontificia Universidad Javeriana, Bogotá, 2008.

Capítulo VIII.
Aportes temáticos trialistas a la integración eurolatinoamericana

PROF. DR. MIGUEL ÁNGEL CIURO CALDANI[1]

SUMARIO:

RESUMEN

Se considera la temática que puede aportar a la estrategia de la integración eurolatinoamericana la teoría trialista del mundo jurídico, elaborada dentro de la orientación tridimensionalista que incluye en el Derecho hechos, normas y valores. La integración es en general una manera de relacionarse, en este caso los Estados, diversa de la mera coexistencia, la dominación y la desintegración. La integración abarca despliegues no solo económicos, puede referirse a todos los aspectos de la cultura. Abarca, en correlación ampliatoria de las posibilidades de la economía, el área de libre circulación, la unión respecto al exterior, el espacio único y la unión general. La teoría trialista, construida en complejidad tridimensional, incluye como despliegues comunes a todo el Derecho las dimensiones sociológicas, normológica y axiológica (en especial dikelogoca) y las especificidades en cuanto a alcances, dinámicas y situacio-

1 Profesor emérito de la Universidad de Buenos Aires y titular (catedrático) de la Universidad Nacional de Rosario (mciuroc@derecho.uba.ar).

nes. La dimensión sociológica se construye con adjudicaciones de potencia e impotencia que son repartos; la dimensión normológica incluye captaciones lógicas normativas de los repartos y la dimensión dikelógica se refiere a un complejo de valores que culmina en la justicia. La justicia exige adjudicar la esfera de desarrollo pleno de cada humano, que debe ser tomado como fin y no como medio. La integración, en la medida en que es posible y se realiza, es un sendero de superación humanista de la coexistencia del Derecho Internacional Público clásico, de la dominación, en que éste se desvía y de la desintegración, hoy en la globalización/marginación. Las especificidades materiales son ramas del mundo jurídico, entre las que se halla el Derecho de la Integración (a veces llamado Derecho Comunitario). También se hace referencia a las particularidades espaciales y temporales de la integración y a las vivencias diferentes de la integración en las diversas personas.

PALABRAS CLAVE: Integración; Eurolatinoamérica; Derecho; Trialismo; Dimensiones; Humanismo.

I. NOCIONES BÁSICAS

1. La integración eurolatinoamericana y su estudio se hacen cada vez más dignos de consideración, sobre todo en un tiempo en que la globalización/marginación y los avances tecnológicos parecen negar la importancia de la concreción de lo humano, de las personas de carne y hueso, que en muchas circunstancias la integración puede afianzar.

Los relacionamientos entre las respuestas jurídicas y vitales en general pueden ser v. gr., de mera coexistencia, integración, dominación o desintegración. Las posibilidades de la integración son diversas, *no solo económica*, pueden ocurrir en *diversos aspectos de la cultura* (científicos, técnicos, artísticos, sanitarios, artísticos, etc.) y con *diferentes alcances.* Es posible referirse en general a los modelos de integración área de libre comercio, unión aduanera, mercado único y unión económica y monetaria. Más allá de la referencia básica a la economía, tratando de proyectar estas nociones a la plenitud de la vida es posible referirse a área de libre circulación, unión respecto al exterior, espacio único y unión general. [2] Los acuerdos intra e interbloques pueden adoptar estos diversos modelos. La libertad de circulación puede referirse a capitales, mercancías, personas y prestación de servicios, en general a cosas, personas, organizaciones, etc. Las diversas situaciones han de atender a los denominadores particulares u comunes. Cuando nos referimos a la integración eurolatinoamericana nos remitimos a todas esas posibles vertientes. Hay que concretar los acuerdos más valiosos que permitan las circunstancias. Es deseable que cuando se puedan lograr resultados justos la integración eurolatinoamericana incluya lo económico, pero como mínimo es imprescindible preservar y desarrollar todos los otros aspectos en que las relaciones birregionales son ya muy relevantes, por ejemplo, en cuanto a lengua, arte, concepción del mundo, etc.

Para avanzar en el proceso integrador que, como toda integración, encuentra caminos más fáciles o difíciles en diversas circunstancias, es imprescindible contar con la posibilidad de referirse al *Derecho* incluyendo el despliegue tridimensional complejo de hechos, normatividades y valores. Si se atiende solo a normatividades éstas, como abstracciones formales, pueden cubrir cualquier tipo de relación, incluso ajena a la integración. Cuando se consideran únicamente valores, queda imposibilitada la consideración de la realidad fáctica y las normatividades en las que los valores de la integración se deben cumplir. Si se atiende solo a los hechos, éstos pierden claridad y orientación para llegar a la integración.

---

2 V. El Mercado Común del Sur pretendido en el Mercosur está lejos de concretarse. Es posible v. Grados de integración económica, La Economía de Mercado, virtudes e inconvenientes. Junta de Andalucía, https://www.juntadeandalucia.es/averroes/centros-tic/14002996/helvia/aula/archivos/repositorio/250/271/html/economia/17/17-1.htm, Recuperado: 2-5-2023.

El *tridimensionalismo* en la construcción del objeto jurídico tiene una larga trayectoria y dentro de ella está la teoría *trialista* del mundo jurídico, orientación cuyo principal momento fundacional está en la obra de Werner Goldschmidt. [3] En la presente exposición vamos a referirnos a la propuesta de juridicidad trialista poniendo sus *interrogantes* al servicio de la integración eurolatinoamericana. Hace varios años que venimos considerando la *teoría trialista de la integración* en general, con resultados que nos parecen satisfactorios. [4] Ahora la aplicaremos a la integración eurolatinoamericana. El trialismo resulta un instrumento esclarecedor de la estrategia jurídica y en especial integradora, en nuestro caso, de la integración de Europa y América Latina. Hay que identificar con su orientación cuáles son los *denominadores* particulares y comunes de las partes que deben servir de base a la integración.

Vamos a tratar de mostrar en grandes líneas qué se puede *aportar temáticamente* desde el trialismo a la integración desde las dimensiones comunes de hechos, normatividades y valores, es decir, sociológica, normológica y axiológica, atendiendo asimismo a las especificidades de los alcances, las dinámicas y las situaciones de las respuestas y aplicando todo a una estrategia, para comprender y construir la juridicidad eurolatinoamericana de una manera más plena. El propósito principal es mostrar los *pro-*

---

3 Se puede *ampliar* en GOLDSCHMIDT, W., *Introducción filosófica al Derecho,* 6ª. ed. 5ª. reimp., Depalma, Bs. As., 1987; CIURO CALDANI, M. A., *Una teoría trialista del Derecho,* 2ª. ed., Astrea, Bs. As., 2020 (2ª. ed. de *Una teoría trialista del mundo jurídico*).

4 Se puede *ampliar* por ej. en nuestro estudio "Filosofía y sistema del Derecho de la Integración", en *Revista del Centro de Investigaciones de Filosofía Jurídica y Filosofía Social,* N° 29, 2006, págs. 27/48, Centro de Investigaciones de Filosofía Jurídica y Filosofía Social, https://drive.google.com/file/d/1ClFytv34XD2fYKpcdobG1l_SM_WzbnX8/view, Recuperado el 2-5-2023.

blemas jurídicos de la integración eurolatinoamericana, complementado los interrogantes con algunos avances en las respuestas.

La estrategia *actual* de la integración eurolatinoamericana ha de desarrollarse en un mundo muy cambiante y difícil, porque existen orientaciones que desean continuar en la *internacionalidad clásica*, hay fuertes tendencias a la *globalización*, que al propio tiempo es *marginación* de sectores vulnerables (principalmente carenciados) [5], se presentan inclinaciones al *aislamiento* de los Estados y la ciencia y la técnica sustitutivas y no complementarias de lo humano pueden conducir incluso a la extinción de nuestra especie. Vivimos cambios que superan los caracteres de una nueva edad y constituyen una nueva era. Además, existen dificultades momentáneas imprevisibles, como la que de pronto se encuentra en estos días en la institucionalidad de España, en cuya presidencia europea tenemos especiales esperanzas. [6]

La *integración* es un sendero de humanismo que hay que transitar en la mayor medida que lo permitan las *circunstancias* y su recorrido necesita los recursos teóricos trialistas. No podemos abrir de manera abstracta un juicio general favorable a la integración

---

5 Es posible *ampliar* en nuestro artículo "Orden y desorden en el mundo de la globalización/marginación", en *Derecho de la Integración*, N° 15, 2004, págs. 22/4.

6 V. por ej. CONSEJO DE MINISTROS, *El Consejo de Ministros aprueba la disolución de las Cortes y la convocatoria de elecciones generales el 23 de julio*, La Moncloa, https://www.lamoncloa.gob.es/consejodeministros/resumenes/Paginas/2023/290523-cministros.aspx#:~:text=El%20Consejo%20de%20Ministros%20extraordinario%2C%20a%20propuesta%20del%20presidente%20del,23%20de%20julio%20de%202023, Recuperado: 11-6-2023; NOLTE, Detlef, *Perspectivas de la próxima cumbre CELAC-UE: ¿sigue siendo válido y realista el objetivo de una asociación estratégica?*, EU-LAC, https://eulacfoundation.org/es/perspectivas-la-proxima-cumbre-celac-ue-sigue-siendo-valido-y-realista-el-objetivo-una-asociacion, Recuperado: 5-5-2023.

eurolatinoamericana prescindiendo de las circunstancias concretas que se vayan presentando, pero sí abrir líneas temáticas, con algunos desarrollos posibles, para tenerlas en consideración en la mayor medida factible. En nuestra construcción jurídica, la integración eurolatinoamericana sería, en las medidas que resultara viable, una realización ampliamente valiosa.[7]

II. DESARROLLO

1) El Derecho en general

a) *Dimensión sociológica*

2. La dimensión sociológica se constituye con hechos de nuestras *vidas* donde se despliegan *intereses,* no siempre económicos, y *fuerzas*, que no son siempre el poder, la fuerza sobre otro. Aunque se constituye en la primera apariencia con normas, en realidad el Derecho se desarrolla al fin en hechos. Estos hechos son *adjudicaciones* de lo que favorece o perjudica a la vida, es decir, de manera respectiva, potencia e impotencia. Los problemas nucleares del Derecho no son al fin las normatividades, son las adjudicaciones, a realizar en casos de nuestras vidas a los que debemos dar las soluciones reales más lógicas y justas que sean posibles. Con un ejemplo paralelo que nos parece accesible, cabe afirmar que el problema de la Medicina no son las recetas formales, ni siquiera las prescripciones médicas fácticas, es la salud real de las personas. Análogamente, los problemas del Derecho, en este caso, en la integración eurolatinoamericana, son la vida humana desarrollada a través de intereses y de fuerzas, manifestada en normatividades, que han de satisfacer la justicia.

---

[7] Se puede *ampliar* en nuestro estudio "Filosofía y sistema ..." cit.

Hay que conocer cuáles son los intereses y las fuerzas en juego en la integración, en este caso eurolatinoamericana, comprenderlos y resolverlos en su complejidad. Es necesario promover que haya intereses y fuerzas de personas que la deseen. Se debe *motivar* nuestra integración birregional valiosa en las personas que tal vez por desconocimiento o por inercia no se interesan en ella. Como en toda otra construcción, se ha de atender a las bases sobre las que en caso de ser posible y legítima se debe edificar.

3. Es imprescindible conocer el cuadro de situación de la integración eurolatinoamericana. Se deben considerar las condiciones naturales, económicas, científico-técnicas, lingüísticas, religiosas, educativas, históricas, de concepción del mundo, etc. en las que en su caso se ha de integrar Eurolatinomérica.

Por ejemplo: vale comprender la geografía birregional entendiendo que no estamos tan cerca como los países de las continuidades geográficas europeas, por un lado, o Sudamérica y Centroamérica, por el otro. Hay un océano entre una y otra región, un mar difícil de navegar, pero que durante varios siglos viene siendo el nuevo Mare Nostrum. La cultura de Occidente nació en gran medida en torno al Mediterráneo, que era el Mare Nostrum de las edades Antigua y Media, pero ahora también lo es el Atlántico. El nuevo Mare Nostrum está también, como el Mediterráneo, cargado de fuerte presencia humana, de fuerte sentido histórico. A nuestro parecer, todavía el Atlántico es un mar mucho más humanizado que el Pacífico. Se dice, quizás con acierto, que con el tiempo el Pacífico será el gran mar, que la historia va hacia el Pacífico. Es muy posible que sea así, pero en este momento, creemos por cierto tiempo más, América Latina y Europa están y estarán en las riberas del que estimamos el principal Mare Nostrum actual, el Atlántico. Nos hallamos a una gran distancia, de miles de kilómetros, pero se trata de un mar humanizado, un mar muy navegado por agua y por aire, cubierto por múltiples comunicaciones.

La extensión de la Unión Europea hacia el Este y el gran interés evidenciado por Ucrania, incluso en la actual expresión del varias veces milenario conflicto euroasiático, muestran que el interés del "Viejo Continente" se ha desplazado, con un alcance que lo distancia de América Latina, pero entendemos que la Europa del Oeste, sobre todo en cuanto es latina, tiene suficiente gravitación como para servir de referencia muy relevante a nuestra integración "bicontinental".

Además de las condiciones geográficas hay circunstancias del *obrar humano difuso* a tener en consideración, por ejemplo, las condiciones de la *economía.* En cuanto a la respuesta eurolatinoamericana, existen dificultades por la gran *asimetría* económica entre las dos zonas e incluso en América Latina. [8] Las dos regiones tienen desarrollos diferentes y a veces hay actitudes de tendencia neocolonialista. Europa tiene especiales dificultades en cuanto a fuentes de energía tradicionales y estos problemas son muy significativas en la orientación de sus intereses. No cabe ignorar que hay despliegues de fuerte competitividad interregional y que una dificultad especial surge de que al menos un país europeo privilegia con gran fuerza su agricultura sobre las relaciones con América Latina. La comprensión recíproca puede contribuir a superar esa situación. Tal vez, no obstante, el enorme desarrollo capitalista de este tiempo sea más favorable a la globalización/marginación y a la bipolaridad que a la integración. En un mundo que en virtud de la tecnología el motor económico va siendo menos la producción y más el consumo, las capacidades de consumo de Europa y América Latina son muy disímiles. Existen, en cambio, intereses eurolatinoamericanos recíprocos en materia económica que son muy importantes: por ejemplo, América Latina puede aportar a Europa disponibilidades de agua potable, pureza ambiental, petróleo, gas, litio, alimentos, etc., no solo

---

8 En Europa las asimetrías son de cierto modo compensadas.

en condiciones primarias sino, en crecientes grados de elaboración. Europa puede brindar, v. gr., conocimientos, capitales, etc. Hay, en suma, pese al avance capitalista radicalizado, posibilidades de compenetración económica en que la integración birregional podría apoyarse.

Otra línea de interés es la *religión*. Sin estar en la posición de creyente, advertimos que existe una afinidad religiosa cristiana básica entre Europa y América Latina. Sea cual fuere el grado de subsistencia de las creencias específicamente religiosas, hay entre las dos zonas una moral común de raíces cristianas. Es más, si se presta atención a la toponimia de América Latina se encuentra una gran presencia de referencias religiosas católicas. Tal vez esto contribuya a mostrar un inconsciente básico de la eurolatinoamericanidad. Por ejemplo: la ciudad donde se escribe este artículo es una de las que llevan el nombre Rosario; la capital del país es Santa María de los Buenos Aires y entre las provincias argentinas están Santa Fe, San Juan, San Luis, Santiago del Estero, Santa Cruz y Misiones.

Otra influencia importante a tener en consideración en la integración birregional es la condición de afinidad en la *lengua*. Hay semejanzas lingüísticas eurolatinoamericanas muy relevantes. El español, el portugués e incluso el francés, lenguas de América Latina, son comunes a importantes países de Europa, en algunos de los cuales se originaron. Aunque en el escenario iberoamenricano haya diferencia entre quienes hablamos español y quienes hablan portugués, en muchas regiones nos entendemos con una lengua en el espacio de otra. La atención que se desee brindar a la lengua es una de las perspectivas de especial importancia para resolver los senderos de la posible integración.

Es relevante para la integración la posibilidad de la cooperación birregional *científico-técnica*. Europa tiene un desarrollo científico técnico superior a varios de los países latinoamericanos y gran parte del desenvolvimiento que en el área tuvo

América Latina es de origen europeo, pero la cooperación en este despliegue puede ser relevante.

Otra causa de influencias humanas difusas a considerar es el *arte*. En el espacio eurolatinoamericano el arte es un patrimonio relativamente común muy desarrollado. En América latina confluyen la herencia europea con la de los pueblos originarios, pero las posibilidades de desenvolvimiento compartido son notorias.

Es relevante el interrogante respecto de la *educación*. Si bien las dos regiones alcanzan niveles relevantes, es claro que existe una asimetría entre ellas e incluso dentro de cada zona. La pedagogía latinoamericana, con desarrollos propios importantes, es no obstante en medida atendible hija de la europea. La Universidad, institución educativa superior en las dos zonas, es una construcción europea.

Es esclarecedor atender asimismo a las condiciones *históricas*. Sin desconocer que hay recorridos históricos específicos importantes en cada zona, la trayectoria de las dos regiones tiene, al menos en parte, un despliegue varias veces milenario en común de raíces griegas, romanas, judeocristianas, germánicas e incluso árabes. América "latina" es en una de sus perspectivas hija referencial de la cultura de Roma, sobre todo en sus períodos republicano e imperial en la vertiente de Occidente y sus afinidades con el Oeste y el Centro europeos son mucho más prolongadas que las del Este del "Viejo Continente", donde tienen destacadas presencias las cultura eslava e incluso turca musulmana. En cuanto a la complejidad de América Latina por la presencia de pueblos originarios y descendientes de africanos, cabe recordar que la conquista peninsular fue mucho menos excluyente que la inglesa en el Norte. La conquista de América no fue una empresa del todo feliz, pero construyó una historia común que hoy puede desarrollarse en condiciones no coloniales sino igualitarias. En algunos países latinoamericanos es destacable la presencia inmigratoria europea. La relevancia que se desee brindar a la historia es una de las perspectivas de especial importancia para resolver los senderos de la posible integración.

Es importante la perspectiva del *Derecho.* En Europa continental y América Latina tiene bases compartidas *romano-justinianeo-germánicas* y las dos regiones albergan valiosa adhesión a los *derechos humanos* y la *democracia.*

Otra línea problemática a atender es la de las *concepciones de la sociedad.* América Latina vive una importante tensión entre las concepciones *organicista* y *pactista* que en gran medida ha heredado de la Península ibérica, sobre todo de España. En América Ibérica y en España se contraponen a menudo lo ibérico tradicional, más organicista, intervencionista, católico y romántico, y lo angloafrancesado, más pactista, abstencionista, afín a la Reforma e ilustrado. Europa posee una complejidad cultural muy grande, en lo a veces denominado étnico [9] y en lo histórico. Por ejemplo: el componente latino, sobre todo mediterráneo, es diverso de lo germánico, predominante al Norte y de lo eslavo imperante en el Este. También América Latina tiene diversidades culturales e históricas relevantes. El *interés* en la integración eurolatinoamericana es diferente en los países latinos, sobre todo peninsulares del oeste y el centro europeos (esp. España, Portugal e Italia) respecto de los germanos y los eslavos.

En general, los procesos de integración desenvuelven *posibilidades vitales,* sobre todo potencias, *especialmente profundas.* Un eurolatinoamericano, como parte del "Nuevo Continente",

9 REAL ACADEMIA ESPAÑOLA, *Diccionario de la lengua española, etnia,* "Del gr. ἔθνος *éthnos* ‹pueblo›.1. f. Comunidad humana definida por afinidades raciales, lingüísticas, culturales, etc.", https://dle.rae.es/etnia, Recuperado: 1-5-2023; raza, "Del it. *razza,* y este de or. inc.; *cf.* ingl. y fr. *race.* … 2. f. Cada uno de los grupos en que se subdividen algunas especies biológicas y cuyos caracteres diferenciales se perpetúan por herencia.", https://dle.rae.es/raza?m=form, Recuperado: 1-5-2023.

puede sentir ante la *filosofía* de Sócrates, Platón, Aristóteles o Kant y ante el *arte* de Fidias, Miguel Ángel o Beethoven lo que un asiático oriental, con otras perspectivas valiosas, no puede experimentar. Un "latinoeuropeo" (o eurolatino) puede sentir por el pensamiento y el arte latinoamericanos, sean coloniales o independientes, lo que las personas de otras regiones no pueden apreciar. Para un español las ruinas de las misiones jesuíticas o las catedrales de México, Lima, Salta o Córdoba representan un pasado propio, que difícilmente puede encontrar en otros sitios de afuera de Europa e incluso el propio "Viejo Continente". [10] No optar por la integración que sea posible es elegir la superficialización de la vida, de particular gravedad en días en que la continuidad humana resulta amenazada por productos sustitutivos de la ciencia y la técnica.

Lo eurolatinoamericano se hace particularmente intenso cuando se trata de lo iberolatinoamericano. En este sentido, es fuerte la preferibilidad recíproca de las dos regiones respecto de las vinculaciones con los Estados Unidos de América. Sobre todo, pese a las grandes asimetrías, Europa y América Latina resultan preferibles si el "Viejo Continente" ofrece un *trato igualitario* que los Estados Unidos y la propia Gran Bretaña están lejos de querer brindar. [11] Las diferencias de las dos regiones respecto de China son mucho más relevantes y notorias.

Es importante el panorama *geoestratégico*. Según el marco de estrategia que consideramos, una influencia humana difusa de perspectiva mundial que dificulta la integración eurolatinoamericana es, al menos para países como la Argentina, la presencia

---

10 *Las 10 catedrales más bellas de Iberoamérica*, notiamérica, https://www.notimerica.com/cultura/noticia-10-catedrales-mas-bellas-iberoamerica-20170122074934.html, Recuperado: 6-5-2023.

11 Incluso a la zona continental europea, como lo demuestran el clima de la OTAN y el colonialismo en Gibraltar. Inglaterra está lejos de poder legitimar el papel que se le asignó en la llamada paz de Utrecht.

indirecta que a través de los países de la Unión Europea podría tener la Organización del Tratado del Atlántico Norte, a la que por el apoyo brindado al Reino Unido en la cuestión Malvinas muchos argentinos consideramos enemiga. [12] En el despliegue planetario, para Europa y América Latina con los Estados Unidos de América y China son viables y promisorios caminos de *internacionalidad tradicional*, es decir, de Estados independientes respetuosos de la independencia de los demás, pero entre Europa y América Latina parecen viables y promisorios senderos de mayor proximidad, al menos afines a la *integración.*

Para superar la globalización/marginación *no basta* con la internacionalidad tradicional y hay que recorrer caminos de *afinidades integradoras*, en este caso birregionales. Parece necesaria una estrategia geojurídica y geopolítica general de integración eurolatinoamericana que tenga clara conciencia de las diversas posibilidades que ofrece el Planeta y el significado específico de su relacionamiento parcial hondo. [13]

4. En el cuadro de situación y las decisiones a adoptar es necesario atender asimismo a la *conducción* de humanos determinables, o sea *repartos*, en la que se tenga clara conciencia de

---

12 V. por ej. BALZA, M., "Malvinas: cómo se gestó el decisivo apoyo de la OTAN al Reino Unido durante la guerra", en *Infobae*, 9 de mayo de 2020, https://www.infobae.com/opinion/2020/05/09/malvinas-como-se-gesto-el-decisivo-apoyo-de-la-otan-al-reino-unido-durante-la-guerra/, Recuperado: 5-4-2023; GARCÍA MORITÁN, R., "Malvinas como enclave estratégico de la OTAN", en *Clarín*, 5 de mayo de 2021, https://www.clarin.com/opinion/malvinas-enclave-estrategico-otan_0_haTam-Pi3.html?gclid=Cj0KCQjw7aqkBhDPARIsAKGa0oIzJq7ptX7LzWlcY8ZVQ66GkEJhYyN0KOmNbqYdi6XOAbYBIe4mjTcaAlwzEALw_wcB, Recuperado: 1-5-2023.

13 Se puede *ampliar* en nuestro artículo "Aportes jusfilosóficos para la comprensión de las condiciones constitucionales de los Estados hispanoamericanos y de su aptitud para la integración", en *Anuario de Derecho Constitucional Latinoamericano*", 13 ° año, 2007, t. II, págs. 725/739.

quiénes son los *conductores* y los *recipiendarios beneficiados* de la interregionalidad; cuáles son los *beneficios* y los *perjuicios* que se adjudican; con qué alcances de *audiencia* se llega a las decisiones y cuáles son las *razones* de la aproximación interregional. Por ejemplo, en nuestro caso, es importante saber si la birregionalidad será protagonizada por los sectores económicamente más poderosos y las grandes ciudades o tendrá participación de los habitantes de las zonas marginales. Si la eurolatinoamericanidad será en beneficio de todos los habitantes de las dos regiones o solo de los de zonas privilegiadas.

Si ha de ser sólida, la integración se tiene que construir con la obra cotidiana de cada uno de los individuos, en este caso, eurolatinoamericanos, en la medida de sus posibilidades y no ha de ser solo de élites. La integración debe resultar una realización *razonable, ejemplar,* para todos los habitantes de las dos zonas. Si el proceso es solo de grupos aislados resulta endeble y es muy posible su desmoronamiento. El Brexit fue el resultado de la insuficiente razonabilidad en la población inglesa. La integración ha de apoyarse en los beneficios y la conciencia, en el compromiso, de cada uno de los habitantes. Si, por ejemplo, la integración en el Mercosur fuera solo entre Buenos Aires y San Pablo o la integración eurolatinoamericana fuera entre Buenos Aires, San Pablo, Madrid, París o Roma sería una realización débil con grandes riesgos de fracaso. La integración ha de incrementar la vida, las potencias que la favorecen. Si los países quedan internamente desintegrados, como hay varios de América Latina, que son simplemente capitales que tienen un territorio más o menos colonial interno, la birregionalidad será evidentemente endeble. Además de mejorar la condición de los sectores económicamente poderosos o culturalmente desarrollados hay que elevar, de manera imprescindible, la situación de los marginales y vulnerables. Para quienes somos descendientes de europeos la integración eurolatinoamericana resulta en principio notoriamente más atractiva, pero la birregionalidad ha de serlo para todos los latinoamericanos, también, v. gr., para quienes descienden de los pueblos originarios. A los universitarios la integración birregional puede resultarnos más interesante, pero ha de serlo asimismo para quienes no acceden a ese nivel educativo. A fin de que sea sólida, la birregionalidad no ha de ser solo de gobernantes, debe ser un acuerdo de pueblos. Nos impresionó el ingreso de la Gran Bretaña a la integración continental, pero más nos sorprendió, luego de varios años, su salida. En el camino, algo no se hizo debidamente. No se generó debida razonabilidad inglesa respecto de la integración.

Ortega y Gasset, filósofo de nuestra cultura notoriamente importante, nos recomendaba "argentinos a las cosas". [14] El ir a las cosas es un problema que nos resulta muy relevante. Los eurolatinoamericanos debemos encaminar nuestras relaciones refiriéndonos a la realidad. Tenemos la presencia maravillosa de don Quijote, pero el gran Caballero no era idóneo para el recorrido de caminos reales. El genio gigantesco de Cervantes nos advierte acerca de la posibilidad de enamorarnos de abstracciones. Hay que lograr que la integración, con los alcances que vayan resultando viables, sea un plan enraizado en los pueblos en sus conjuntos. Que esté planificada por los gobiernos es necesario, pero tiene que haber el compromiso de cada uno y sobre todo la vivencia, de cooperación y solidaridad, de la integración. En definitiva tiene que concretarse en una *empresa vital común.*

5. La conducción humana repartidora se desenvuelve en marcos de factores de poder que constituyen constituciones materiales. Es importante que la integración resulte viable en la constitución material. Hay que tener en consideración, por ejemplo, las fuerzas de los sectores que se verían beneficiados

---

14 " "Argentinos a las cosas", una frase que nació entre diagonales", en *El Día*, 2 de marzo de 2020, https://www.eldia.com/nota/2020-3-2-2-19-14–argentinos-a-las-cosas-una-frase-que-nacio-entre-diagonales-la-ciudad, Recuperado: 4-4-2023.

o perjudicados por la integración y también las de los que se beneficiarían o perjudicarían por acuerdos de diferentes alcances con otros espacios a fin de conocer mejor cuáles la apoyarían o se opondrían a ella.

Los repartos encuentran límites necesarios que surgen de la naturaleza de las cosas, de carácter físico, psíquico, lógico, sociopolítico, socioeconómicos y vitales. Cuando una cuestión pone en riesgo intereses vitales las decisiones se replantean, sea con efectos de mantenerlas o cambiarlas. Es relevante atender a los límites que pueden presentarse en los procesos de integración. La integración eurolatinoamericana encuentra algunos límites psíquicos, sociopolíticos y socioeconómicos localistas, pero estimamos que podrían ser cambiados. Múltiples factores tienden a generar cierto clima de desconfianza. [15] Vale considerar que algunos intereses que resultarían afectados son sectorialmente vitales e introducen posibilidades de inestabilidad, pero la vida, y en este caso los procesos de integración, siempre tienen vacilaciones y riesgos. Sin desconocer la imperiosa necesidad de ir atendiendo a la marcha de los acontecimientos, estimamos que la integración eurolatinoamericana es una senda que *puede resultar viable.* [16]

---

15 CROCE, C. della, "UE-Mercosur, cunde la desconfianza", en *Other News,* 15 de junio de 2023, https://www.other-news.info/noticias/ue-mercosur-cunde-la-desconfianza/, Recuperado: 15-6-2023.

16 V. por ej. *La Unión Europea y América Latina y el Caribe: Estrategias convergentes y sostenibles ante la coyuntura global,* Cepal, septiembre de 2018, https://www.cepal.org/es/publicaciones/43740-la-union-europea-america-latina-caribe-estrategias-convergentes-sostenibles-la, Recuperado: 3-5-2023.

b) *Dimensión normológica*

6. La problemática normológica incluye problemas relevantes como los de elaboración de fuentes formales, el funcionamiento normativo y la jerarquización de las normas.

7. Las fuentes formales de las normatividades son autobiografías (relatos) de los repartos hechos por los propios repartidores. Suelen narrar adjudicaciones valiosas, aunque a menudo ocultan realidades disvaliosas. En la integración las formalizaciones pueden contar como tal relaciones de mera internacionalidad, de dominación o de desintegración. Por eso siempre hay que "saltar" de las fuentes formales a las fuentes materiales de los repartos relatados, a la vida misma, para conocerlas tales como son. La elaboración de fuentes formales debe atender a los requerimientos de las situaciones. En la marcha de la integración eurolatinoamericana las formalizaciones alcanzan realizaciones parciales, aunque no se ha logrado acuerdo definitivo entre la Unión y el Mercosur y tal vez las dificultades perduren por cierto tiempo. [17]

---

[17] Cabe c. CROCE, *op. cit.* V. por otra parte BORRELL, J., "Latinoamérica y el Caribe, un socio fundamental para la Unión Europea", *European Union, External Action,* 15 de diciembre de 2020, https://www.eeas.europa.eu/eeas/latinoam%C3%A9rica-y-el-caribe-un-socio-fundamental-para-la-uni%C3%B3n-europea_en, Recuperado: 5-5-2023; "UE y América Latina y el Caribe: de socios naturales a socios preferentes", en *Delegation of the European Union to Argentina,* 25 de marzo de 2023, https://www.eeas.europa.eu/delegations/argentina/ue-y-am%C3%A9rica-latina-y-el-caribe-de-socios-naturales-socios-preferentes_en, Recuperado: 5-5-2023. Asimismo c. BONILLA, A. – SANAHUJA, J. A. (eds.), *Unión Europea, América Latina y el Caribe: Cartografía de los Acuerdos de Asociación,* Fundación EU – LAC y Fundación Carolina, Madrid, 2022, https://www.fundacioncarolina.es/wp-content/uploads/2022/11/union-europea-america-latina-y-el-caribe-cartografia-los-acuerdos-asociacion.pdf, Recuperado: 2-5-2023.

8. Un enfoque de gran importancia es también el de *solución de controversias*. Sería relevante que siempre en la integración se previeran las vías respectivas poniéndolas a cargo de órganos integrados por juristas dotados de lúcido sentido integrador, que comprendieran que las condiciones de los acuerdos no significan que una parte de la integración quede sometida a las reglas internas y la jurisdicción de la otra. Cada parte debe considerar que sus problemas internos para ajustarse a la integración son eso, precisamente internos. [18]

Por diversas causas, v. gr. porque se pretende exigir a América Latina criterios ambientales propios de Europa y en definitiva se protegen intereses de Estados europeos particulares, no se ha conseguido concretar el Acuerdo de Asociación Unión Europea-Mercosur. [19]

9. Es importante que las normatividades de la integración tengan en todos los países *nivel* del bloque de constitucionalidad. No sería posible llegar a una integración con éxito asegurado si los países optaran por el dualismo en cuanto a las relaciones del Derecho Internacional y el Derecho Interno.

c) *Dimensión axiológica*

10. Resulta especialmente relevante, también, la temática valorativa. Hay que construir lo que resulte valioso según el complejo de valores del Derecho, que culmina en la *justicia*. Con este propósito el Derecho se vale de los valores utilidad, verdad, belleza, amor, etc., con el deber final de culminar en

---

[18] C. en relación con el tema *Cumbres EU-CELAC*, Eurolat, https://www.europarl.europa.eu/eurolat/es/eu-latin-america/celac-eu-summits, Recuperado: 5-5-2023.

[19] *Acuerdo de Asociación Mercosur – Unión Europea*, Ministerio de Relaciones Exteriores, Comercio Exterior y Culto, https://www.cancilleria.gob.ar/es/acuerdo-mercosur-ue, Recuperado: 2-5-2023.

el valor *humanidad*, el deber cabal de nuestro ser. Se genera así una temática de gran importancia, también para la integración. Sin embargo, la vida de nuestro tiempo en general suele estar signadas por la referencia, a menudo radicalizada, a la realización del valor utilidad. La integración tiene importantes posibilidades de utilidad, pero ésta se puede realizar también en la mera internacionalidad y la globalización/marginación. Consideramos que la integración se ha de encaminar además, con sentidos más amplios y superiores, hacia otros valores como los del resto del complejo de la justicia y la humanidad. De una manera reforzada la integración se debe orientar al amor, en el sentido "yo soy porque tú eres" (eros integrador), y al fin a la humanidad, "soy humano porque tú lo eres". Se debería lograr que se considere a la realización específicamente eurolatinoamerciana con cierto sentido de "amor integrador". Sobre todo, en un mundo economicista cabe preguntarnos si nos integramos y vivimos para ser ricos o nos integramos y vivimos, como creemos corresponde, para ser humanos. Si vivimos para ser ricos da lo mismo que las relaciones sean con cualquier país del mundo. Ricos nos podemos hacer simplemente negociando. Pero si vivimos, como creemos legítimo, para ser humanos, tenemos que superar el economicismo y el neocolonialismo y buscar que Europa sea más plena porque existe América Latina y ésta sea más plena porque existe Europa. En lo posible, la integración birregional debe ser un sendero para que los latinoamericanos y los europeos seamos más personas, realicemos más la justicia y todos los otros valores del Derecho y al fin el valor humanidad.

11. La justicia puede considerarse según caminos que, siguiendo la propuesta de Aristóteles, pueden ser denominadas *clases*. Las clases son también vías problemáticas para considerar la integración. La integración avanza si se acentúan, por ejemplo: a) la justicia *con consideración de personas*, no limitada a roles; b) la justicia *asimétrica*, con reconocimiento de incomparabilidades de objetos, distintas de las simetrías que viabiliza

la moneda; c) la justicia *polilogal*, con diversas razones que no quedan limitadas al monólogo; d) la justicia *espontánea*, con prestaciones gratuitas que difieren de la conmutatividad con "contraprestaciones"; e) la justicia *de participación* y no de mero aislamiento y f) la composición de la *justicia particular* con avances de la *justicia general*.

La justicia se puede pensar en *roles* recortados, v.gr. de comprador o vendedor, quizás de clientes, o en *plenitudes* en que son referidos como personas. El capitalismo nos hace solo compradores, vendedores y de cierto modo clientes. Si se piensa en clientes da lo mismo que sean niños o adultos, españoles, portugueses, italianos, argentinos, chinos o norteamericanos; si se consideran personas y no solo desempeños, la perspectiva cambia de manera relevante. La integración tiende a exigir con particular intensidad que se atienda también a plenitudes de personas, más allá de los roles. Habría que referirse a las personas eurolatinoamericanas.

Hay potencias e impotencias muy difícilmente comparables porque no tienen precio. Despliegues vitales que son tan profundamente personales que no pueden contar con ese común denominador que a menudo brinda la moneda y resultan *asimétricos*. En la integración son particularmente frecuentes. Para los europeos y los latinoamericanos Europa posee un inmenso despliegue de objetos que no pueden tener precio. Por ejemplo: ¿cuánto valen el David o las versiones de la Piedad de Miguel Ángel? Sería deseable que Europa reconociera muchos más objetos sin precio en América Latina. Con otros espacios las "inconmensurabilidades" son menos frecuentes.

La integración, en nuestro caso eurolatinoamericana, requiere el reconocimiento recíproco de las razones de justicia de los diversos miembros, o sea justicia *polilogal*. Nos causa contrariedad que, de manera que nos parece al fin injusta, haya países europeos que bloquean el ingreso de nuestros productos agrícolas por meras razones egoístas, pero estas razones, muy vinculadas a sus culturas y sus vidas, son también en cierta medida comprensibles y habría que buscar la manera de darles la mayor satisfacción que resultara legítima.

En la integración es particularmente valioso no adjudicar solo lo que se paga, como ocurre en la justicia conmutativa; hay derecho a lo que no se paga, a la donación, al despliegue de la justicia *espontánea*. En ella la situación de una persona con necesidades insatisfechas nos debería ser especialmente inaceptable.

La integración significa avances posibles en la justicia de participación y la justicia general. En términos pronominales puede decirse que la integración tiende a consolidar un "nosotros". [20] En la integración corresponde desarrollar de manera intensa presencias de la justicia *particular* y la justicia *general* predominantes de manera respectiva en el Derecho Privado y el Derecho Público. Como lo que tal vez sea una cuasi nacionalidad, la integración significa el desarrollo de cierto Derecho Público común. La atención egoísta a cuánto se obtiene no es compatible con la integración. La vida es una empresa compartida y en la integración ella es más intensa que en la mera internacionalidad. Hay demasiadas personas, en medida frecuente de algunos países recientemente incorporados a la Unión Europea, que no atienden a la justicia general. En sus perspectivas no hay en hondura un Derecho Público europeo.

Como la integración es un proceso, es relevante que se tenga en cuenta entre las clases de justicia la "de llegada", que a diferencia de la justicia "de partida", adapta cada momento para el logro de los resultados finales deseados.

---

[20] Es posible *ampliar* en nuestro artículo "Bases gramaticales para la estrategia vital en la integración. El "nosotros" integrador (El imperativo de adecuación vital a la luz de las posibilidades gramaticales)", en *Revista de Filosofía Jurídica y Social*, Nº 38, 2021, págs. 323/337, Centro de Investigaciones ... cit., https://drive.google.com/file/d/1gwzkM7Pj-bWOcSH7ak85JfnyhOrjYXx/view, Recuperado: 4-5-2023.

12. El material estimativo de la justicia en el Derecho es la *totalidad* de las adjudicaciones razonadas pasadas, presentes y del futuro/porvenir. [21] Se hace referencia así a la "pantonomía" de la justicia (pan=todo; nomos=ley que gobierna). Como ese material nos es inaccesible, porque no somos omniscientes ni omnipotentes, nos vemos en la necesidad de fraccionarlo cuando no podemos saber o hacer más, produciendo seguridad jurídica. La integración requiere resolver problemas relacionados con esa magnitud, en especial fraccionamientos de senderos internacionales y nacionales para avanzar con desfraccionamientos en los caminos propios de las relaciones reforzadas. Para asegurar la integración hay que elegir prescindir de realizaciones distintas de ella. Esto se ha de tener en cuenta en los senderos de la integración eurolatinoamericana.

13. Según la construcción que proponemos, el *principio supremo* de justicia exige adjudicar a los individuos los medios para su mayor realización, para convertirse en personas. La integración es un instrumento importante para lograr la personalización, también puede serlo en el caso eurolatinoamericano.

Nos referiremos a la problemática de la aplicación del principio supremo de justicia a los repartos (conducciones) aislados y al orden de los repartos.

14. En cuanto a los *repartos aislados*, la legitimidad de los *repartidores* surge de referencias al acuerdo de los interesados, sendero de su *autonomía*, y la superioridad moral, científica o técnica, denominada *aristocracia.* Entre las realizaciones justas que puede lograr la autonomía cabe mencionar la plenitud del acuerdo integral de todos los interesados (v. gr. en los contratos; autonomía en sentido más pleno); la paraautonomía del acuerdo de todos los interesados en cuanto a quiénes han de repartir, según ocurre en el arbitraje; la infraautonomía que

---

21 El futuro es más próximo, el porvenir más lejano.

se produce con el acuerdo de la mayoría, en la democracia y la criptoautonomía del acuerdo que brindarían los recipiendarios en caso de conocer los repartos que no conocen, como suele acontecer en la gestión de negocios ajenos sin mandato. La composición de autonomía y aristocracia origina problemas de gran relevancia. La integración viabiliza autonomías e infraautonomías más perdurables que la internacionalidad o la globalización. Además, la criptoautonomía de la integración puede desplegarse como acuerdo que darían los interesados que no conocen los repartos por pertenecer a las generaciones futuras. La integración suele producir aristocracias particularmente calificadas. En la nueva era que vivimos, cuando la humanidad corre especial riesgo de que la ciencia y la técnica se aparten de los senderos de contribución a su desarrollo y se hagan sustitutivas de lo humano, la preservación y el desenvolvimiento de la conducción humana en la integración es especialmente relevante.

Los roles de conducción generan *responsabilidad* por lo que se hace y la integración origina problemas respectivos relevantes. La integración eurolatinoamericana puede ser una exigencia de responsabilidad de nuestra parte. No asumir la causa eurolatinoamericana que resulte posible es para nosotros, eurolatinoamericanos, una defección.

Los *recipiendarios* de los repartos se pueden legitimar por su conducta, constitutiva de *méritos*, o por su necesidad, generadora de *merecimientos*. Ambos títulos son valiosos y su composición motiva importantes problemas, también en la integración. La integración viabiliza soluciones de atención a los méritos, pero es un marco de mayores posibilidades que la internacionalidad y la globalización para la atención a los merecimientos. La integración eurolatinoamericana será debidamente legítima cuando las necesidades insatisfechas de un habitante de América Latina sensibilicen de modo particular a los europeos, sobre todo, claro está a los españoles, los portugueses y los italianos y las necesidades de los inmigrantes masivos que entran a Europa y particularmente a las penínsulas ibérica e itálica sensibilicen de manera especial a los latinoamericanos.

En cuanto a la legitimidad de los *objetos* de reparto (potencia e impotencia), la mayor *hondura* de lo que puede obtenerse en la integración genera cuestiones a atender como título de excepcional valor. En la integración en condiciones de recíproca comprensión, en nuestro caso eurolatinoamericana, se juega en gran medida nuestra hondura vital.

La legitimidad de la *forma* de los repartos depende de la *audiencia* de los interesados, cuyas exigencias son muy superiores a las de los meros trámites. Constituye una temática muy importante que los procesos de integración se alcancen mediante audiencia que incluya en la mayor medida posible a todos los individuos. Parece relevante destacar que valdría mejorar las condiciones de audiencia en el proceso de integración del Acuerdo de Asociación Mercosur Unión Europea.

La justicia de las *razones* de los repartos surge de la *fundamentación.* Repartos de la gran importancia de los de integración, en este caso eurolatinoamericana, requieren de manera particularmente relevante que, a través de discursos correctamente convincentes para todos los recipiendarios del proceso, las decisiones adquieran fuerza de convicción en todos los habitantes de la birregionalidad.

15. Según la propuesta trialista, enraizada en la tradición cultural eurolatinoamericana, para ser justo el orden de los repartos ha de tomar a cada individuo como un *fin* y no como un medio. En otros términos: debe ser *humanista* y no totalitario. La integración, en este caso eurolatinoamericana, exige que cada individuo integrado y las dos zonas como conjuntos sean fines y no medios. La integración eurolatinoamericana puede y debe ser una vía humanista. No lo sería, por ejemplo, si una zona quisiera mediatizar a la otra.

Para que el humanismo se realice es necesario el *reconocimiento recíproco* entre todos los humanos. Es debido atender a su *unicidad*, su *igualdad* y su pertenencia a la *comunidad*. La unicidad requiere liberalismo político, la igualdad reclama democracia y la comunidad exige "res publica". La Revolución Francesa sintetizó la triple exigencia en el lema Libertad, igualdad y fraternidad que todavía invoca la República Francesa; Europa lo hace con la fórmula Unidos en la diversidad. El reconocimiento recíproco y los tres despliegues son importantes en la integración, que puede satisfacerlos de manera potenciada respecto de la mera internacionalidad y la globalización/marginación.

La realización del humanismo exige la *protección* de todos los individuos contra *todas las amenazas*: de los demás como individuos y como regímenes, excepcionalmente respecto de sí mismos y frente a todo "lo demás" (enfermedad, miseria, ignorancia, rutina, soledad, desempleo, etc.). Estas perspectivas corresponden también a la integración, en nuestro caso eurolatinoamericana. La integración birregional puede ser un medio muy relevante para la protección de los individuos, sobre todo contra los desvíos de la superficialidad. Si es posible concretarlo, en lo eurolatinoamericano nos va en gran medida la profundidad de nuestra condición humana.

Con miras a la realización del humanismo es relevante el *Estado de Derecho* respetuoso de los *derechos humanos*. Para que la integración sea cabal, en las personas, es necesario que los Estados participantes tengan esos caracteres. La categorización respectiva ha de surgir del consenso de las partes, no -como a veces sucede- de la prepotencia de los Estados poderosos que ocultan sus defectos y exhiben los ajenos.

16. En el *horizonte* de la dimensión dikelógica, la integración, en nuestro caso eurolatinoamericana, tiene despliegues *éticos* profundos que la mera internacionalidad y la globalización/marginación no poseen. Vale desplegar la ética de la integración eurolatinoamericana.

2) Especificidades

17. El mundo jurídico tiene alcances con especificidades *materiales, espaciales, temporales* y *personales.* [22] Para que la integración se realice es necesario que el Derecho tome cabal conciencia especial *material* de la importancia de la *rama jurídica Derecho de la Integración* (en Europa Derecho de la Unión Europea [23]) y de la *cultura general de la integración*; del *espacio* y el *tiempo* jurídicos en que la integración se desenvuelve y de su significado para las personas.

En las particularidades de la integración, en cuanto a la materia es particularmente relevante la república como cosa común; en el espacio son en especial significativas las organizaciones internas regionales y del federalismo; en el tiempo resulta importante la continuidad histórica y prospectiva y en las personas es relevante la democracia como gobierno de todo el pueblo a través de las mayorías, respetuosas de las minorías, en compenetración con la autonomía de los individuos.

3) Estrategia

18. Como todo despliegue del Derecho, en el de la integración eurolatinoamericana es necesario desarrollar una estrategia plenamente consciente de las fortalezas, debilidades, amenazas y oportunidades, con lúcida apreciación de los beneficios y los costos que ella posee y por esto se pueden hacer pertinentes decisiones de fortalecimiento y relacionamiento ejecutadas

---

[22] También es relevante atender a la dinámica y las situaciones de las respuestas.

[23] C. por ej. MOLINA DEL POZO MARTÍN, P. C. (coord.), *Derecho de la Unión Europea e Integración regional. Liber Amicorum al Prof. Dr. Carlos Francisco Molina del Pozo,* Tirant lo Blanch, Valencia, 2021.

con profundo empeño. Su realización se favorece al contar con el modelo jurídico adecuado que brinda el trialismo.

Con miras al fortalecimiento de la eurolatinoamericanidad puede ser interesante crear una *Universidad* eurolatinoamericana que se dedique a los temas de especial interés como son el Derecho, la Política, la Economía, las Humanidades y al fin a todo el complejo cultural birregional. Sería relevante v. gr. que el Instituto Eurolatinoamericano de Estudios para la Integración [24] sumara su esfuerzo con miras a concretarla. [25]

III. CONCLUSIÓN

19. Con los alcances que sean posibles, la integración es una realización humanista superadora del aislamiento, la mera coexistencia y la dominación que suelen producirse en la internacionalidad clásica y la desintegración. La teoría trialista del mundo jurídico aporta una amplia temática que es útil para resolverla con la complejidad de dimensiones y especificidades que el proceso requiere. En nuestro caso, es de especial relevancia aprovechar estratégicamente las posibilidades para la integración eurolatinoamericana.

---

24 *Instituto Eurolatinoamericano de Estudios para la Integración.* https://ielepi.com/, Recuperado: 5-5-2023.

25 Se puede *ampliar* por ej. en nuestro artículo "Universidad Eurolatinoamericana", en *Revista de Filosofía ...cit.*, N° 38, 2021, págs. 226/232, Centro de Investigaciones ... cit., https://drive.google.com/file/d/1gwzk_M7Pj-bWOcSH7ak85JfnyhOrjYXx/view, Recuperado: 3-5-2023. Cabe *ampliar* en nuestro trabajo "Aportes trialistas a la estrategia jurídica de la integración", en *Derecho de la ... cit.*, N° 18, 2021, págs. 87/115.

BIBLIOGRAFÍA Y OTRAS FUENTES DOCUMENTALES

- BONILLA, A., SANAHUJA, J.A., (eds.), *Unión Europea, América Latina y el Caribe: Cartografía de los Acuerdos de Asociación*, Fundación EU – LAC y Fundación Carolina, Madrid, 2022, https://www.fundacioncarolina.es/wp-content/uploads/2022/11/union-europea-america-latina-y-el-caribe-cartografia-los-acuerdos-asociacion.pdf, Recuperado: 2-5-2023.
- CIURO CALDANI, M.A., *Una teoría trialista del Derecho*, 2ª. ed., Astrea, Bs. As., 2020 (2ª. ed. de *Una teoría trialista del mundo jurídico*).
- GOLDSCHMIDT, W., *Introducción filosófica al Derecho*, 6ª. ed. 5ª. reimp., Depalma, Bs. As., 1987.
- REAL ACADEMIA ESPAÑOLA, *Diccionario de la lengua española.*
- MOLINA DEL POZO MARTÍN, P.C., (coord.), *Derecho de la Unión Europea e Integración regional. Liber Amicorum al Prof. Dr. Carlos Francisco Molina del Pozo*, Tirant lo Blanch, Valencia, 2021.
- "Argentinos a las cosas", una frase que nació entre diagonales", en *El Día*, 2 de marzo de 2020.
- BALZA, M., "Malvinas: cómo se gestó el decisivo apoyo de la OTAN al Reino Unido durante la guerra", en *Infobae*, 9 de mayo de 2020,
- "Aportes jusfilosóficos para la comprensión de las condiciones constitucionales de los Estados hispanoamericanos y de su aptitud para la integración", en *Anuario de Derecho Constitucional Latinoamericano*", 13 ° año, 2007, t. II, págs. 725/739
- "Aportes trialistas a la estrategia jurídica de la integración", en *Derecho de la Integración*, núm. 18, 2021, págs. 87-115.
- "Bases gramaticales para la estrategia vital en la integración. El "nosotros" integrador (El imperativo de adecuación vital a la luz de las posibilidades gramaticales)", en *Revista de Filosofía Jurídica y Social*, núm. 38, 2021, págs. 323-337.
- "Filosofía y sistema del Derecho de la Integración", en *Revista del Centro de Investigaciones de Filosofía Jurídica y Filosofía Social*, núm. 29, 2006, págs. 27-48.
- "Orden y desorden en el mundo de la globalización/marginación", en *Derecho de la …*, núm. 15, 2004, págs. 22-4
- "Universidad Eurolatinoamericana", en *Revista de Filosofía Jurídica y Filosofía Social, núm.* ° 38, 2021, págs. 226-232.
- CROCE, Claudio della, "UE-Mercosur, cunde la desconfianza", en *Other News*, 15 de junio de 2023.

- GARCÍA MORITÁN, R., "Malvinas como enclave estratégico de la OTAN", en *Clarín*, 5 de mayo de 2021.
- *Acuerdo de Asociación Mercosur – Unión Europea*, Ministerio de Relaciones Exteriores, Comercio Exterior y Culto, https://www.cancilleria.gob.ar/es/acuerdo-mercosur-ue, Recuperado: 2-5-2023
- "Latinoamérica y el Caribe, un socio fundamental para la Unión Europea", *European Union, External Action*, 15 de diciembre de 2020, https://www.eeas.europa.eu/eeas/latinoam%C3%A9rica-y-el-caribe-un-socio-fundamental-para-la-uni%C3%B3n-europea_en,
- "UE y América Latina y el Caribe: de socios naturales a socios preferentes", en *Delegation of the European Union to Argentina*, 25 de marzo de 2023,
- CONSEJO DE MINISTROS, *El Consejo de Ministros aprueba la disolución de las Cortes y la convocatoria de elecciones generales el 23 de julio*, La Moncloa, https://www.lamoncloa.gob.es/consejodeministros/resumenes/Paginas/2023/290523-cminística.aspx#:~:text=El%20Consejo%20de%20Ministros%20extraordinario%2C%20a%20propuesta%20del%20presidente%20del,23%20de%20julio%20de%202023,
- *Cumbres EU-CELAC*, Eurolat, https://www.europarl.europa.eu/eurolat/es/eu-latin-america/celac-eu-summits,
- El Mercado Común del Sur pretendido en el Mercosur está lejos de concretarse. Es posible v. Grados de integración económica, La Economía de Mercado, virtudes e inconvenientes. Junta de Andalucía, https://www.juntadeandalucia.es/averroes/centros-tic/14002996/helvia/aula/archivos/repositorio/250/271/html/economia/17/17-1.htm, Recuperado: 2-5-2023
- *Instituto Eurolatinoamericano de Estudios para la Integración*. https://ielepi.com/, Recuperado: 5-5-2023
- *La Unión Europea y América Latina y el Caribe: Estrategias convergentes y sostenibles ante la coyuntura global*, Cepal, septiembre de 2018, https://www.cepal.org/es/publicaciones/43740-la-union-europea-america-latina-caribe-estrategias-convergentes-sostenibles-la, Recuperado: 3-5-2023
- NOLTE, Detlef, *Perspectivas de la próxima cumbre CELAC-UE: ¿sigue siendo válido y realista el objetivo de una asociación estratégica?*, EU-LAC, https://eulacfoundation.org/es/perspectivas-la-proxima-cumbre-celac-ue-sigue-siendo-valido-y-realista-el-objetivo-una-asociacion, Recuperado: 5-5-2023.

Capítulo IX. Circulación de datos personales y no personales entre América Latina y Unión Europea

PROF. DR. ROBERTO CIPPITANI[1]

SUMARIO:

---

1 Catedrático Jean Monnet en la Università degli Studi di Perugia, Departamento de Derecho. Co-director de la Cátedra ISAAC (Individual Rights, Scientific Research and Cooperation) en la Universidad Nacional de Educación a Distancia (Madrid). Profesor titular del Instituto Nacional de Estudios Superiores en Derecho Penal (México) y de la Escuela Judicial del Poder Judicial del Estado de Oaxaca (México). Investigador asociado al Consejo Nacional de Investigación (CNR-IFAC). Correo electrónico roberto.cippitani@unipg.it .

RESUMEN

Hoy en día, la disponibilidad de datos está en la base de la economía, así como de la cultura, de la investigación y de la enseñanza, de las relaciones personales, y en general de cualquier experiencia humana. Pero no obstante la importancia de la circulación de datos, hay muchos obstáculos de tipo legislativo y pocos instrumentos internacionales capaces de reglar un fenómeno global. El problema es pretender disciplinar fenómenos globales con el tradicional enfoque nacionales.

Desde el punto de vista de las relaciones internacionales, algunos interesantes elementos de reflexión vienen de la colaboración entre América Latina y Europa.

En efecto, en Europa y Latinoamérica se puede observar la elaboración de una importante legislación sobre los datos, más que en otros continentes.

Aunque en ambos continentes al lado del Atlántico el tema de la protección de los datos personales está ampliamente regulado a nivel de bloque (como en la Unión europea) o de país (como sucede en muchas naciones latinoamericanas), a la fecha no hay reglas compartidas para el intercambio transcontinental.

Por lo tanto es importante identificar la base de la legislación entre los dos continentes de manera de desarrollar una disciplina jurídica coordinada entre los dos bloques.

PALABRAS CLAVE: Datos personales, datos no personales, investigación científica, habeas data, GDPR

I. INTRODUCCIÓN

La sociedad actual depende de la digitalización y del flujo global de enormes cantidades de datos.

Hoy en día, la disponibilidad de datos está en la base de la economía, así como de la cultura, de la investigación y de la enseñanza, de las relaciones personales, y en general de cualquier experiencia humana. Especialmente, en los últimos años se ha hecho evidente la importancia del intercambio mundial de datos para enfrentar la crisis sanitaria[2].

Pero no obstante la importancia de la circulación de datos, hay muchos obstáculos de tipo legislativo y pocos instrumentos internacionales capaces de reglar un fenómeno global. El problema es pretender disciplinar fenómenos globales con el tradicional enfoque nacionales[3].

Desde el punto de vista de las relaciones internacionales, algunos interesantes elementos de reflexión vienen de la colaboración entre América Latina y Europa.

Como se afirma en la declaración a "Una asociación para la próxima generación" del "Summit 2015" de Bruselas entre los países del CELAC y la Unión Europea es necesario "ahondar en [la] duradera asociación estratégica birregional, basada en vínculos históricos, culturales y humanos, el Derecho internacional, el pleno respeto de los derechos humanos, valores comunes e intereses mutuos".

Estos vínculos se expresan incluso a través de intensos flujos de informaciones que deben ser apoyados por iniciativas concretas como programas de financiación y herramientas tecnológicas[4].

---

2 CIPPITANI, R., The "digital transnational solidarity' and protection of the health: Commentary to Principle no. 7 of the Rome Declaration", *International Journal of Risk & Safety in Medicine*, vol. 33, núm. 2, pp. 167-176, 2022, Special Issue: G20 Rome Declaration at the Global Health Summit in Rome, 21 May 2021, Guest editor: Carlo Bottari, DOI 10.3233/JRS-227002 .

3 FLORIDI, L., *"The Right to BE Forgotten": a Philosophical View, Jahrbuch für Recht und Ethik - Annual Review of Law and Ethics*, Duncker & Humblot, Berlin, 2015 pp.163-179.

4 Es el caso del consorcio BELLA (Building Europe Link to Latin America), cuyo principal inversor es la Comisión Europea, que ha firmado un acuerdo con EllaLink, un consorcio privado, para lanzar el despliegue de un cable submarino de fibra óptica que conecta

En particular, en el Tratado de Asociación entre Mercosur y Unión Europea se establece que "La cooperación deberá adoptar todas las formas que se consideren convenientes y, particularmente, ...sistemas de intercambio de información en todas las formas adecuadas, inclusive a través del establecimiento de redes informáticas" (vid., apartado 3 del artículo 18, que forma parte del Título IV dedicado, no a caso, al "Fortalecimiento de la integración").

La importancia del tema de la circulación de datos ha sido destacado con la creación desde el marzo de 2023 de una estrategia específica denominada "Alianza Digital UE-CELAC" con el objetivo de aunar fuerzas en pro de una transformación digital inclusiva y centrada en el ser humano en ambas regiones, y de fomentar el diálogo y la cooperación birregionales en todo lo relacionado con lo digital (vid. European Commission and High Representative of the Union for Foreign Affairs and Security Policy, Joint Communication to the European Parliament and the Council, A New Agenda for Relations between the EU and Latin America and the Caribbean, Brussels, 7.6.2023 JOIN(2023) 17 final).

La colaboración digital entre bloques debe tener en cuenta la protección de los datos personales (vid. artículo 18, apartado 4, del Tratado antemencionado).

Por tanto, es importante comprender cómo, en ambos continentes, se trata el tema de los datos y si hay una base común para regular los intercambios transcontinentales.

Europa y América Latina. Vid. https://ec.europa.eu/digital-single-market/en/news/bella-new-digital-data-highway-between-europe-and-latin-america

II. LAS EXPERIENCIAS NORMATIVAS EN EUROPA Y EN AMÉRICA LATINA EN MATERIA DE PROTECCIÓN DE DATOS PERSONALES.

En Europa y Latinoamérica se puede observar un desarrollo de una importante legislación sobre la protección de datos personales, más que en otros continentes.

En Europa, hace unas décadas, se está elaborando una disciplina jurídica sobre ese tema[5], sea en el ámbito del Consejo de Europa y, sobre todo, en el Derecho de la Unión Europa[6].

El primer instrumento jurídico, ya desde el 1981, ha sido el Convenio nº 108 del Consejo de Europa sobre la protección de las personas con respecto al tratamiento automatizado de datos de carácter personal[7].

Posteriormente, la materia ha sido reglada por la Unión Europea a través de la Directiva 95/46/CE de 24 de octubre de 1995. Cabe mencionar que el concepto de protección de datos se había introducido ya unos años antes en el Tratado de Maastricht, por el que se estableció la Unión Europea[8]. El Tratado calificó la protección de los datos personales como un derecho funda-

---

5 BYGRAVE, L.A., *Data Privacy Law: An International Perspective*, Oxford University Press, 2014, pp. 63.

6 Sobre la evolución de la normativa europea en tema de protección de datos personales, vid. S. Bu-Pasha, *Cross-border issues under EU data protection law with regards to personal data protection*, en *Information & Communications Technology Law*, 26:3, 2017, pp. 213-228.

7 Art. 12(2) Convention 108: A Party shall not for the sole purpose of the protection of privacy, prohibit or subject to special authorisation transborder flows of personal data going to the territory of another Party.

8 WAGNER, J., *The transfer of personal data to third countries under the GDPR: when does a recipient country provide an adequate level of protection?*, en *International Data Privacy Law*, Volume 8, Issue 4, November 2018, pp. 318–337.

mental (véanse los artículos 2, 6 y 21 del Tratado de la Unión Europea), así como en la Carta de los Derechos Fundamentales de la Unión Europea (vid., en particular, el artículo 8)[9].

Hoy en día, en la Unión Europea, la materia de la protección de datos personales está disciplinada por el Reglamento (UE) 2016/679 del Parlamento Europeo y del Consejo de 27 de abril de 2016 relativo a la protección de las personas físicas en lo que respecta al tratamiento de datos personales y a la libre circulación de estos datos (en adelante "GDPR" desde el acrónimo en inglés por "General Data Protection Regulation").

En América Latina la situación es obviamente más fragmentada desde el punto de vista normativo, porque la materia se regla principalmente a nivel nacional.

Por ejemplo, en México la Constitución reconoce el derecho al "habeas data" (véase los artículos 6 y 16)[10] y una Ley Federal de Protección de Datos Personales en Posesión de Particulares de 2010 (LFPDPPP) y su Reglamento de 2011[11] regla la protección de datos personales. La reforma constitucional

---

9 Sobre la protección de datos personales como derecho fundamental, vid. K. Irion, *A Special Regard: The Court of Justice and the fundamental rights to privacy and data protection*, en *Gesellschaftliche Bewegungen - Recht unter Beobachtung und in Aktion: Festschrift für Wolfhard Kohte*, Baden-Baden: Nomos, 2016, pp. 873-890.

10 Por un comentario sobre la legislación mexicana en materia de protección de los datos personales, vid. Geraldes Da Cunha Lopes, M.T., López Ramírez, L., *La Protección de Datos Personales en México*, Facultad de Derecho y Ciencias Sociales /UMSNH, 2010.

11 Solange Maqueo, M., *Ley general de protección de datos personales en posesión de sujetos obligados, Comentada*, Instituto Nacional de Transparencia, Acceso a la Información y Protección de Datos Personales (INAI), México, 2018, p. 9 sigs.; R. González Padilla, *Protección de datos personales en posesión de los particulares*, Universidad Nacional Autónoma de México, Instituto de Investigaciones Jurídicas, 2012, en www.juridicas.unam.mx.

del 2014 ha establecido un Instituto Nacional de Transparencia, Acceso a la Información y Protección de Datos Personales (INAI)[12] (véase el artículo 6, párr. A, fracción VIII).

Otros países de América Latina han adoptados las medidas legislativas y organizativas que prevén el "habeas data"[13] y en general para proteger los datos personales, como, por ejemplo: Argentina (vid. la Ley de Protección de Datos Personales 25.326 del 2000 y vid. Agencia de Acceso a la Información Pública, Provisión 60-E/2016), Colombia (vid. el artículo 15 de la Constitución Política de Colombia y la Ley 1581 de 2012; la Superintendencia de Industria y Comercio (SIC) está facultada para ejercer la vigilancia); Brasil (Ley 13.709 del 2018 o LGPD; se ha establecido una Autoridade Nacional de Proteção de Dados o "ANPD", por la Medida Provisoria 869/18); Chile (vid. La Ley N° 19.628), Uruguay (vid. la Ley N° 18331 del 2008)

---

12 Anteriormente a la entrada en vigor, en el 2015, de la Ley General de Transparencia y Acceso a la Información, la denominación era «Instituto Federal de Acceso a la Información y Protección de Datos» (IFAI).

13 En América Latina, el «hábeas data no exige que las entidades públicas o privadas protejan por su iniciativa los datos personales que procesan, sino que sólo requiere que la persona agraviada, tras presentar una denuncia ante la justicia, obtenga acceso y la capacidad de rectificar todo dato personal que pueda atentar contra su derecho a la privacidad. Una garantía de esta índole opera cuando ya la lesión ha sido ocasionada; cuando la persona no ha recibido un préstamo bancario, ha perdido alguna oportunidad de empleo o de interacción social. Asimismo, este mecanismo puede no otorgar un recurso legal a una persona agraviada si sus datos personales han sido transferidos fuera del país» (vid. L. Ramírez Irías, *Análisis comparativo de legislaciones sobre protección de datos personales y hábeas data*, Consultoría: Elaboración del Anteproyecto de Ley del Hábeas Data en Honduras, Tegucigalpa, M.D.C, 21 de enero de 2014). Véase la panorámica de la legislación de los países latinoamericanos en López Carballo, D. A., 2015.

III. LA ESTRATEGIA EN MATERIA DE DATOS PERSONALES Y NON PERSONALES

La Unión Europea, además que la protección de datos personales ha adoptado una estrategia política y una disciplina jurídica de los datos que incluye también los datos no personales.

La estrategia de la Comisión se recoge en varios documentos, entre los que destacan las siguientes comunicaciones: "*2030 Digital Compass: the European way for the Digital Decade*», de 2021; *Shaping Europe's digital futu*re" (de 19 de febrero de 2020); "*Digitising European Industry Reaping the full benefits of a Digital Single Market*", de 19 de abril de 2016, sobre el establecimiento de un mercado único digital.

Además, el 19 de febrero de 2020, la Comisión Europea ha publicado una comunicación titulada "Una estrategia europea para los datos", que forma parte de un paquete más amplio de documentos políticos, que también incluye una "Comunicación sobre la configuración del futuro digital de Europa" y un "Libro Blanco sobre la inteligencia artificial" como enfoque europeo de la excelencia y la confianza.

Para garantizar que la UE coseche los beneficios de un mejor uso de los datos, incluidos una mayor productividad y unos mercados competitivos, pero también mejoras en la salud y el bienestar, el medio ambiente, una gobernanza transparente y unos servicios públicos asequibles, la Estrategia Europea de Datos contribuye a un planteamiento global de la economía de los datos que pretende aumentar el uso y la demanda de datos y de productos y servicios basados en datos en todo el mercado único.

La UE quiere crear un espacio común en el que los datos puedan fluir libremente y entre sectores distintos; se respeten plenamente las normas europeas, en particular sobre privacidad y protección de datos, así como la legislación sobre competencia y protección de los consumidores; las normas de acceso y uso de datos sean justas, prácticas y claras.

Sobre todo, el legislador supranacional está desarrollando un marco jurídico global para los datos único en el mundo.

En la propuesta de Reglamento sobre la gobernanza europea de datos (la antes mencionada Ley de Gobernanza de Datos), los datos se definen como "toda representación digital de actos, hechos o información, así como su recopilación, incluso como grabación sonora, visual o audiovisual" (véase el artículo 2, no. 1).

Los datos se clasifican en personales y no personales. Como se ha dicho, los datos personales son aquellos que identifican a una persona física y que son regulados por el GDPR, mientras que los no personales son los otros.

Sin embargo, existen zonas grises a este respecto, de modo que la Comunicación de la Comisión, " Orientaciones sobre el Reglamento relativo a un marco para la libre circulación de datos no personales en la Unión Europea" (del 29 de mayo de 2019, COM(2019) 250 final), también identifica los llamados conjuntos "datos mixtos", es decir, un conjunto de datos personales como de datos no personales, como, por ejemplo, los documentos a una empresa u organismo público que contienen el nombre y otra información relativa al representante legal.

En tales casos, si los datos personales y no personales dentro de un conjunto de datos están inextricablemente vinculados, sin embargo, para la parte de datos personales, se aplicarán los principios y normas del GDPR (véase el artículo 2 Reglamento (UE) 2018/1807 del Parlamento Europeo y del Consejo, de 14 de noviembre de 2018).

La normatividad europea de datos tiene como objetivo, ante todo, garantizar la libre circulación de datos. En efecto, el objetivo de garantizar la libre circulación está claramente expresado por el Reglamento (UE) 2018/1807 (vid. artículo 1) y por el Reglamento (UE) 2016/679 (véase el artículo 3, párr. 3, GDPR).

Además, la libre circulación de datos es funcional para la realización del Espacio Europeo de Investigación (véase el considerando 159 GDPR) que hace referencia al artículo 179 del Tratado de Funcionamiento de la Unión Europea.

La libre circulación se afirma en la necesidad de que los organismos públicos pongan los conocimientos a disposición de la comunidad.

Por eso, la Directiva (UE) 2019/1024 del Parlamento Europeo y del Consejo, de 20 de junio de 2019, relativa a los datos abiertos y la reutilización de la información del sector público tiene como objetivo promover el uso de datos abiertos y estimular la innovación en productos y servicios.

La Directiva 2019/1024 exige, en particular, la puesta a disposición de datos de investigación y conjuntos de datos de especial valor.

Los datos de investigación se definen como "documentos en formato digital, distintos de las publicaciones científicas, recopilados o elaborados en el transcurso de actividades de investigación científica y utilizados como prueba en el proceso de investigación, o comúnmente aceptados en la comunidad investigadora como necesarios para validar las conclusiones y los resultados de la investigación" (artículo 2, no. 9).

Según el artículo 10 de la Directiva 2019/1024: "Los Estados miembros apoyarán la disponibilidad de los datos de investigación mediante la adopción de políticas nacionales y actuaciones pertinentes destinadas a hacer que los datos de la investigación financiada públicamente sean plenamente accesibles ("políticas de acceso abierto") en aplicación del principio de apertura por defecto y de compatibilidad con los principios FAIR" [14].

---

[14] FAIR se refiere a que los datos sean Findeble, Accesible, Interoperables y Reusables, tal y como se propone en el artículo *The FAIR Guiding Principles for scientific data management and stewardship* por Mark D. Wilkinson y otros en la revista Scientific Data, v.3; 2016. Esta propuesta es ampliamente aceptada en la comunidad científica y ha pasado a formar parte de los documentos y disposiciones

Por otro lado, los "conjuntos de datos de alto valor" son aquellos "documentos cuya reutilización está asociada a considerables beneficios para la sociedad, el medio ambiente y la economía, en particular debido a su idoneidad para la creación de servicios de valor añadido, aplicaciones y puestos de trabajo nuevos, dignos y de calidad, y del número de beneficiarios potenciales de los servicios de valor añadido y aplicaciones basados en tales conjuntos de datos" (artículo 2, no. 10) y se identifican en el anexo I de la Directiva como datos geoespaciales; datos medioambientales y de observación de la Tierra; datos meteorológicos; datos estadísticos; datos sobre empresas y propiedad de empresas; datos sobre movilidad. La Comisión Europea puede regular la puesta a disposición de estos datos mediante sus propias medidas (véase el artículo 14).

Sin embargo, la libre circulación no debe comprometer otros intereses y derechos, así la protección de datos personales prevista en el GDPR, pero también intereses económicos y cuestiones como las relacionadas con la seguridad (vid. lo previsto en el artículo 1.2.d de la Directiva 2019/1024)[15].

IV. RELACIONES ENTRE ORDENAMIENTOS JURÍDICOS. LA PERSPECTIVA EUROPEA

Aunque en ambos continentes al lado del Atlántico el tema de la protección de los datos personales está ampliamente regulado a

---

normativas de la Unión Europea. En resumen, el significado de estos principios es: Localizables (otros pueden encontrar esos datos), Accesibles (los datos pueden ser accesibles a otros), Interoperables (los datos pueden ser integrados con otros datos y/o pueden ser fácilmente utilizados por máquinas), Reutilizables (los datos pueden ser reutilizados en nuevas investigaciones.

15 CIPPITANI, R., *La noción de "seguridad" en el Derecho de la Unión Europea*, en *Criminogenesis*, 2023, pp. 163-181.

nivel de bloque (como en la Unión europea) o de país (como sucede en muchas naciones latinoamericanas), a la fecha no hay reglas compartidas para el intercambio transcontinental de los datos.

A fortiori, no se disciplina el intercambio de datos no personales.

Sin embargo, la transferencia internacional de datos personales es una cuestión considerada de manera específica en el derecho europeo.

El Derecho europeo intenta aplicar sus normas más allá de la Unión Europea (y de los países asociados)[16], cuando hay una conexión con el sujeto del tratamiento (responsable o encargado), o con la persona interesada (es decir la persona a la cual se refieren los datos) y eso "independientemente de que el tratamiento tenga lugar en la Unión o no" (vid. el artículo 3 del GDPR "Ámbito territorial")[17].

Pero la dificultad práctica de aplicar normas de un ordenamiento jurídico a los flujos de datos está bien demostrado por la jurisprudencia del Tribunal de Justicia que en el asunto Google Spain del 2014[18] ha afirmado el "derecho al olvido" incluso para el motor de búsqueda más utilizado en el mundo, por lo tanto en una dimensión global[19]. Pero en una sucesiva

---

16 Sobre los problemas que surgirán del Brexit, vid. A.D. Murray, *Data transfers between the EU and UK post Brexit?*, en *International Data Privacy Law*, 2017, Vol. 7, No. 3, p. 149 sigs.

17 Por un comentario del artículo 3 GDPR y sus implicaciones internacionales, vid. P. De Hert, M. Czerniawski, Michal, *Expanding the European data protection scope beyond territory: Article 3 of the General Data Protection Regulation in its wider context*, en *International Data Privacy Law*, 2016, Vol. 6, No. 3, p. 230 sigs.

18 Tribunal de Justicia, sent. 13 de mayo de 2014, Google Spain et al. v AEPD, Costeja Gonzales, C-131/12, ECLI:EU:C:2014:317

19 Vid. KUNER, C., BYGRAVE, L.A., DOCKSEY, C., DRECHSLER, L., *The GDPR as a chance to break down borders, en International Data Privacy Law*, 2017, Vol. 7, No. 4, pp. 231-232.

decisión del 2019, que una vez más concierne a Google[20], el juez europeo ha tenido restringir el ámbito territorial de aplicación de la normativa, especificando que la protección de los derechos de la persona interesada se debe poner en marcha dentro de la Unión Europea[21].

En cuanto a la relación entre el ordenamiento jurídico europeo y otros sistemas, la regla utilizada por las fuentes jurídicas y la jurisprudencia es la de la prevalencia del Derecho de la Unión Europea incluso en el caso de actividades llevadas a cabo en "países terceros"[22].

En este contexto, la disciplina de protección de datos personales constituye un caso muy interesante, debido a la importancia del fenómeno de la circulación transfronteriza de datos y al hecho de que el Tribunal de Justicia tuvo que decidir en numerosas ocasiones si la legislación de un tercer país era compatible con el Derecho de la Unión, especialmente en el caso de los Estados Unidos. Sentencias del Tribunal de Justicia

---

20 Tribunal de Justicia, sentencia de 24 de septiembre 2019, *Google (Portée territoriale du déréférencement)*, C-507/17, ECLI:EU:C:2019:772.

21 Vid. los apartados 62 sigs. de la sentencia. En particular, el Tribunal afirma en su decisión que " el gestor de un motor de búsqueda estime una solicitud de retirada de enlaces en virtud de estas disposiciones, estará obligado a proceder a dicha retirada no en todas las versiones de su motor, sino en las versiones de este que correspondan al conjunto de los Estados miembros, combinándola, en caso necesario, con medidas que, con pleno respeto de las exigencias legales, impidan de manera efectiva o, al menos, dificulten seriamente a los internautas que efectúen una búsqueda a partir del nombre del interesado desde uno de los Estados miembros el acceso, a través de la lista de resultados que se obtenga tras esa búsqueda, a los enlaces objeto de la solicitud de retirada".

22 Vid. también el artículo 19, apartado 2 Reglamento (UE) 2021/695 del Parlamento Europeo y del Consejo de 28 de abril de 2021 por el que se crea el Programa Marco de Investigación e Innovación "Horizonte Europa", se establecen sus normas de participación y difusión.

como la en el asunto Schrems del 2015[23] y "Schrems II" del 2020[24] han considerado la legislación estadounidense como no suficientemente para la protección de los datos personales de los ciudadanos europeos.

Sin embargo, el Derecho de la UE, especialmente el GDPR, prevé algunos mecanismos para reglar la circulación de los datos personales a otros países.

El GDPR distingue a los terceros países (y ahora también a las organizaciones internacionales) con respecto al grado de protección de los datos personales.

El GDPR establece que la transferencia de datos personales a un país que no forma parte de la Unión Europea (y Noruega, Liechtenstein e Islandia, que forman parte del "Espacio económico europeo" junto con la Unión) está permitida, cuando la Comisión Europea haya adoptado una "decisión de adecuación" con referencia a dicho país (vid. los "considerando" 103–107, 169; artículo 45 GDPR).

Hasta la fecha, sólo se han adoptado decisiones concernientes algunos países, a continuación: Andorra, Canadá (organizaciones comerciales), las Islas Feroe, Guernsey, Israel, la Isla de Man, Japón, Jersey, Nueva Zelanda, Reino Unido y Suiza. Además, la Comisión ha aprobado decisiones de adecuación para dos países Latinoamericanos, que forman parte del Mercosur: Argentina y Uruguay[25].

---

[23] Tribunal de Justicia, sent. 6 de octubre 2015, C-362/14, Schrems, ECLI:EU:C:2015:650.

[24] Tribunal de Justicia, sentencia del 16 de julio de 2020, Facebook Ireland et Schrems (C-311/18), ECLI:EU:C:2020:559

[25] Vid. las decisiones concernientes Argentina (Decisión de la Comisión de 30 de junio de 2003, con arreglo a la Directiva 95/46/CE del Parlamento Europeo y del Consejo sobre la adecuación de la protección de los datos personales en Argentina) y Uruguay (Decisión de la Comisión de 21 de agosto de 2012 de conformidad con la Directiva 95/46/CE del Parlamento Europeo y del Consejo, relativa a la protección ade-

En base a las decisiones los datos personales se pueden transferir desde la Unión a dichos países terceros sin limitación alguna, tal como se transfieren dentro de la UE.

Para que se adopte la decisión de adecuación, la Comisión debe establecer si el país o la organización internacional de que se trate "garantizan un nivel de protección adecuado" de los datos personales.

Aunque dicha expresión no parece suficientemente definida[26], el texto del reglamento proporciona algunos importantes criterios jurídicos en el definir en concepto de "nivel de protección adecuado".

El primer criterio se refiere a la existencia de un sistema de protección de los derechos humanos, es decir, según el "considerando" no. 104 del reglamento, en el país considerado respeta el acceso a la justicia y las normas y criterios internacionales en materia de derechos humanos, en particular en su Derecho general y sectorial, incluida la legislación relativa a la seguridad pública, la defensa y la seguridad nacional, así como el orden público y el Derecho penal.

Por lo tanto, la transferencia de datos personales a países terceros implica garantizar el respeto del Estado de Derecho y de los derechos humanos reconocidos por la legislación de la Unión Europea [27].

El concepto de Estado de Derecho es el resultado del principio de legalidad de la seguridad jurídica, de la prohibición de la arbitrariedad del ejecutivo, de la revisión jurídica independiente

---

cuada de los datos personales por la República Oriental del Uruguay en lo que respecta al tratamiento automatizado de datos personales).

26 Vid.Van Den Bulck, P., *Transfers of personal data to third countries,* en *ERA Forum,* volume 18, pp.229–247, espec. p. 230

27 Wagner, J., *The transfer of personal data to third countries under the GDPR: when does a recipient country provide an adequate level of protection?,* ob. cit.

y efectiva y de la igualdad ante la ley. Por consiguiente, el enfoque de los países terceros en materia de respeto de los derechos humanos debe estar en consonancia con las tradiciones constitucionales comunes de los Estados miembros de la Unión Europea, es decir, el artículo 6 del Tratado UE, la Carta de los Derechos Fundamentales, el Convenio Europeo para la Protección de los Derechos Humanos y las Libertades y Derechos Fundamentales.

El criterio del respeto de los derechos humanos tiene que considerar el contexto transnacional en que se desarrolla el sistema de protección. En base al "considerando" no. 105 del GDPR, la Comisión debe considerar los compromisos internacionales adquiridos por el tercer país (u organización internacional), y las obligaciones resultantes de la participación en sistemas multilaterales o regionales, en particular en relación con la protección de los datos personales, y el cumplimiento de esas obligaciones (como, en Europa, la adhesión al Convenio del Consejo de Europa, de 28 de enero de 1981).

Además que el respeto formal de los derechos fundamentales, entre los cuales el derecho a la protección de los datos personales, el reglamento establece que la Comisión tiene que verificar si se ponen en marcha "actividades concretas de tratamiento" y que "haya un control verdaderamente independiente de la protección de datos" así como reconocer a los interesados derechos efectivos y exigibles y acciones administrativas y judiciales efectivas (vid. el "considerando" no. 105 GDPR).

En caso de ausencia de la decisión de la Comisión, "el responsable o el encargado del tratamiento solo podrá transmitir datos personales a un tercer país u organización internacional si hubiera ofrecido garantías adecuadas y a condición de que los interesados cuenten con derechos exigibles y acciones legales efectivas" (artículo 46 GDPR).

Según el mismo artículo 46 del GDPR los responsables y los encargados pueden transferir legítimamente datos personales a través instrumentos contractuales, como acuerdos entre administraciones públicas, partenariados público-públicos, cláusulas contractuales adoptadas por la Comisión o por una autoridad nacional [28] y códigos de conducta.

V. LA BASE COMÚN EN LA EXPERIENCIA NORMATIVA EUROPEA Y LATINOAMERICANA.

La disciplina de la Unión Europea en materia de transferencia internacional de los datos personales puede considerarse un punto de partida para empezar a pensar en una relación más estricta entre Europa y América Latina.

Aunque a la fecha, además que las antemencionadas decisiones concernientes Argentina y Uruguay, la Unión Europea no tenga una disciplina específica para transferir datos hacia los países allá del Atlántico, Europa y América Latina son muy cercanas en el terreno de disciplina del tratamiento de los datos personales.

En el preámbulo de las decisiones concernientes Argentina y Uruguay se identifica el contexto normativo de la protección de datos personales en los dos países, a todos niveles, constitucional, legislativos y reglamentarios. A nivel constitucional no es necesaria la presencia de una especifica norma que protege los datos personales (como sucede en Argentina, vid. punto 7 del preámbulo de la decisión), sino es suficiente el reconocimiento de los derechos fundamentales de la persona (vid. el punto 5 del preámbulo de la decisión para Uruguay, en que se hace referencia al artículo 72 de la Constitución).

Lo importante es que el país haya adoptado una legislación en tema de datos personales que prevé un nivel adecuado de

---

28 Vid. Van Den Bulck, P., *Transfers of personal data to third countries*, ob. cit., p. 240.

protección, por lo menos desde el punto de vista de la legislación europea. Además, es relevante la presencia de medios de recurso administrativos y judiciales para defender de manera concreta las personas interesadas.

En realidad, cómo se ha visto, muchos países de Latinoamérica tienen normas constitucionales específicas en materia de protección de datos personales. Además, muchos de ellos han adoptado una legislación en materia, que tiene puntos de contacto con la normativa de la Unión Europea.

Otro aspecto considerado relevante por las decisiones de adecuación es la importancia del contexto transnacional de la legislación de un país. Lo que sucede, por lo que se refiere a los dos países suramericanos, en la decisión concerniente el Uruguay en la cual se destaca (vid. el punto 13 del preámbulo) que el país forma parte de la Convención Americana sobre Derechos Humanos y está sujeta a la jurisprudencia de la Corte Interamericana de Derechos Humanos.

Como recuerda la decisión sobre Uruguay, en particular, el artículo 11 de la Convención antemencionada reconoce el derecho a la vida privada, y el artículo 30 establece que se pueden restringir los derechos fundamentales, sólo de manera conforme a leyes que se dictan por razones de interés general y con el propósito para el cual han sido establecidas.

La Convención impacta en Derecho interno de la mayoría los países latinoamericanos, por ejemplo a través de las Constituciones. En efecto, muchas Constituciones establecen la obligación del Estado de respetar los derechos humanos reconocidos por los tratados internacionales (entre otros: Brasil, Chile, Colombia, Ecuador, Guatemala, México, Nicaragua).

Sobre todo, las fuentes regionales latinoamericanas tratan de manera especifica el tema de los datos personales.

Es el caso de la Declaración de Nuevo León (Cumbre Extraordinaria de las Américas: Monterrey, México, 12 al 13 de enero de 2004) en el cual se afirma que el acceso a la información en poder del Estado, con el debido respeto a las normas constitucionales y legales, incluidas las de privacidad y confidencialidad, es condición indispensable para la participación ciudadana y promueve el respeto efectivo de los derechos humanos.

Se puede hacer referencia también a la "Declaración de Principios de Privacidad y Protección de Datos Personales en las Américas" propuesta por el Comité Jurídico Interamericano en el 2012 que tiene como objetivo lo de "establecer un marco para salvaguardar los derechos de la persona a la protección de los datos personales y a la autodeterminación en lo que respecta a la información. Los principios se basan en normas reconocidas a nivel internacional. Su intención es proteger a las personas de la recopilación, el uso, la retención y la divulgación ilícitos o innecesarios de datos personales"[29].

---

[29] Los 12 principios son los a continuación: PRINCIPIO 1: PROPÓSITOS LEGÍTIMOS Y JUSTOS: Los datos personales deben ser recopilados solamente para fines legítimos y por medios justos y legales; PRINCIPIO 2: CLARIDAD Y CONSENTIMIENTO: Se deben especificar los fines para los cuales se recopilan los datos personales en el momento en que se recopilen. Como regla general, los datos personales solamente deben ser recopilados con el consentimiento de la persona a que se refieran; PRINCIPIO 3: PERTINENCIA Y NECESIDAD: Los datos deben ser verídicos, pertinentes y necesarios para los fines expresos de su recopilación; PRINCIPIO 4: USO LIMITADO Y RETENCIÓN: Los datos personales deben ser mantenidos y utilizados solamente de manera legítima no incompatible con el fin o fines para los cuales se recopilaron. No deberán mantenerse más del tiempo necesario para su propósito o propósitos y de conformidad con la legislación nacional correspondiente; PRINCIPIO 5: DEBER DE CONFIDENCIALIDAD: Los datos personales no deben divulgarse, ponerse a disposición de terceros ni emplearse para otros propósitos que no sean aquellos para los cuales se obtuvieron, excepto con el conocimiento o consentimiento de la persona en cuestión o bajo autoridad de la ley; PRINCIPIO 6: PROTECCIÓN Y SEGURIDAD: Los datos personales deben ser protegidos mediante

El Mercosur, a su vez, en muchos documentos y fuentes, aunque no vinculantes, hace referencia a la obligación de proteger los datos de las personas[30].

---

salvaguardias razonables y adecuadas contra accesos no autorizados, pérdida, destrucción, uso, modificación o divulgación; PRINCIPIO7: FIDELIDAD DE LOS DATOS: Los datos personales deben mantenerse fieles y actualizados hasta donde sea necesario para los propósitos de su uso; PRINCIPIO 8: ACCESO Y CORRECCIÓN: Se debe disponer de métodos razonables para permitir que aquellas personas cuyos datos personales han sido recopilados puedan solicitar el acceso a dichos datos y puedan solicitar al controlador de datos que los modifique, corrija o elimine. En caso de que fuera necesario restringir dicho acceso o corrección, deberían especificarse las razones concretas de cualquiera de estas restricciones de acuerdo con la legislación nacional; PRINCIPIO 9: DATOS PERSONALES SENSIBLES: Algunos tipos de datos personales, teniendo en cuenta su sensibilidad en contextos particulares, son especialmente susceptibles de causar daños considerables a las personas si se hace mal uso de ellos. Los controladores de datos deberían adoptar medidas de privacidad y de seguridad que sean acordes con la sensibilidad de los datos y su capacidad de hacer daño a los individuos sujetos de la información; PRINCIPIO 10: RESPONSABILIDAD: Los controladores de datos adoptarán e implementarán las medidas correspondientes para el cumplimiento de estos principios; PRINCIPIO 11: FLUJO TRANSFRONTERIZO DE DATOS Y RESPONSABILIDAD: Los Estados Miembros cooperarán entre sí en la creación de mecanismos y procedimientos que aseguren que los controladores de datos que operen en más de una jurisdicción puedan ser efectivamente hechos responsables por el cumplimiento de estos principios; PRINCIPIO 12: PUBLICIDAD DE LAS EXCEPCIONES: Cuando las autoridades nacionales establezcan excepciones a estos principios por motivos relacionados con la soberanía nacional, la seguridad interna o externa, el combate a la criminalidad, el cumplimiento de normativas u otras prerrogativas de orden público, deberían poner en conocimiento del público dichas excepciones.

30 Vid., por ejemplo, el Acuerdo sobre el comercio electrónico del Mercosur, MERCOSUR/CMC/DEC. N. 15/20, en particular el artículo 2, párr. 5 (f) y el artículo 6; vid. también artículo 6 del Acuerdo de

Además, la Corte Interamericana en su jurisprudencia tiene en consideración del tema de la protección de los datos personales. Por ejemplo, en la sentencia Contreras y otros vs. El Salvador 31 de agosto de 2011 se considera los obstáculos del Estado al acceso a los datos personales "constituye una violación agravada de la prohibición de injerencias en la vida privada y familiar de una persona, así como de su derecho a preservar su nombre y sus relaciones familiares, como medio de identificación personal" (apartado 116, Análisis de fondo).

Se trata de documentos normalmente de naturaleza política, y por lo tanto no vinculantes, que pero constituyen el marco de la implementación del derecho regional por obra de los jueces[31] y por otras herramientas a nivel nacional[32].

V. CONSTRUCCIÓN DE UN CONTEXTO JURÍDICO FAVORABLE A LA CIRCULACIÓN DE DATOS PERSONALES

En conclusión, Unión Europea y América Latina tienen valores comunes y, por lo que se refiere a la protección de datos personales, enfoques jurídicos análogos.

---

reconocimiento mutuo de certificados de firma digital del Mercosur, MERCOSUR/CMC/DEC. N. 11/19; Reglamento de organización y funcionamiento del sistema de intercambio de información de seguridad del Mercosur (SISME), MERCOSUR/CMC/DEC. N. 19/18, etc.

31 Vid. CIPPITANI, R., *Interpretación del Derecho de la Integración*, Astrea, Buenos Aires, 2016; Id., *Construcción del Derecho Privado en la Unión Europea - Sujetos y Relaciones Jurídicas. Juruá Internacional*, Curitiba-Porto, 2017.

32 Vid. el Estudio comparativo sobre los distintos regímenes jurídicos, políticas y mecanismos de aplicación existentes para la protección de datos personales, inclusive las leyes, reglamentos y autorregulación nacionales (CP/CAJP-3063/12), presentado por el Departamento de Derecho Internacional de la Organisación de los Estados Americanos.

Especialmente en América latina, el marco legislativo de muchos países, así como el contexto regional en el cual se enmarcan, reconocen el derecho a la protección de los datos personales y proporcionan herramientas jurídicas para protegerlos. Eso de manera análoga, por lo menos desde el punto de vista formal, con el Derecho europeo[33].

Por lo que se refiere a los datos no personales, no hay obstáculos de naturaleza jurídica o éticas para identificar principios comunes entre los dos continentes.

Dicha situación representa un contexto normativo favorable para construir normas comunes a través de tratados internacionales, como los que se podrían celebrar en el ámbito de las relaciones entre América Latina y Unión Europea.

Los tratados internacionales entre dos regiones del mundo que tienen sistemas análogos de protección de datos personales pueden constituir un paradigma para regular un tema de alcance tan global. El derecho euro-latinoamericano en materia de circulación de las informaciones y de datos personales será un primer paso para adoptar reglas internacionales sobre la circulación y protección de datos personales.

Sin embargo, ante el posible y necesario desarrollo de las relaciones internacionales en este ámbito, la actual proximidad jurídica y cultural de las dos orillas del Atlántico ya puede ser útil para implementar las herramientas disponibles.

De hecho, el marco normativo y su contexto pueden representar una base para transferir y compartir datos personales

---

33 Por el rol de la protección de los datos personales en el proceso de integración jurídica en Europa, vid. CIPPITANI, R., , *La protección de datos personales y el Derecho de la integración*, en PIZZOLO, C. (Coord.), Integración regional y Derechos humanos. Puntos de convergencia, Astrea, Buenos Aires, 2021, pp. 175-209.

entre particulares y entre administraciones públicas[34], bajo el respecto de los principios y de las reglas de los dos sistemas jurídicos y de los controles de las autoridades de supervisión.

Los sujetos públicos y privados pueden confiar en aprovechar un contexto favorable para celebrar acuerdos administrativos y contratos que puedan permitir una circulación sustentable (desde el punto de vista ético y jurídico) de los datos entre América Latina y Europa.

BIBLIOGRAFÍA Y OTRAS FUENTES DOCUMENTALES

- BYGRAVE, L. A., Data Privacy Law: An International Perspective, Oxford University Press, 2014, p. 63
- BU-PASHA, S., Cross-border issues under EU data protection law with regards to personal data protection, en Information & Communications Technology Law, 26:3, 2017, pp. 213-228
- CIPPITANI, R., Interpretación del Derecho de la Integración, Astrea, Buenos Aires, 2016;
- CIPPITANI, R., Construcción del Derecho Privado en la Unión Europea - Sujetos y Relaciones Jurídicas. Juruá Internacional, Juruá, Curitiba-Porto, 2017.
- CIPPITANI, R., "La protección de datos personales y el Derecho de la integración", en Pizzolo C. (Coord.), *Integración regional y Derechos humanos. Puntos de convergencia*, Astrea, Buenos Aires, 2021, pp. 175-209.
- CIPPITANI, R., *La transferencia de datos personales en materia penal de la Unión Europea a México,* en Criminogenesis, 2021, pp. 15-36.
- CIPPITANI, R., *La noción de "seguridad" en el Derecho de la Unión Europea,* en Criminogenesis, 2023, pp. 163-181
- CIPPITANI, R., "The 'digital transnational solidarity' and protection of the health: Commentary to Principle no. 7 of the Rome Declaration", en *International Journal of Risk & Safety in Medicine,* 1 vol. 33, no. 2, pp. 167-176, 2022, Special Issue: G20 Rome Declaration at the Global Health Summit in Rome, 21 May 2021, Guest editor: Carlo Bottari, DOI 10.3233/JRS-227002 .

---

34 Incluso en materias específicas como la penal, vid. CIPPITANI, R., *La transferencia de datos personales en materia penal de la Unión Europea a México*, en *Criminogenesis*, 2021, pp. 15-36.

- De HERT P., "Czerniawski M., Expanding the European data protection scope beyond territory: Article 3 of the General Data Protection Regulation in its wider context", en *International Data Privacy Law*, 2016, Vol. 6, No. 3, p. 230 sigs.
- FLORIDI, L. "«The Right to BE Forgotten»: a Philosophical View", en *Jahrbuch für Recht und Ethik - Annual Review of Law and Ethics*, Duncker & Humblot, Berlin, 2015 p.163-179.
- GERALDES DA CUNHA LOPES, M.T., LÓPEZ RAMÍREZ, L., La Protección de Datos Personales en México, Facultad de Derecho y Ciencias Sociales /UMSNH, 2010
- GONZÁLEZ PADILLA, R., "Protección de datos personales en posesión de los particulares, Universidad Nacional Autónoma de México", *Instituto de Investigaciones Jurídicas*, 2012, en www.juridicas.unam.mx.
- IRION, K., A Special Regard: The Court of Justice and the fundamental rights to privacy and data protection, en Gesellschaftliche Bewegungen - Recht unter Beobachtung und in Aktion: Festschrift für Wolfhard Kohte, Baden-Baden: Nomos, 2016, pp. 873-890.
- KUNER, C., Bygrave, L.A., Docksey C., Drechsler L., The GDPR as a chance to break down borders, en International Data Privacy Law, 2017, Vol. 7, No. 4, pp. 231-232.
- MURRAY, A.D., Data transfers between the EU and UK post Brexit?, en International Data Privacy Law, 2017, Vol. 7, No. 3, p. 149 sigs.
- RAMÍREZ IRÍAS, L., *Análisis comparativo de legislaciones sobre protección de datos personales y hábeas data, Consultoría: Elaboración del Anteproyecto de Ley del Hábeas Data en Honduras,* Tegucigalpa, M.D.C, 21 de enero de 2014.
- SOLAGNE, M., Ley general de protección de datos personales en posesión de sujetos obligados, Comentada, Instituto Nacional de Transparencia, Acceso a la Información y Protección de Datos Personales (INAI), México, 2018, p. 9 sigs.
- VAN DEN BULCK, P., "Transfers of personal data to third countries", *ERA Forum,* volume 18, pp.229–247.
- WAGNER, J., "The transfer of personal data to third countries under the GDPR: when does a recipient country provide an adequate level of protection?", *International Data Privacy Law,* Volume 8, Issue 4, November 2018, pp. 318–337.
- WILKINSON, M.D., at al. "The FAIR Guiding Principles for scientific data management and stewardship por y otros", *revista Scientific Data,* v.3; 2016.

Capítulo X. Políticas públicas de promoción y cooperación de la investigación científica, la innovación y la educación superior en el marco de las relaciones UE-CELAC

PROF. DR. ALBERTO BENITEZ-AMADO[1]

SUMARIO DEL TRABAJO:

I. INTRODUCCIÓN: LA IMPORTANCIA DE LA COOPERACIÓN INTERNACIONAL EN EDUCACIÓN SUPERIOR, CIENCIA, TECNOLOGÍA E INNOVACIÓN.

II. LA COOPERACIÓN DE LA UE Y AMÉRICA LATINA EN EL SECTOR DE LA I+D+I Y LA EDUCACIÓN SUPERIOR.

II.A. PRINCIPALES RELACIONES Y MECANISMOS DE COOPERACIÓN MULTILATERAL UE-CELAC EN EDUCACIÓN SUPERIOR, CIENCIA, TECNOLOGÍA E INNOVACIÓN.

III. EL PROGRAMA DE LA COMISIÓN EUROPEA SOBRE UNIVERSIDADES EUROPEAS COMO EJEMPLO PARA UNA FUTURA INICIATIVA EN EL MARCO DE LAS RELACIONES UE-CELAC.

IV. CONCLUSIONES

---

1 Profesor Ayudante Doctor del Departamento de Ciencia Política y de la Administración (abenitez@poli.uned.es) de la Universidad Nacional de Educación a Distancia (UNED).

RESUMEN

Las políticas públicas de educación superior, ciencia, tecnología e innovación son altamente relevantes puesto que contribuyen al desarrollo, al bienestar social y al progreso económico de las naciones, facilitando la búsqueda de soluciones a problemas sociales complejos.

La promoción de acciones y políticas de cooperación en el ámbito de la investigación científica, la innovación y la educación superior ha sido una realidad estratégica en el seno de las relaciones entre la Unión Europea y la Comunidad de Estados Latinoamericanos y Caribeños (UE-CELAC). Las últimas conferencias UE-CELAC celebradas han supuesto un notable impulso para la promoción de la investigación, la innovación y la educación. La creación de un espacio común de investigación y la promoción del espacio iberoamericano de conocimiento constituyen un ejemplo de ello.

Este trabajo académico pretende explorar una nueva acción de cooperación trasnacional en materia de educación superior, investigación e innovación que permita a los países de la UE y la CELAC avanzar en este ámbito estratégico. Para ello, se plantea la posibilidad de creación de una iniciativa que promueva la alianza estratégica entre universidades europeas y universidades de los territorios de América Latina y el Caribe, en el marco de las relaciones UE-CELAC. Esta acción de cooperación estratégica podría inspirarse en la célebre iniciativa de alianzas de universidades europeas emergida en 2017. La promoción de partenariados estratégicos entre instituciones de educación superior de Europa y América Latina materializaría la ambiciosa aspiración de un Espacio común de conocimiento entre Europa, América Latina y el Caribe a través de la cooperación transnacional de sus universidades y centros de investigación.

PALABRAS CLAVE: cooperación trasnacional; educación superior; políticas públicas de I+D+i; UE-CELAC; universidades.

I. INTRODUCCIÓN: LA IMPORTANCIA DE LA COOPERACIÓN INTERNACIONAL EN EDUCACIÓN SUPERIOR, CIENCIA, TECNOLOGÍA E INNOVACIÓN.

El impacto de las políticas públicas de educación superior, ciencia, tecnología e innovación es transversal al conjunto de los Objetivos de Desarrollo Sostenible (ODS – Agenda 2030), y es considerado como un eje prioritario de la cooperación entre países para que pueda alcanzarse la consecución de este programa.

En este sentido, las políticas públicas de educación superior, ciencia, tecnología e innovación han de entenderse como un elemento central en el desarrollo de los países en tanto que contribuyen a la búsqueda de soluciones a problemas sociales complejos y facilitan el bienestar social y el progreso económico de las naciones[2].

La propia Comisión Económica para América Latina y el Caribe (CEPAL) las ha identificado como uno de los retos de los países de la región de América Latina y el Caribe[3], señalando la necesidad de actualizar los instrumentos de la cooperación internacional en materia de intercambio de conocimientos, generación de capacidades y transferencia de tecnología.

Ello evidencia la necesidad de que se conceda un papel principal a los temas de política pública de educación superior, ciencia, tecnología e innovación dentro de las áreas de cooperación que mantienen los países de la Unión Europea y la Comunidad de Estados Latinoamericanos y Caribeños (UE-CELAC en adelante).

Este trabajo académico pretende explorar una nueva acción de cooperación trasnacional en materia de educación superior, investigación e innovación que permita a los países de la UE y la CELAC avanzar en este ámbito estratégico. Para ello se plantea la posibilidad de creación de una iniciativa que

---

2 ÁLVAREZ, I.; NATERA J. M., CASTILLO, Y., "La cooperación internacional en ciencia, tecnología e innovación en América Latina: Un enfoque desde la vinculación academia-sector productivo para el logro de los Objetivos de Desarrollo Sostenible" en *La Agenda 2030 en Iberoamérica: políticas de cooperación y desarrollo en transición*, Fundación Carolina, Madrid, 2020, pág. 255-296.

3 CEPAL/OCDE. "Nuevos desafíos y paradigmas. Perspectivas sobre la cooperación internacional para el desarrollo en transición". Santiago de Chile, 2018, LC/PUB.2019/16.

promueva la alianza estratégica entre universidades europeas y universidades de los territorios de América Latina y el Caribe, en el marco de las relaciones UE-CELAC. Esta acción de cooperación estratégica podría inspirarse en la célebre iniciativa de alianzas de universidades europeas emergida en 2017, que tiene como principal objetivo *"reforzar las asociaciones estratégicas entre instituciones de enseñanza superior y promover la constitución de redes de universidades que contribuyan a mejorar la competitividad internacional de las universidades"*. La promoción de alianzas estratégicas entre instituciones de educación superior de Europa y América Latina supondría un avance significativo para el Espacio Iberoamericano de conocimiento entre Europa, América Latina y el Caribe.

Este trabajo se organiza de la siguiente forma: tras este primer apartado introductorio, se ofrece un apartado segundo dónde se describen algunos de los principales hitos de cooperación de la UE y América Latina en el sector de la I+D+i y la educación superior, y dónde se revisan algunas de las principales relaciones y mecanismos de cooperación multilateral UE-CELAC en ese ámbito. Tras ello, se ofrece un breve análisis del programa de la Comisión Europea sobre alianzas de las Universidades Europeas como ejemplo para una futura iniciativa en el marco de las relaciones UE-CELAC. Por último, este trabajo ofrece un apartado de conclusiones dónde se exponen algunas de las ventajas y beneficios que podría ocasionar una acción de este tipo para ambos territorios, y también algunas de las principales limitaciones y obstáculos que podrían encontrarse.

II. LA COOPERACIÓN DE LA UE Y AMÉRICA LATINA EN EL SECTOR DE LA I+D+I Y LA EDUCACIÓN SUPERIOR.

Los países de Europa y América Latina cuentan con una dilatada historia de cooperación mutua en aspectos económicos, comerciales, educativos, científicos y culturales.

La promoción de acciones y políticas de cooperación en el ámbito de la investigación científica, la innovación y la educación superior ha sido una realidad estratégica en el seno de las relaciones entre la Unión Europea y la Comunidad de Estados Latinoamericanos y Caribeños.

En la Cumbre de Río de Janeiro-Brasil (1999) se estableció la Asociación Estratégica UE-ALC para la cooperación específica en los campos científicos y educativos con el objetivo de fortalecer las capacidades de I+D en ambas regiones. Por su parte, la Cumbre UE-CELAC de 2015 propició un notable impulso para la promoción de la investigación, la innovación y la educación.

En todo este tiempo, la promoción de acciones y políticas de cooperación en el ámbito de la I+D+i y la educación superior se ha hecho más que evidente dentro de las relaciones de cooperación entre los países de la UE y la CELAC. Así, se han intensificado los esfuerzos para desarrollar un espacio común de investigación UE-CELAC, centrándose en tres pilares estratégicos: movilidad de los investigadores, acceso a infraestructuras de investigación y solución conjunta a los retos globales compartidos.

II.A. PRINCIPALES RELACIONES Y MECANISMOS DE COOPERACIÓN MULTILATERAL UE-CELAC EN EDUCACIÓN SUPERIOR, CIENCIA, TECNOLOGÍA E INNOVACIÓN:

A continuación, se ofrece una breve síntesis de las principales relaciones y mecanismos de cooperación multilateral surgidas en el marco de las relaciones establecidas entre los países de la UE y la CELAC en el ámbito de la educación superior, la ciencia, la tecnología y la innovación[4].

---

4 ÁLVAREZ, I., NATERA J. M., y CASTILLO, Y., "La cooperación internacional en ciencia…", op. cit., pág. 255-296.

En primer lugar, cabe destacar que el principal hito conseguido hasta el momento es, sin duda alguna, la creación de un **espacio común de investigación UE-CELAC** dentro de la Cumbre de Madrid de 2010. El espacio común de investigación UE-CELAC nació con el objetivo de establecer un sólido marco de cooperación en ciencia, tecnología, innovación y educación entre las dos regiones.

Entre sus principales líneas de actuación merecen ser destacadas el impulso a la cooperación en investigación e innovación; el refuerzo de las capacidades y las infraestructuras de I+D+i; la puesta en común de conocimiento científico; la potenciación del uso de nuevas tecnologías y de la transferencia de tecnología; el fomento de la cooperación entre ambas regiones en la economía digital y la reducción de la brecha digital para una mejora de su competitividad, y la integración social con carácter transversal.

Además de los anteriores, pueden ser añadidos otros ámbitos de actuación emergidos en la Cumbre UE-CELAC de 2017 como son la movilidad de investigadores; la proyección internacional de infraestructuras de investigación y el incremento de la cooperación temática para acometer los desafíos globales complejos.

Dentro de este espacio común de investigación promovido entre los países de la UE y la CELAC cabe mencionar uno de los más ambiciosos instrumentos de cooperación que permiten materializar los anteriores objetivos y líneas de actuación descritas. Nos referimos a la Iniciativa Conjunta de Investigación e Innovación (JIRI en inglés) que facilita el diálogo birregional sobre las prioridades comunes, fomentando el aprendizaje recíproco en materia de políticas de I+D+i; y que vela por la relación de cooperación mediante la adopción de planes de acción bianuales cuya financiación procede de los programas marco de investigación promovidos por la Comisión Europea.

Pueden señalarse, a este respecto, distintos ámbitos temáticos de cooperación como son la bioeconomía, la seguridad alimentaria, las energías renovables, la biodiversidad y el cambio climático, las tecnologías de la información y la comunicación, o la salud.

En segundo lugar, es fundamental destacar también el denominado **espacio iberoamericano de conocimiento** promovido desde 2005, y que nació con el objetivo de promover la integración regional, fortalecer y fomentar las interacciones entre países y la cooperación para la generación, difusión y transferencia del conocimiento, y mejorar la calidad y pertinencia de sus sistemas de educación superior.

Entre sus principales ejes de actuación se hallan el impulso a la educación superior y la investigación científica, el desarrollo tecnológico y la innovación. Además, pueden mencionarse otros ámbitos de actuación prioritarios como la promoción de programas conjuntos de doctorado, y el impulso de redes de investigación, la creación y fortalecimiento de unidades interfaz universidad-empresa, el fomento de la cultura de la innovación y de iniciativas de mejora de la cultura científica, y la participación pública dentro del gobierno de la ciencia y la tecnología.

Para la ejecución del anterior objetivo y de las líneas de actuación descritas, el espacio iberoamericano de conocimiento dispone de diversos instrumentos entre los que destacan el conocido Programa de Ciencia y Tecnología para el Desarrollo (CYTED) en el que participan 19 países latinoamericanos junto a España y Portugal. A su vez, existen distintos mecanismos de financiación de I+D+i; convocatorias de Proyectos Estratégicos y Redes Temáticas y de Proyectos dirigidos al sector industrial (Foros Empresa-Academia).

En tercer lugar, también merece ser destacada la **participación** de los países latinoamericanos y caribeños **en los programas de I+D+i promovidos por la Comisión Europea**. Es decir, los programas de I+D+i promovidos por la Comisión Europea -Horizonte 2020 y/o Horizonte Europa- o el célebre Erasmus +, con presupuestos millonarios, son accesibles a las instituciones de investigación y a los investigadores y científicos de los países de América Latina y el Caribe.

En la última década, los programas marco de investigación e innovación de la UE han movilizado alrededor de 190 millones de €uros para la cooperación con los países de América Latina y el Caribe a través de más de 1.500 participaciones en proyectos europeos. Una prueba de ello es que países como Brasil, México y Argentina se encuentran entre los 15 socios de cooperación internacional más importantes que participan en los programas de investigación de la UE, mientras que la región de América Latina y el Caribe tiene la mayor tasa de éxito en la participación en Horizonte 2020 en comparación con las demás regiones económicas emergentes y en desarrollo.

Además, entre los estudiantes de América Latina y el Caribe que deciden estudiar en el extranjero, más de un tercio viene a la UE cada año con financiación del programa Erasmus + que financia más de 1.400 acciones de movilidad entre la UE y los países de América Latina y el Caribe.

III. EL PROGRAMA DE LA COMISIÓN EUROPEA SOBRE UNIVERSIDADES EUROPEAS COMO EJEMPLO PARA UNA FUTURA INICIATIVA EN EL MARCO DE LAS RELACIONES UE-CELAC

Este trabajo académico pretende explorar la posibilidad de crear una iniciativa que promueva la alianza estratégica entre universidades europeas y universidades de los territorios de América Latina y el Caribe, en el marco de relaciones UE-CELAC. Esta acción de cooperación estratégica podría inspirarse en la célebre iniciativa de alianzas de universidades europeas, la cual va a ser descrita en este apartado.

La iniciativa de las Universidades Europeas se inició en 2017 (Cumbre de Gotemburgo), y fue publicada en octubre de 2018 con el objetivo de "...reforzar en toda la UE las asociaciones estratégicas entre instituciones de enseñanza superior y promover la constitución, de redes de universidades de toda la UE creadas desde abajo, lo cual permitirá a los estudiantes graduarse combinando periodos de estudio en varios países de la UE y contribuirá a la competitividad internacional de las universidades europeas" (Consejo Europeo de 14 de diciembre de 2017).

Las Universidades Europeas son alianzas transnacionales entre instituciones de educación superior para desarrollar una cooperación estructural y estratégica a largo plazo a nivel no solo educativo sino también ligada a la investigación, desarrollo e innovación.

Estas alianzas deben crear un campus interuniversitario, donde los estudiantes, profesores e investigadores puedan estudiar, impartir docencia e investigar en las distintas universidades incluidas en la alianza en la que participe su universidad, creando equipos interdisciplinares y transnacionales para abordar los grandes problemas a los que se enfrenta Europa.

El objetivo central de esta iniciativa es la de promover universidades excelentes y no elitistas, considerando que la salvaguarda de la inclusión y la diversidad son elementos muy relevantes de este programa. Su reto principal, por tanto, es transformar la cooperación institucional entre las instituciones de educación superior.

Estas alianzas o partenariados estratégicos de instituciones de educación superior han despertado la atención de investigadores y expertos en el ámbito de las políticas de educación superior. Maasen, Stensaker y Rosso[5] las han conceptualizado como

---

5 MAASEN, P.; STENSAKER, B.; & ROSSO, A. `The European university alliances -an examination of organizational potentials and perils", *Higher Education*, 2022.

«Meta-universidades» caracterizadas por un complejo mix de cooperación y de competición entre los socios que las integran.

Haug y otros[6] las han definido como alianzas institucionales de gran alcance cuyo propósito "es abrir la puerta a transformaciones fundamentales en la docencia, la investigación y la gobernanza universitaria, lo que puede afectar incluso a sus principios fundadores".

En definitiva, estas alianzas de universidades, auspiciadas bajo la idea de mini-fusión o meta-alianza[7], "rompen con la idea del espacio físico para movilizar, alinear, compartir, actualizar y ampliar sus recursos humanos -docentes, investigadores y gestores- y materiales".

Desde el punto de vista económico, las alianzas entre universidades están basadas en una estrategia de cocreación dónde cuentan con un presupuesto asignado a cada una de ellas obtenido a partir de la participación en una convocatoria competitiva de financiación (una línea exclusiva dentro de los programas Erasmus + y Horizon 2020) para ejecutarlo en un periodo temporal fijado, más un 20% de recursos propios de cada una de las universidades participantes. De esta forma se sustentan estas alianzas y el desarrollo de la agenda científica conjunta establecida.

Desde el punto de vista de su gestión, las alianzas de universidades establecidas están arrojando nuevos modelos y sistemas de gobernanza para las universidades participantes que sirven como bancos de prueba al proporcionar nuevos modelos de conducta para otras universidades. Así, por ejemplo, las

---

6 HAUG, G.; PÉREZ ESPARRELLS, C.; & VAN DER HIJDEN, P. "Alianzas universidades europeas en la encrucijada (I): nuevas oportunidades". Universídad, El blog de Studia XXI: una conversación pública sobre la universidad, 2023.

7 IBIDEM.

alianzas están explorando diferentes formatos de gobernanza y organización con la participación de los distintos grupos de interés involucrados. Se han configurado, por consiguiente, en torno a agrupaciones para la cooperación territorial dónde los socios principales son las universidades; en torno a consorcios de infraestructuras de investigación dónde los socios son los estados miembros; y en torno a asociaciones.

Chaves (2020)[8] sintetiza claramente algunos de los ejes principales que posee la iniciativa de universidades europeas. En primer lugar, este ambicioso programa insta a las universidades a formar alianzas con compromisos a medio/largo plazo en el ámbito educativo, pero también en las dimensiones de investigación y de impacto social.

En segundo lugar, la iniciativa europea pretende innovar en los modelos educativos para preparar a los graduados ante los retos europeos y globales mediante una formación orientada a la resolución de los problemas complejos a los que se enfrentan las sociedades.

En tercer lugar, y como parece obvio, la iniciativa de universidades europeas busca también impulsar campus interuniversitarios que promuevan la movilidad de estudiantes y personal universitario para que puedan experimentar el contexto intercultural y social europeo.

En definitiva, esta iniciativa no debe entenderse como una mera extensión de los tradicionales programas de movilidad y cooperación apoyados desde décadas por el programa Erasmus +, sino que propicia un salto de gran alcance que implica un elevado nivel de ambición en las políticas de educación su-

---

8 CHAVES, M. "La iniciativa de las European Universities: ¿lograremos entre todos el salto cuántico que persigue la Comisión Europea?" en *Informe CyD 2020: contribución de las universidades al desarrollo,* Fundación CyD, 2020, pág. 78-82.

perior. Tanto es así que la Comisión Europea, el Consejo de la Unión Europea, el Consejo Europeo y las universidades europeas existentes apuestan firmemente por la iniciativa.

Los datos relativos a la participación de las universidades (convocatorias de 2019, 2020 y 2022) en este programa confirman también un éxito rotundo de la iniciativa: hay 44 universidades europeas activas y dotadas de financiación que integran a un total de 340 instituciones de educación superior, lo que significa que un 8% de las universidades europeas pertenecen a alguna alianza reconocida y financiada bajo esta iniciativa auspiciada por la Comisión Europea.

El objetivo marcado dentro de la Estrategia Europea de Universidades es apoyar a un total de 60 alianzas de universidades europeas que incorporen a más de 500 instituciones de educación superior a mediados de 2024, con una previsión financiera que alcanza la cifra de 1,1 billones de euros dentro del programa Erasmus + establecido para el periodo 2021-2027.

A partir de los objetivos y ejes de actuación anteriormente descritos, ¿qué resultados pueden observarse en el desarrollo inicial de las alianzas de universidades que se han creado?:

Chaves[9] describe algunos de los que ella considera como principales resultados de la iniciativa de universidades europeas, tanto en materia docente como investigadora.

En el ámbito educativo y docente, es destacable la creación de programas y/o titulaciones conjuntas –grados, másteres y doctorados-, con planteamientos innovadores en lo relativo a estrategias docentes, basados en retos transdisciplinares dónde los estudiantes moldean su currículo formativo. También se observa una apuesta por las conocidas como microcredenciales, que permiten flexibilizar el currículo del estudiante y darle mayor "por-

---

9 IBIDEM., pág. 78-82.

tabilidad" entre países, lo que permite la actualización rápida de conocimientos, acorde con las necesidades actuales y futuras.

En el ámbito de la investigación científica, el mayor logro consiste en el desarrollo de una agenda científica de investigación e innovación conjunta que está contribuyendo a la transformación del Área Europea de Investigación e Innovación. Lo anterior también está propiciando un fortalecimiento del capital humano investigador que está favoreciendo la movilidad entre instituciones y países. Además, las alianzas entre universidades también están sirviendo para fortalecer la actividad de muchas redes de investigación transnacionales.

Al mismo tiempo, las alianzas de universidades están favoreciendo que puedan compartirse las infraestructuras de investigación, los recursos, así como ejemplos de buenas prácticas en materia de investigación e innovación. Un ejemplo de ello, son las acciones de promoción de la ciencia en abierto.

Otro logro visible es que se está reforzando la cooperación con los actores no académicos (sector empresarial), favoreciendo una mayor integración y participación de la sociedad civil y de las autoridades públicas y municipales en la investigación y la innovación.

Por último, y en relación al ámbito de la innovación, uno de los aspectos más destacables es la creación de equipos de creación de conocimiento, es decir, la puesta en marcha de equipos transdisciplinares (con participantes diversos como son profesionales de empresas, miembros de organizaciones no gubernamentales y otras entidades civiles y del sector público) para el desarrollo de los programas educativos en torno a retos orientados al futuro relacionados, por ejemplo, con el agua, la alimentación, la vida y la salud. También merece ser destacada la puesta en común de los servicios de incubadoras y de emprendimiento social con las que cuentan las universidades.

IV. CONCLUSIONES

La promoción de partenariados estratégicos entre instituciones de educación superior de Europa y América Latina materializaría la ambiciosa aspiración de un Espacio común de conocimiento -Educación Superior, Investigación e Innovación- entre Europa, América Latina y el Caribe a través de la cooperación transnacional de sus universidades y centros de investigación, lo que culminaría el objetivo de tender puentes en materias social y económicamente estratégicas como son la educación superior, la investigación científica y la innovación.

La creación de alianzas de universidades de ambos territorios produciría algunas ventajas más que evidentes. Por un lado, podría contribuir a generar economías de escala a partir de la puesta en común y el uso compartido de recursos e infraestructuras de alto coste como son las relativas a la I+D+i. También podría aumentar el rendimiento académico de sus sistemas de educación superior e investigación, y mejorar la relevancia de los aprendizajes[10].

La experiencia europea muestra además que, aunque la iniciativa de alianzas entre universidades implica de manera directa a un conjunto pequeño comparado con el total de universidades existentes en el territorio, la transformación y los cambios que este proyecto produce tiene un impacto y beneficia al conjunto del sector universitario, y también a la sociedad en su conjunto.

Sin duda alguna, una iniciativa de alianzas entre universidades de países de la UE y de países de la CELAC podría contri-

---

[10] HAUG, G.; PÉREZ ESPARRELLS, C. & VAN DER HIJDEN, P. `Alianzas universidades europeas en la encrucijada (II): nuevas oportunidades´. Universídad, El blog de Studia XXI: una conversación pública sobre la universidad.

buir a paliar algunos de los retos que tienen las universidades latinoamericanas[11]:

En primer lugar, podría fortalecer la dinámica de las universidades latinoamericanas respecto a su vinculación con el sector productivo, un elemento relevante a tenor de las dificultades que se observan en la articulación de las distintas funciones que tienen encomendadas las universidades –educación, investigación y transferencia-.

En segundo lugar, la creación de nuevas sinergias en materia de investigación científica entre las universidades de ambos territorios podría contrarrestar la falta de desarrollo e institucionalización de las actividades de I+D+i, proporcionando un respaldo a la política universitaria de las universidades latinoamericanas. Al mismo tiempo, impulsaría la inversión en I+D+i de la región, históricamente situada en niveles bajos cuando se le compara con datos de otras regiones.

Lo anterior podría frenar la progresiva fuga de cerebros de los científicos y profesionales formados en la región que sufren las instituciones científicas y de educación superior de los países latinoamericanos, lo que debilita su potencial científico al adolecer de la necesaria masa crítica con capacidad científica sólida.

En tercer lugar, la creación de alianzas estratégicas entre universidades de ambos territorios permitiría a las universidades latinoamericanas adquirir un aprendizaje organizacional para modernizar sus estructuras administrativas y de gobernanza con el objetivo de mejorar su agilidad en la toma de decisiones y su funcionamiento general.

En definitiva, una iniciativa de este calibre podría ocasionar beneficios a todas aquellas universidades que carecen del estí-

---

11 ÁLVAREZ, I.; NATERA J. M.; & CASTILLO, Y. "La cooperación internacional en ciencia…", op. cit., pág. 255-296.

mulo, la capacidad institucional y/o los recursos imprescindibles para realizar transformaciones de gran alcance. Además, este efecto arrastre actuaría como un claro incentivo que impulsaría a aquellas universidades más pequeñas o locales y con menor tradición investigadora[12].

Pese a todo lo anteriormente expuesto, es importante señalar algunos factores contextuales que podrían actuar como condicionantes y/o operar como elementos limitantes[13] de una hipotética iniciativa de alianzas estratégicas entre universidades de la UE y la CELAC.

En primer lugar, es importante recordar la existencia de fuertes asimetrías de convergencia educativa entre ambas regiones. Es decir, mientras que la UE ya cuenta con un proceso avanzado de convergencia en materia de educación e investigación a través del Espacio Europeo de Educación Superior (EEES) y del Espacio Europeo de Investigación (EEI); no sucede lo mismo en América Latina, dónde la persistencia de cada sistema educativo nacional y la falta de convergencia son un claro factor limitante (por ejemplo en las equivalencias de los reconocimientos de títulos y grados de educación superior), sobre el que habría que actuar.

En segundo lugar, también es relevante observar las diferencias que existen en las respectivas estructuras productivas de cada una de las regiones y el posible impacto que ello tendría.

En tercer lugar, cabe mencionar a su vez la incidencia que podría tener la existencia de una visión deficiente en el largo plazo en los países de América Latina en los temas de innovación, cono-

---

12 HAUG, G.; PÉREZ ESPARRELLS, C. & VAN DER HIJDEN, P. "Alianzas universidades europeas en la encrucijada (II)..." op. cit.

13 QUEVEDO FLÓREZ, J. A. "La relación Universidad-Empresa en las relaciones Unión Europea-América Latina y el Caribe: Una variable necesaria para el desarrollo económico y social birregional", *Inter-Naciones,* núm. 5, 2013, págs. 37-50.

cimiento y desarrollo económico, lo que ha impedido a la región un mayor avance coordinado en dichas materias. Frente a ello, la integración regional de la UE ha permitido ir evolucionando en diferentes ámbitos de la política común, favoreciendo el desarrollo de acciones y políticas de I+D+i y educación superior (e.g. Programas Marco, Horizonte 2020 o Horizonte Europa).

Además de todo ello, cabría añadir algunas de las principales limitaciones y obstáculos en la cooperación entre universidades que han podido observarse en la experiencia de la iniciativa europea de alianzas de universidades y que proporcionan un aprendizaje útil y práctico.

Lo primero que cabe afirmar, en palabras de Chaves (2020)[14], es que "llevar a cabo la ambiciosa transformación marcada en una alianza de diversas instituciones, de culturas y países diferentes, es un esfuerzo titánico". En este sentido, el principal obstáculo reside en la diversidad de legislaciones nacionales que tienen un conjunto de criterios propios y no coincidentes en materia de titulaciones y programas de estudios de educación terciaria. Para superar este importante obstáculo, podría tomarse como ejemplo la estrategia seguida en el contexto europeo, la cual se ha basado en una serie de estándares de calidad y no en legislaciones nacionales, previamente adoptados por los distintos ministerios de educación de los distintos países participantes.

La experiencia europea también revela que la implicación de los Estados miembros es, por consiguiente, un aspecto fundamental: sin que exista un compromiso de colaboración en la financiación y en la simplificación de las barreras legales, una iniciativa ambiciosa como ésta no es factible. Al mismo tiempo, y para que pueda alcanzarse un mayor éxito de las alianzas y su contribución a los retos sociales complejos más acuciantes;

---

14 CHAVES, M. "La iniciativa de las European Universities…", op. cit., pág. 78-82.

es fundamental la transdisciplinariedad de los distintos actores involucrados, lo que exige una involucración activa de la sociedad civil, el tejido empresarial y conjunto del sector público.

Con relación a la gobernanza y a la organización de las alianzas, el funcionamiento inicial de las universidades europeas recomienda la creación de entidades legales que permita cumplir mejor con los objetivos previstos, buscando siempre disponer de una arquitectura institucional ágil y solvente.

Por otro lado, un programa de esta envergadura y características requiere de una evaluación que sea capaz de medir el éxito de las alianzas y partenariados estratégicos, así como de valorar y medir un impacto social que actúe como justificante de la cuantiosa inversión que lo sustenta. Al mismo tiempo, y para garantizar su viabilidad, es importante que exista un adecuado equilibrio entre los objetivos planteados y los recursos asignados.

En definitiva, y a modo de conclusión general del trabajo aquí presentado, cabe afirmar que el momento actual es propicio y debería reflexionarse nuevos campos y nuevas fórmulas de articular las relaciones UE-CELAC, también en el campo de la investigación, la innovación y la educación superior.

Como ya se ha expuesto, la promoción de partenariados estratégicos entre instituciones de educación superior de Europa y América Latina podría significar un notable impulso para la construcción de un Espacio de conocimiento común -Educación Superior, Investigación e Innovación- entre Europa, América Latina y el Caribe a través de la cooperación transnacional de sus universidades y centros de investigación.

Además, la configuración de alianzas estratégicas ayudaría a las instituciones participantes a convertirse en actores más fuertes, tanto a nivel local como internacional, lo que incrementaría los niveles de competitividad de ambos sistemas de investigación y educación superior en un contexto de creciente competencia mundial.

En el proceso de diseño de esta iniciativa deberían tenerse en cuenta las necesidades de los diversos países de ambas regiones y la heterogeneidad de sus recursos y capacidades. A este respecto, la UE ha avanzado claramente en el desarrollo de políticas públicas de educación superior e I+D+i a nivel regional lo que podría servir como elemento de aprendizaje para los países de la CELAC, región dónde existen sistemas poco articulados y notables diferencias en las políticas y avances desiguales entre países. Para los países europeos el proceso debe ser entendido como una fuente de aprendizaje para el fortalecimiento de su propio sistema de educación superior e I+D+i.

En síntesis, una iniciativa de partenariados estratégicos de las instituciones de investigación y educación superior de los países de la UE y de la CELAC, no sólo fortalecería la cooperación transnacional de ambas regiones, sino que proporcionaría nuevas oportunidades a América Latina, el Caribe y la Unión Europea, como socios eminentemente estratégicos, para trabajar conjuntamente en la definición de acciones innovadoras y acciones conjuntas que respondan a los principales retos y problemas sociales de alcance global que existen en la actualidad.

BIBLIOGRAFÍA Y OTRAS FUENTES DOCUMENTALES

- ÁLVAREZ, I., NATERA J. M., & CASTILLO, Y., "La cooperación internacional en ciencia, tecnología e innovación en América Latina: Un enfoque desde la vinculación academia-sector productivo para el logro de los Objetivos de Desarrollo Sostenible" en *La Agenda 2030 en Iberoamérica: políticas de cooperación y desarrollo en transición,* Fundación Carolina, Madrid, 2020, pág. 255-296.
- AYUSO, A. "Claves para reactivar la asociación UE-CELAC y encauzar la globalización del futuro". Barcelona, 2021, CIDOB notes internacionals núm. 247, pág. 1-9. E-ISSN: 2013-4428.
- CHAVES, M. "La iniciativa de las European Universities: ¿lograremos entre todos el salto cuántico que persigue la Comisión Europea?" en *Informe CyD 2020: contribución de las universidades al desarrollo,* Fundación CyD, 2020, pág. 78-82.

- CEPAL/OCDE. "Nuevos desafíos y paradigmas. Perspectivas sobre la cooperación internacional para el desarrollo en transición". Santiago de Chile, 2018, LC/PUB.2019/16.
- COMISIÓN EUROPEA. "Roadmaps for international cooperation". Comisión Europea (13 de octubre), Bruselas, 2016.
- CYTED. "Informe anual 2016 para la SEGIB del Programa Iberoamericano de Ciencia y Tecnología para el Desarrollo". CYTED, 2016. Disponible en: https://www.segib.org/wp-content/uploads/Informe-2016_CYTED.pdf (consultado el 10 de mayo de 2023).
- GONZÁLEZ MIRANDA, D. O. "El espacio común de educación superior y conocimiento: una nueva dimensión estratégica en las relaciones entre la Unión Europea y la América Latina (1994-2012)". Tesis Doctoral, Madrid, 2013, Universidad Complutense de Madrid.
- HAUG, G.; PÉREZ ESPARRELLS, C. & VAN DER HIJDEN, P. "Alianzas universidades europeas en la encrucijada (I): nuevas oportunidades". Universídad, El blog de Studia XXI: una conversación pública sobre la universidad, 2023.
- HAUG, G.; PÉREZ ESPARRELLS, C. & VAN DER HIJDEN, P. `Alianzas universidades europeas en la encrucijada (II): nuevas oportunidades´. Universídad, El blog de Studia XXI: una conversación pública sobre la universidad.
- MAASEN, P.; STENSAKER, B.; Y ROSSO, A. *`The European university alliances -an examination of organizational potentials and perils",* Higher Education, 2022.
- QUEVEDO FLÓREZ, J. A. "La relación Universidad-Empresa en las relaciones Unión Europea-América Latina y el Caribe: Una variable necesaria para el desarrollo económico y social birregional.

Capítulo XI.
La estrategia Global Gateway en Latinoamérica: la última apuesta comunitaria para seguir estrechando vínculos con la región

PROF. RICARDO GÓMEZ LAORGA[1]

SUMARIO:

I. INTRODUCCIÓN. LA *GLOBAL GATEWAY*: CONTEXTUALIZACIÓN DE UNA ESTRATEGIA HOLÍSTICA E INÉDITA EN LA UNIÓN EUROPEA;

II. LA UNIÓN EUROPEA: POTENCIA NORMATIVA *SUI GÉNERIS* DEL SISTEMA INTERNACIONAL;

III. LA *GLOBAL GATEWAY*: LA GRAN AMBICIÓN GEOPOLÍTICA DE LA UNIÓN EUROPEA PARA SEGUIR SIENDO UN ACTOR INTERNACIONAL DE PRIMER ORDEN;

IV. LA *GLOBAL GATEWAY*: APUESTA DIFERENCIADORA A ESTRATEGIAS HOMÓLOGAS COMO LA *BELT AND ROAD INITIATIVE* EN EL CONTINENTE AMERICANO;

V. EL NUEVO HORIZONTE DE OPORTUNIDAD EN LAS RELACIONES EURO-LATINOAMERICANAS EN EL SENO DE LA ESTRATEGIA *GLOBAL GATEWAY*; CONCLUSIONES: LA NECESIDAD DE RECUPERAR LA SENDA COOPERATIVA EURO-LATINOAMERICANA A TRAVÉS DE INICIATIVAS COMO LA *GLOBAL GATEWAY;*

VI. CONCLUSIONES.

[1] Docente e investigador en la Universidad Isabel I de Castilla (ricardo.gomez.laorga@ui1.es). Doctorando en la Universidad Complutense de Madrid.

RESUMEN

La Unión Europea es un actor internacional que, pese a ostentar una posición de liderazgo, en algunas ocasiones hegemónico, en ámbitos como la defensa del multilateralismo o la defensa de los valores liberales, tiene ante sí crecientes y ambiciosos problemas en un sistema internacional cada vez más polarizado y contrario a la normatividad que se encarna y defiende desde Bruselas. Gran parte de esta creciente animadversión es el auge de potencias abiertamente iliberales como China. De hecho, el gigante asiático ha aumentado en la última década de forma masiva su influencia en regiones donde Europa ha tenido notorios intereses. Un ejemplo de este hecho ha sido el avance chino en continentes como África o Latinoamérica.

Precisamente, ante esta problemática, desde Bruselas se ha lanzado la iniciativa *Global Gateway*, como respuesta comunitaria a la celebérrima *Belt and Road Initiative* de Pekín. Pese a que ambas comparten un objetivo común (actuar de catalizador para atraer y garantizar sus inversiones en estas regiones de forma eficiente y ordenada), su propia razón de ser no podría ser más diferente: si en el caso de la propuesta china no se atiende a ningún tipo de condicionalidad normativa, la *Global Gateway* comunitaria apuntala el respeto de los valores y libertades fundamentales, como parte del rol internacional de "potencia civil y normativa".

Pese a que África ha sido el continente predilecto de la acción de la *Global Gateway* desde su puesta en marcha a finales de 2021, Latinoamérica y el Caribe se afianzan como un área de notable atención de la Estrategia, habiéndose pactado la implantación de proyectos por valor de 45.000 millones de euros y que abordarán los grandes pilares de esta iniciativa pionera en el seno de la Unión Europea: Sector digital, Clima y energía, Transporte, Salud, y Educación e investigación.

Palabras clave: Digitalización, *Global Gateway*, Inversiones, Latinoamérica, Normatividad, Sostenibilidad, Unión Europea.

I. INTRODUCCIÓN. LA *GLOBAL GATEWAY*: CONTEXTUALIZACIÓN DE UNA ESTRATEGIA HOLÍSTICA E INÉDITA EN LA UNIÓN EUROPEA

El 1 de diciembre de 2021, la Comisión Europea y el Alto Representante de la Unión para Asuntos Exteriores y Política de Seguridad presentaron la estrategia *Global Gateway* como parte de la "Comisión Geopolítica Von der Leyen". En un momento en que potencias hostiles a los valores liberales que representa y defiende la Unión Europea, como China, parecen expandir su influencia en regiones geográficamente distantes a su área tradicional, como África o Latinoamérica, desde Bruselas se ha decidido impulsar estrategias que contrarresten este fenómeno y aseguren que los lazos tradicionales europeos con esos territorios se mantengan vigorosos.

Los lazos culturales e históricos que unen a la Unión Europea con Latinoamérica, especialmente con el auspicio de España y Portugal, son innegables. Desde la entrada de ambos países en la entonces Comunidad Económica Europea (CEE) en 1986, la región ha sido objeto de una atención especial en la agenda comunitaria. Así, la estrategia *Global Gateway* representa el último paso de la Unión Europea para fortalecer sus importantes vínculos con el continente latinoamericano.

En este contexto y, como se va a dilucidar en este capítulo, la Estrategia se centra en cinco áreas principales: el clima y la energía, el transporte, el sector digital, la educación y la investigación, y la salud. Todo ello se realiza en consonancia con los principios fundamentales de la acción exterior europea: el respeto y la defensa de los valores democráticos y un orden internacional basado en normas, la promoción de una buena gobernanza y la consideración de principios ecológicos.

En un año en el que España asume su quinta Presidencia del Consejo de la UE, se observa un alargamiento significativo de los periodos entre las presidencias de cada Estado miembro debido al rápido crecimiento de la Unión Europea, que ha más que duplicado su número de miembros desde que nuestro país se unió en 1986. Por ejemplo, tras su ingreso, España asumió su primera presidencia en 1989, seguida de otras en 1995, 2002 y la última en 2010. Sin embargo, entre esta última y la actual de 2023, habrán transcurrido 13 años.

Este fenómeno muestra que los Estados miembro deben aprovechar al máximo su oportunidad de presidir el Consejo de la Unión Europea, ya que es una oportunidad única y excepcional para introducir en el debate comunitario la agenda nacional, siempre que se aborden temas de interés común para el resto de los miembros.

España ha sido históricamente conocida por tener tres grandes pilares de política exterior a modo de triángulo equilátero: Europa en un vértice superior, acompañada en vértices inferiores del espacio mediterráneo y Latinoamérica, basados tanto en su posición geográfica como en razones históricas. La Presidencia española pondrá énfasis en fortalecer las relaciones entre la Unión Europea y el Mediterráneo, especialmente a través del ámbito multilateral, y revitalizar los lazos con Latinoamérica, en un momento en el que, como se ha mencionado, países como Rusia y China están aumentando su presencia en el continente americano.

En línea con este enfoque, el capítulo se centrará en presentar y detallar el contenido de la ambiciosa y holística política llamada *Global Gateway*, lanzada por la Unión Europea desde finales de 2021. Esta estrategia, como se analizará, tiene como objetivo aumentar los lazos entre la UE y diversas regiones del mundo, con un enfoque especial en el continente africano, pero con el latinoamericano en una posición igualmente privilegiada. La *Global Gateway* busca fortalecer el posicionamiento geopolítico de la Unión Europea, considerando las iniciativas similares emprendidas por potencias mundiales como Estados Unidos con la *Build Back Better World (B3W)* y China con la *Belt and Road Initiative (BRI)*.

Tanto la Estrategia *Global Gateway* como las homólogas de Washington y Pekín tienen como objetivo aumentar la influencia de las grandes potencias en diversas regiones del mundo mediante el desarrollo de infraestructuras y otras medidas que mejoren las condiciones de vida de las poblaciones locales y, a su vez, permitan el incremento de su poder relativo en el escenario internacional en comparación con otras potencias competidoras.

Asimismo, para la Unión Europea, la Estrategia *Global Gateway* representa una oportunidad para cumplir importantes metas multilaterales, como los Objetivos de Desarrollo Sostenible (ODS) y los acuerdos climáticos, mientras mantiene su compromiso con los principios democráticos y se posiciona como una «potencia normativa».

II. LA UNIÓN EUROPEA: POTENCIA NORMATIVA *SUI GÉNERIS* DEL SISTEMA INTERNACIONAL

Como es ampliamente conocido, la Unión Europea es una potencia internacional con un carácter único. Su naturaleza no se limita únicamente a su estructura institucional y fundacional, sino también a su firme defensa del multilateralismo en la política exterior, lo cual representa una garantía para el cumplimiento de la normativa internacional. A diferencia de potencias autoritarias como China, la UE ha enfocado su política exterior en ambiciosas iniciativas como el *Green Deal*, el cual se centra en cuestiones climáticas y ambientales.

En el contexto internacional actual, caracterizado por tendencias hacia el anarquismo y una mayor división en las políticas exteriores de las principales potencias mundiales, la UE sigue abogando por mantener un enfoque interno en lo social como una forma de fortalecer su propio «edificio europeo» ante las dinámicas globales en curso.

El nuevo paradigma para la política exterior de la UE se centra en alcanzar y salvaguardar una "autonomía estratégica" sólida frente a su entorno, permitiéndole fortalecer uno de los conceptos que protagonizarán la Estrategia Global para la Política Exterior y de Seguridad de 2016: la resiliencia[2]. Eventos como la pandemia de COVID-19 y la invasión rusa de Ucrania han destacado la vulnerabilidad del "Viejo Continente" en sectores clave como la energía y la tecnología. La salvaguardia de este paradigma "abierto"[3] (que va más allá de la seguridad y la defensa) se convierte en una realidad que definirá la política exterior europea en las próximas décadas.

La combinación y la dialéctica de estos dos pilares de la política de la UE darán lugar a iniciativas como la *Global Gateway*,

---

2 Bajo la ilustrativa denominación de "Una visión común, una actuación conjunta: una Europa más fuerte", la Unión Europea presentó en junio de 2016, apenas unos días después del exitoso referéndum de salida del Reino Unido, su Estrategia de política exterior, actualmente vigente y que sustituía a la enunciada en 2003. La causa de este relevo es que, la de inicios de siglo planteaba un entorno bastante más benigno hacia los intereses comunitarios. En este sentido, uno de los principales aspectos de la nueva Estrategia será la afirmación de que el Club europeo "está en peligro". Fruto de ello, se establecerán principios rectores de la política exterior de la Unión como el de resiliencia, término que se repite hasta en una treintena de ocasiones, protagonizando incluso uno de los principales epígrafes del documento. Para más información acerca del documento rector de la política exterior europea véase: SERVICIO EUROPEO DE ACCIÓN EXTERIOR, *Shared Vision, Common Action: A Stronger Europe: A Global Strategy for the European Union's Foreign And Security Policy*. Junio de 2016. Recuperado de: https://www.eeas.europa.eu/sites/default/files/eugs_review_web_0.pdf. Última consulta el 4 de julio de 2023.

3 CONSEJO EUROPEO, *Conclusiones de la Reunión Extraordinaria del Consejo Europeo del 1 y 2 de octubre de 2020*, Bruselas, 2 de octubre de 2020. Recuperado de: https://www.consilium.europa.eu/media/45932/021020-euco-final-conclusions-es.pdf. Última consulta el 4 de julio de 2023.

promovida desde Bruselas para las próximas décadas, y que tiene como objetivo asegurar una correcta combinación de la "autonomía estratégica" y la exportación de los valores europeos más allá de sus fronteras. De esta manera, el objetivo último de este tipo de iniciativas es el de permitir la exportación adecuada de valores fundamentales para el modo de vida europeo, como la defensa del Estado de derecho y las principales libertades humanas.

Cuando se estudia el sistema político de la Unión Europea, los académicos coinciden en describirla como una potencia única y excepcional, un concepto que proviene de la locución latina *sui generis,* que significa "con su propio género", lo que implica que la UE es original y sin parangón en términos de sus características. La razón detrás de esta designación radica en el funcionamiento supranacional de la UE, donde los Estados miembros han cedido voluntariamente competencias a las instituciones comunitarias, y en su acervo legal propio, que tiene primacía sobre el derecho nacional para garantizar la uniformidad en toda la Unión. El Derecho comunitario tiene autonomía respecto al derecho interno de los Estados.

El concepto de "potencia normativa" fue propuesto por Ian Manners, quien argumentó que la UE prohibió progresivamente la pena de muerte en muchos países gracias a su diplomacia y su enfoque en las libertades individuales en sus relaciones con otros países. En 2002, el politólogo británico empleo dicha terminología en un artículo del mismo nombre[4] para argumentar cómo la diplomacia comunitaria influye virtuosamente para que sus socios cumplan una serie de cánones y parámetros liberales e internacionales como condición *sine qua non* para cualquier tipo de entente, las cuales suelen girar normalmente en torno a acuerdos comerciales y/o de cooperación y ayuda al desarrollo.

---

4 MANNERS, I., "Normative Power Europe: A Contradiction in Terms?", *Journal of Common Market Studies (JMCS),* vol. 40, nº 2, 2002, págs. 235-258.

Según Victoria Rodríguez, el verdadero logro de Manners ha sido el de fijar las bases del denominado *mainstream* de los estudios de área de la Unión Europea, sirviendo incluso de inspiración en el debate sobre la política exterior de la Unión[5]. De hecho, respecto a este último aspecto puede apreciarse cómo la mencionada Estrategia Global de 2016 hace referencia expresamente a la normatividad europea y su rol de defensora de los valores democráticos y liberales en el sistema internacional.

En definitiva, la especial *puissance* de la Unión Europea es la de ser un actor internacional que cataliza la defensa de la normatividad y su capacidad de modificar los regímenes internacionales, término definido por el politólogo estadounidense Stephen Krasner como "el conjunto de principios, normas, reglas y procedimientos alrededor de las cuales convergen en un área de las relaciones internacionales"[6].

Uno de los últimos estudios que abordan la capacidad comunitaria para alterar los regímenes internacionales es la obra de la autora finesa-estadounidense Anu Bradford en su celebérrima obra *The Brussels Effect: How the European Union Rules the World.* Este "Efecto Bruselas" asume que la Unión Europea, emplea su liderazgo en ámbitos estratégicos como el comercio para defender con ello los derechos fundamentales y las libertades individuales, consiguiendo con ello un círculo virtuoso por el que obtiene importantes acuerdos beneficiosos y progresistas.

De hecho, la idea principal de Bradford parte de concebir una Unión Europea como "reguladora global", no atendiendo de forma unitaria a su notorio mercado interior y su fuerza comercial, sino por el hecho de haber construido un imponen-

---

5 RODRÍGUEZ, V., "La noción de potencia normativa europea y su incidencia en la doctrina española", *Comillas Journal of International Relations,* nº 16, 2019, pág. 76.

6 KRASNER, S., "International Regimes", *Political Science Quarterly,* vol. 99, nº 1, 1984, págs. 181-183.

te edificio institucional que cataliza sus esfuerzos para con el exterior[7]. Dicha arquitectura institucional sustentada, como se ha señalado, en la defensa de una serie de principios liberales y consustanciales e innatos a la propia Unión desde su propia fundación, hacen del Club comunitario una auténtica potencia influyente en los foros internacionales. Este enfoque normativo de la política exterior diferencia a Bruselas de sus principales competidores en el tablero internacional: Washington pero, sobre todo, Pekín.

III. LA GLOBAL GATEWAY: LA GRAN AMBICIÓN GEOPOLÍTICA DE LA UNIÓN EUROPEA PARA SEGUIR SIENDO UN ACTOR INTERNACIONAL DE PRIMER ORDEN

Como se ha indicado al principio del capítulo, será a comienzos de diciembre de 2021 cuando sea anunciada públicamente la Estrategia *Global Gateway* como respuesta de la Unión Europea ante un sistema internacional cada vez más complejo y polarizado. Así, como se va a detallar a lo largo del epígrafe, el objetivo fue el de impulsar una estrategia comunitaria que ayudara a tejer enlaces inteligentes, limpios y seguros en los ámbitos digital, energético y de transporte, además de reforzar los sistemas de salud, educación e investigación a nivel mundial[8].

---

7 BRADFORD, A., *The Brussels Effect: How the European Union Rules the World*, Nueva York, Oxford University Press, 2020, pág. 25.

8 COMISIÓN EUROPEA, "Global Gateway: hasta 300 000 millones de euros para la estrategia de la Unión Europea destinada a impulsar los enlaces sostenibles en todo el mundo", https://ec.europa.eu/commission/presscorner/detail/es/ip_21_6433. Última consulta el 1 de julio de 2023.

Coincidiendo con el Marco Financiero Plurianual (2021-2027) vigente[9], se han presupuestado 300.000 millones de euros para la Estrategia *Global Gateway*, con el objetivo de proporcionar y favorecer una recuperación mundial postpandémica sostenible, duradera y afín a los principios rectores de los ODS y los Acuerdos climáticos de París. Bien es cierto que, desde el estallido pandémico a comienzos de 2020, la UE se volcó rápidamente en aportar soluciones a unas economías que cayeron de forma brusca e instantánea como no se recordaba en muchas décadas. De hecho, la *Global Gateway*, como en general la política exterior y de cooperación y ayuda al desarrollo de la Unión, tratan de dar respuesta a un mundo de profundas mutaciones y donde cuatro fenómenos han influido profundamente:

- La crisis financiera de 2008.
- La pandemia de COVID 19 desde 2019.
- La invasión rusa de Ucrania.
- La crisis climática.

En este contexto, la presidenta de la Comisión Europea, Ursula von der Leyen, afirmará durante la presentación de la Estrategia la necesidad de "apoyar las inversiones inteligentes en infraestructuras de calidad, en el respeto de las normas sociales y medioambientales más estrictas, y conforme a los valores y las normas de la UE. La Estrategia *Global Gateway* es un modelo de la forma en que Europa puede construir conexiones más resilientes con el resto del mundo".

---

9 CONSEJO DE LA UE, *Adoptado el marco financiero plurianual para 2021-2027*, 17 de diciembre de 2020. Recuperado de: https://www.consilium.europa.eu/es/press/press-releases/2020/12/17/multiannual-financial-framework-for-2021-2027-adopted/. Última consulta el 3 de julio de 2023.

Como puede extraerse, el núcleo y esencia de la Estrategia versa sobre aportar respuestas a un mundo en cambio y respetando pilares sociales y verdes, en base al cumplimiento de la normatividad internacional y multilateral, santo y seña de la Unión Europea como se ha señalado en epígrafes previos. Por su parte, el Alto Representante, Josep Borrell como máximo responsable de la diplomacia exterior europea, enfatizará en las simbiosis y sinergias que generarán las conexiones que establezca la *Global Gateway* entre el Club comunitario y el resto de países que participen de la medida: "Merced a la Estrategia Global Gateway reafirmamos nuestra visión de reforzar una red de conexiones que debe basarse en normas, reglas y reglamentos aceptados internacionalmente para garantizar la igualdad de condiciones"[10].

En lo concerniente a la propia articulación de la Estrategia, se llevará a cabo tanto en su trazabilidad como en su ejecución en la acción del conocido como "Equipo Europa". Se tratarían de una serie de medidas e iniciativas conformadas a raíz del estallido de la pandemia de COVID-19 con el objeto de implementar respuestas eficaces y coordinadas entre las instituciones europeas y los Estados miembro de la Unión. Así, se basa en la conformación de un organismo que cataliza la acción de instituciones como el Banco Europeo de Reconstrucción y Desarrollo (BERD), y el Banco Europeo de Inversión (BEI), junto a los Estados miembro con el objetivo de movilizar capital privado para auspiciar las inversiones en sectores clave para la política europea[11].

Si en un primer momento las Iniciativas "Equipo Europa" se circunscribieron al ámbito eminentemente comunitario, con

---

10 IBIDEM.

11 COMISIÓN EUROPEA, *Team Europe Initiatives.* Recuperado de: https://international-partnerships.ec.europa.eu/policies/team-europe-initiatives_es. Última consulta el 5 de julio de 2023.

la presentación de la Estrategia Global Gateway, se ha abierto un nuevo prisma de inversión focalizado en el ámbito exterior y que adquiere la denominación de *Global Europe*. Como se ha indicado al principio del epígrafe, el presupuesto concerniente a la *Global Gateway* surge de partidas concretas del Marco Financiero Plurianual 2021-2027 dedicadas a la acción exterior y cooperación europea[12]. Destaca el Instrumento de Vecindad, Desarrollo y Cooperación Internacional (IVDCI), así como el Instrumento de Ayuda Preadhesión (IAP III) e Interreg. En el caso del IVDCI se trata del intento más ambicioso por parte de la Unión Europea por reunir y unificar la financiación de su acción exterior, siendo la principal herramienta para abordar los objetivos comunitarios en su política exterior[13]. Con ello, la Unión Europea pretende ofrecer condiciones financieras robustas a los socios de la Estrategia mediante la facilitación de subvenciones, préstamos favorables y garantías presupuestarias que favorezcan la atracción de terceros países a la Estrategia[14].

De esta manera, estos instrumentos catalizan en una *Global Gateway* cuyo objeto fundacional y principal es el de focalizar los esfuerzos de su tradicional ayuda y cooperación al desarro-

---

12 Dentro de la política exterior europea, la cooperación y ayuda al desarrollo, supone una importante partida del grueso total del Marco Financiero Plurianual 2021-2027, con un total de 98400 millones de euros para el ámbito «vecindad y resto del mundo».

13 CONSEJO EUROPEO, *Instrumento de Vecindad, Desarrollo y Cooperación Internacional: el Coreper refrenda un acuerdo provisional con el Parlamento Europeo*, 18 de diciembre de 2020, Recuperado de: https://www.consilium.europa.eu/es/press/press-releases/2020/12/18/neighbourhood-development-and-international-cooperation-instrument-coreper-endorses-provisional-agreement-with-the-european-parliament/. Última consulta el 11 de julio de 2023.

14 La mayoría de los 300.000 millones de euros que suponen la Estrategia *Global Gateway* procederán del Fondo Europeo de Desarrollo Sostenible Plus (FEDS+), el brazo financiero del IVDCI-Europa Global.

llo, garantizando con ello una mayor estabilidad y una garantía de cumplimiento de los valores democráticos los cuales, para Bruselas, ofrecen a su vez seguridad y equidad a los inversores, sostenibilidad para los socios y beneficios a largo plazo para las personas de todo el mundo.

Si se analiza en detalle el contenido de esta Estrategia, lo que la hace especialmente original para con la propuesta china es el poner en el centro el respeto de seis principios rectores[15]:

- El cumplimiento de los valores democráticos y las normas rigurosas.
- La apuesta por la buena gobernanza y transparencia.
- La importancia de auspiciar asociaciones igualitarias entre socios, huyendo de planteamientos clásicos en la cooperación al desarrollo basados en la verticalidad donante-receptor.
- La centralidad de los preceptos de la lucha contra el cambio climático, por lo que se asegura que sea una Estrategia ecológica y limpia.
- Su focalización en la seguridad.
- El ser capaz de catalizar inversión del sector privado.

Estos seis principios básicos constituyen el núcleo de la Estrategia *Global Gateway* la cual, conforme a los nuevos paradigmas de ayuda al desarrollo, pretende huir de premisas clásicas basadas en el esquema donante-receptor, las cuales despiertan recelos en los países que han recibido tradicionalmente los fondos.

---

15 COMISIÓN EUROPEA, *Global Gateway,* Recuperado de: https://commission.europa.eu/strategy-and-policy/priorities-2019-2024/stronger-europe-world/global-gateway_es. Última consulta el 11 de julio de 2023.

En lo concerniente a los ámbitos principales de aplicación, aquí puede encontrarse de nuevo un tratamiento original de la Estrategia por parte de las autoridades comunitarias, aplicándose con ello el principal plan de acción de la Unión Europea para los próximos lustros al contexto internacional[16]:

1. **Sector digital**: se basa en el refuerzo de las conexiones entre Europa y el mundo, ayudando a los países socios a hacer frente a la brecha digital y a facilitar su integración en el "ecosistema digital mundial". Como puede vislumbrarse, se trataría de la exportación y extrapolación de una de las grandes políticas estratégicas de la Unión Europea para las próximas décadas: la digitalización.

2. **Clima y energía**: como ocurre con la anterior temática, se trata de una de las grandes "puntas de lanza" de la acción de la Unión Europea, tanto en su funcionamiento interior, como en su acción exterior. En esta última dimensión, el Pacto Verde europeo y sus preceptos se exportan a la relación que establezca la Unión Europea con sus socios. Para ello, se invierte en la mitigación del cambio climático, así como en la resiliencia de las sociedades y territorios suscriptores de la *Global Gateway*, con el objeto de cumplir las prioridades propuestas en los ODS y en los compromisos del Acuerdo del clima de París.

3. **Transporte**: la Estrategia promueve inversiones en infraestructuras que creen redes sostenibles, inteligentes, resilientes e inclusivas, apoyando además la ampliación de la Red Transeuropea de Transporte.

4. **Salud**: se trataría de otro de los grandes pilares que la Unión Europea ha asumido tras el estallido pandémico. Para ello, se promoverá la seguridad en las cadenas de suministro, así como el desarrollo de la industria manufac-

---

16 IBIDEM.

turera local para evitar la dependencia exterior de materiales sanitarios básicos. Igualmente, se incluye dentro de este ámbito la diversificación de las cadenas de suministro farmacéutico para evitar, por consiguiente, los «cuellos de botella» en las cadenas de suministro globales.

5. **Educación e investigación**: el último de los pilares temáticos de la Global Gateway versa sobre la inversión comunitaria en educación de calidad, haciéndose énfasis en la educación digital y en aquella que incida en la inclusión de niñas y mujeres, así como de otros grupos vulnerables. Para ello, se ayudará a los países socios a lograr la transformación de sus sistemas educativos, además de la movilidad de alumnos, personal administrativo de centros educativos, personal docente y de estudiantes en prácticas. Por último, en referencia a la investigación, se hará énfasis en la cooperación entre la Unión Europea y sus socios para profundizar la cooperación en investigación e innovación.

IV. LA *GLOBAL GATEWAY*: APUESTA DIFERENCIADORA A ESTRATEGIAS HOMÓLOGAS COMO LA *BELT AND ROAD INITIATIVE* EN EL CONTINENTE AMERICANO

Huelga decir que, pese a que la *Global Gateway* y el IVDCI otorgan especial importancia al continente africano como el gran escenario de acción de estas políticas, Latinoamérica ocupa un lugar igualmente notorio, sobre todo si se entrelazan dos ámbitos diferenciados para la acción exterior europea: el área del Caribe y el continente latinoamericano.

Según Ramón Jaúregui, exdiputado del Parlamento Europeo (2014-2019), la Unión Europea de los últimos lustros puede definirse como una sucesión de "policrisis"[17]: crisis del euro, auge de las tesis ortodoxas antinmigración del grupo de Visegrado tras la crisis de Siria, sucesión de atentados terroristas, avances neonacionalistas y de la extrema derecha en países como Francia o Italia, o crisis derivada del Brexit. En este contexto adverso, la Unión Europea redujo sensiblemente su dimensión exterior, centrándola en regiones vecinas a la Unión y claves para comprender su proyección internacional como el Este de Europa o el continente africano. Así, Latinoamérica ha perdido peso relativo en la agenda exterior comunitaria, escenario de oportunidad empleado por China para ocupar el tradicional nicho europeo en las inversiones en el espacio latinoamericano.

Citando de nuevo a Ramón Jaúregui, el otrora eurodiputado menciona cómo expertos en las relaciones eurolatinoamericanas como José Antonio Sanahuja, enuncian tres ejes que pueden reorientar las relaciones entre ambas regiones[18]:

1. Como mecanismo para apoyar la democracia y la reconstrucción del contrato social frente a la desafección ciudadana y el ascenso consiguiente de fuerzas iliberales, apoyando una "triple transición": la socioeconómica, la digital y la productiva-ecológica.

2. El segundo pilar debería ser como herramienta de desarrollo para hacer cumplir los compromisos para con los Objetivos de Desarrollo Sostenible y la Agenda 2030.

3. En tercer y último lugar, como instrumento para promover una mayor "autonomía estratégica" para evitar que ambas regiones caigan bajo hipotéticas nuevas polaridades bajo lógicas de "nueva guerra fría".

---

17 JAÚREGUI, R., "¡América Latina importa, estúpidos!, en *Presidencia española del Consejo de la Unión Europea 2023. Propuestas desde la Sociedad civil,* Catarata, Madrid, 2023, págs. 127 y ss.

18 IBIDEM.., pág. 128.

Cabe indicar que existe un paralelismo explícito e innegable entre el concepto y/o paradigma de "autonomía estratégica" previamente enunciado, y la Estrategia *Global Gateway*, siendo ésta una herramienta para hacer posible aquélla. Muchos analistas coinciden en señalar que esta nueva visión de la Unión Europea para consigo misma en el panorama internacional tuvo en la Administración Trump (2017-2021) uno de sus principales acicates. Será en las tumultuosas y hostiles relaciones transatlánticas entre Bruselas y Washington en esta legislatura estadounidense, unido al contexto cada vez más problemático en el vecindario europeo lo que provocó que Europa enunciara esta estrategia reactiva y mucho menos optimista que su predecesora. Para Van Middelaar, la Administración republicana estadounidense quebró un "encanto narrativo" de la Alianza Atlántica euro-estadounidense que pervivía desde hacía setenta años pese a sufrir notorios altibajos como la invasión de Irak de 2003[19].

Por otro lado, la invasión a gran escala de Ucrania por parte de Rusia el 24 de febrero ha sido un momento crucial para la Unión Europea (UE), y ha generado un nuevo contexto para la autonomía estratégica, presentando diferentes perspectivas. Las dependencias energéticas con ambos países, especialmente en términos de importaciones europeas de gas y petróleo rusos, han sido un factor clave que ha requerido ajustes geopolíticos para asegurar el suministro. Además, es importante tener en cuenta las repercusiones en las cadenas de suministro globales, afectando a otras materias primas como el trigo, el maíz, o el girasol, así como minerales estratégicos como el paladio y el níquel. Todo esto ha contribuido a una escalada inflaciona-

---

19 VERDES-MONTENEGRO, F.J., "La autonomía estratégica de la Unión Europea: ¿en qué lugar queda América Latina?", *Relanzar las relaciones entre América Latina y la Unión Europea Autonomía estratégica, cooperación avanzada y recuperación digital, verde y social*, Fundación Carolina, 2022, pág. 196.

ria que ejerce presión sobre las economías a nivel mundial y, entre otros efectos, afecta a la seguridad energética y alimentaria más allá de las fronteras europeas[20].

En paralelo y, como se ha mencionado, la visión de la Unión Europea de América Latina ha sido la propia de un actor internacional a veces ausente y distante; concentrada en sus propios problemas, afectada por una economía poco dinámica, preocupada por la defensa de su identidad, que, a veces, se ve amenazada dentro de sus propias fronteras, debilitada por la salida de uno de sus miembros mayores a través de un proceso tortuoso y traumático, atenta a las crisis más dramáticas que azotan su entorno geográfico más próximo, sea en Ucrania, el Medio Oriente o el norte de África, y desafiada por un flujo incontenible de refugiados[21] que se beneficia de la libre circulación y que pone a prueba el ya debilitado Estado de Bienestar europeo.

Paradójicamente, la falta de conflictos agudos y amenazas relevantes para la seguridad entre América Latina y Europa disminuye la urgencia en las relaciones entre ambas regiones. En comparación con situaciones como las de Oriente Medio o algunas regiones de África, no existe ningún escenario en América Latina que se asemeje remotamente a esos niveles de amenaza para los europeos[22].

Es cierto que el narcotráfico es un factor activo en la relación birregional, ya que América Latina es un importante proveedor de estupefacientes para Europa. Sin embargo, la cooperación en este sector ha mejorado y esta problemática parece más controlable en comparación con el tráfico euroasiático. Por otro

---

20 IBIDEM.., págs. 199-200.

21 VAN KLAVEREN, A., "América Latina y Europa: ¿queda algo de una relación estratégica?", *Los actores globales y el (re) descubrimiento de América Latina*, Barcelona, Icaria, 2020, pág. 288.

22 IBIDEM., pág. 289.

lado, aunque Europa también ha recibido migrantes de origen latinoamericano, no se puede afirmar que representen un problema notorio para la UE. De hecho, la mayor afinidad cultural entre ambas regiones ha facilitado la integración de dicha migración, aunque se requiere un mayor esfuerzo en ese sentido. Por otro lado, América Latina es el área mundial que menos ha sufrido el impacto del terrorismo internacional. De esta manera, la ausencia de amenazas significativas entre las dos regiones tiende a disminuir la atención mutua. Esto podría explicar la limitada importancia de América Latina en la Estrategia Global para la Política Exterior y de Seguridad de la Unión Europea de 2016 y la ausencia de referencias a la región en la Estrategia de Seguridad de 2003[23]. No obstante, en los últimos años sí han surgido amenazas de índole geopolítico que pueden afectar a las relaciones futuras entre ambas regiones y donde puede contextualizarse el surgimiento de la Estrategia *Global Gateway*. En efecto, en los últimos años, el auge en la presencia latinoamericana de Rusia y, sobre todo de China, ha sido notorio.

Durante la pandemia del COVID-19, China y Rusia se destacaron como grandes actores globales en América Latina, especialmente en términos de cooperación sanitaria. Mientras Estados Unidos y la Unión Europea se enfocaban en sus propios ciudadanos, China y Rusia actuaron rápidamente en el suministro de vacunas, evidenciando su activismo en la región. Sin embargo, la presencia y el peso de estas potencias en América Latina varían considerablemente. China ha logrado una posición dominante en áreas clave de desarrollo en la región, consolidando su esfera de influencia. Es el principal socio comercial de Argentina, Chile, Perú, Uruguay y Brasil, y ha firmado acuerdos de libre comercio con Chile, Costa Rica y Perú. Según datos

---

23 IBIDEM., pág. 289.

del *Inter-American Dialogue24*, el comercio total entre China y América Latina y el Caribe ha aumentado significativamente, pasando de casi 18.000 millones de dólares en 2002 a 318.000 millones en 2020. En ese mismo año, las importaciones de China desde la región ascendieron a 168.000 millones de dólares, mientras que las exportaciones sumaron 150.000 millones.

De esta manera, los vínculos comerciales entre China y América Latina han experimentado un crecimiento exponencial en este siglo, pero han sido asimétricos en cuanto a los productos comerciados. Las exportaciones de América Latina a China se centran principalmente en recursos naturales como minerales (35%), soja (17%), combustibles minerales (12%), carne (7%) o cobre (6%). Por otro lado, las importaciones desde China se concentran en maquinaria y equipos eléctricos (23%), aparatos mecánicos (16%) y vehículos y piezas de motor (6%)[25]. Esta dinámica comercial ha estado acompañada de inversiones en infraestructura, con proyectos valorados en 66.000 millones de dólares entre 2005 y 2021, donde el 51% corresponden a proyectos de energía y el 29% a transporte.

Por último, desde el prisma financiero, Pekín ha surgido como una fuente alternativa al mercado financiero privado y a los organismos de Bretton Woods en América Latina. El Banco de Desarrollo de China y el Banco de Exportación e Importación de China se encuentran entre los financiadores más importantes de la región. Entre 2005 y 2020, los préstamos acumulados de China a América Latina superaron los 137.000 millones de dólares, con Venezuela, Brasil, Ecuador y Argentina siendo los principales receptores de dichos préstamos.

---

[24] ZAPATA, S., "Auge chino (y caída rusa) en América Latina", *Política Exterior*, 19 de abril de 2022. Recuperado de: https://www.politicaexterior.com/auge-chino-y-caida-rusa-en-america-latina/. Última consulta el 15 de julio de 2023.

[25] IBIDEM.

En términos de inversiones, Pekín ha invertido alrededor de 140.000 millones de dólares en la región entre 2005 y 2021, siendo Brasil con 64.000 millones de dólares y Perú con 25.000 millones de dólares los principales destinos de estas inversiones, según datos del mismo medio[26].

V. EL NUEVO HORIZONTE DE OPORTUNIDAD EN LAS RELACIONES EURO-LATINOAMERICANAS EN EL SENO DE LA ESTRATEGIA *GLOBAL GATEWAY*

Respecto, a las relaciones eurolatinoamericanas en el marco de la Estrategia *Global Gateway*, huelga decir que, pese a que en la actualidad están bastante desarrolladas con el continente africano, Latinoamérica es una de las regiones predilectas de destino del grueso de inversiones auspiciadas por este Programa.

Como se ha mencionado en líneas anteriores, el Banco Europeo de Inversiones (BEI) es una de las instituciones fundamentales para hacer posible la Estrategia *Global Gateway*. En el caso latinoamericano, este actor ha financiado desde 1993 más de 150 proyectos en 15 países por valor de 13.000 millones de euros. Con esta última herramienta de cooperación, el BEI ha firmado quince contratos por un valor de 1.700 millones de euros en 2022, teniendo previsto el desembolso de otros 4.600 millones para los próximos años.

Además de estos proyectos directamente financiados a través del BEI, la Unión Europea ha desarrollado dos tipos de vías para implementar la *Global Gateway* en Latinoamérica y el Caribe[27]:

---

26 IBIDEM.

27 BANCO EUROPEO DE INVERSIONES, The Global Gateway in Latin America and the Caribbean, Recuperado de: https://www.eib.org/en/publications/20230171-the-global-gateway-in-latin-america-and-the-caribbean. Última consulta el 16 de julio de 2023.

1. En colaboración con el mencionado BEI, la Unión Europea contribuirá con 26.700 millones de euros, además de otros 8.300 millones de euros de la garantía *Global Gateway*, para financiar inversiones en áreas como energías limpias, infraestructuras sostenibles y salud. Esta garantía tiene como objetivo maximizar las inversiones de *Global Gateway* en países socios donde los riesgos de la deuda soberana y otros riesgos del sector público representan un obstáculo significativo.
2. Dentro del marco de la arquitectura abierta del FEDS+ (Facilidad Europea de Desarrollo Sostenible Plus), desde la Unión Europea se ofrecerá una cobertura de garantía de hasta 13.000 millones de euros hasta 2027. Esto se llevará a cabo a través de varios socios ejecutores, como instituciones financieras internacionales, incluyendo el BEI, así como instituciones europeas de financiación para el desarrollo. El objetivo principal es atraer inversiones privadas con el fin de ayudar a los países asociados a lograr los Objetivos de Desarrollo Sostenible (ODS).

Como se ha indicado durante la presentación de la iniciativa, el clima y la energía, así como la digitalización suponen dos de sus pilares principales en concomitancia con los propios ejes de la política europea para las próximas décadas. En lo concerniente al clima y la energía[28], desde el año 2022, el Banco ha suscrito nueve contratos que han apoyado los objetivos de Global Gateway, invirtiendo más de 1.400 millones de euros exclusivamente en proyectos relacionados con estas temáticas. Además, la Dirección General de Asociaciones Internacionales de la Unión Europea (DG INTPA) financió el programa llamado DESIREE (Gestión de la Demanda Energética, Infraestructuras Sociales y Expansión de las Energías Renovables), el cual tiene como objetivo promover la electrificación y el acceso a Inter-

[28] IBIDEM.

net en las escuelas rurales, así como fomentar el desarrollo de capacidades en otras áreas relacionadas en los próximos años.

En lo respectivo a la digitalización[29], el 14 de marzo, la vicepresidenta de la Comisión Europea, Margrethe Vestager, junto con varios ministros de Telecomunicaciones de América Latina y el Caribe, establecieron la Alianza Digital como parte de las iniciativas del *Global Gateway*. La Alianza Digital se centrará en tres áreas fundamentales. En primer lugar, se enfocará en inversiones en conectividad para cerrar la brecha de acceso a Internet entre la región y la Unión Europea, así como dentro de los países de la región y entre ellos. En segundo lugar, se trabajará en el ámbito de la ciberseguridad, ya que a pesar de los avances significativos en la región, aún existen importantes desafíos que amenazan a ciudadanos, empresas y Estados. Por último, se dará importancia a los derechos digitales, reconociendo el gran potencial en este campo, ya que ambas regiones comparten un enfoque centrado en las personas para la transformación digital.

El último hito institucional y bilateral entre América Latina y la Unión Europea se produjo en julio de 2023 a la ocasión de la V Presidencia española del Consejo de la UE. Así, entre el 17 y 18 de julio en Bruselas se volvieron a retomar las grandes cumbres entre la Unión Europea y la Comunidad de Estados de América Latina y el Caribe (CELAC). Así, como principal resultado de las reuniones, desde Bruselas se han prometido un total de 45.000 millones de euros en planes de financiación dentro de la Estrategia *Global Gateway*. Con ello se busca paliar las deficiencias en inversión, así como movilizar y canalizar la inversión tanto pública como privada en aras de lograr "un desarrollo sostenible, lo que incluye la transformación digital, la educación, las infraestructuras sani-

---

29 MELGUIZO, Á., y TORREBLANCA, J.I., "Liberar el potencial del Global Gateway en América Latina y el Caribe", *Política Exterior*, 9 de junio de 2023. Recuperado de: https://www.politicaexterior.com/america-latina-caribe-global-gateway/. Última consulta el 17 de julio de 2023.

tarias, la producción de energía, las perspectivas medioambientales, las materias primas y las cadenas de valor locales"[30]. Con ello, uno de los resultados tangibles de la esperada cumbre ha sido el apuntalamiento de la *Global Gateway* en una esperada y necesaria nueva era de las relaciones euro-latinoamericanas.

VI. CONCLUSIONES: LA NECESIDAD DE RECUPERAR LA SENDA COOPERATIVA EURO-LATINOAMERICANA A TRAVÉS DE INICIATIVAS COMO LA *GLOBAL GATEWAY*

En este capítulo se ha tratado de presentar a la Unión Europea como un actor internacional *sui géneris* en su propio funcionamiento, razón de ser y cosmovisión del sistema internacional. En el último de los casos, esta originalidad comunitaria se plasma en el hecho de ser la gran "potencia normativa" en términos de Ian Manners. Como se ha explicado, este principio se basa en su marcada defensa por el cumplimiento de las normas de funcionamiento multilaterales, así como de los valores y libertades consustanciales al *modus vivendi* europeo y cuyo respeto está blindado en los diversos tratados que han dado forma al Club comunitario.

Como ejemplo clarividente de esta defensa de la normatividad, pueden encontrarse iniciativas como la Estrategia *Global Gateway*. Publicada en diciembre de 2021, esta nueva política holística de la política exterior comunitaria y de su ambicioso plan de ayuda al desarrollo pretende hacer frente a iniciativas homólogas como la *Belt and Road Initiative* auspiciada desde China. A decir verdad, la *Global Gateway* se trata de una exten-

---

30 CONSEJO DE LA UE, *Declaración de la Cumbre UE-CELAC de 2023*, Bruselas, 18 de julio de 2023. Recuperado de: https://www.consilium.europa.eu/media/65925/st12000-es23.pdf. Última consulta el 19 de julio de 2023.

sión de las principales temáticas sobre las que gira la agenda comunitaria no únicamente para la actualidad, sino para las próximas décadas: Sector digital, Clima y Energía, Transporte, Salud, y Educación e Investigación.

Pese a que África ha sido el continente que más atención ha tenido por parte de esta iniciativa, desde 2023, a la ocasión de los prolegómenos y desarrollo de la V Presidencia española del Consejo de la Unión Europea, Latinoamérica y el Caribe parecen haber contado con un espaldarazo por parte de las autoridades comunitarias para invertir en el seno de esta Estrategia en una región que, como se ha visto a lo largo del capítulo, tiene ahora mismo en China su principal *partner* en diversos ámbitos comerciales, económicos y financieros. En este contexto marcadamente adverso hacia los intereses comunitarios, desde Bruselas se debe prestar una atención renovada y ambiciosa hacia una región donde históricamente han existido marcadas sinergias, sobre todo, a raíz de la entrada hispanoportuguesa en la otrora Comunidad Económica Europea (CEE) en 1986.

La *Global Gateway* es una herramienta más de la Unión Europea por asegurar una viable "autonomía estratégica", el gran paradigma de política exterior comunitaria de los últimos años y que se espera que marque las agendas de los venideros. En este sentido, para una fáctica y viable autonomía por parte de la Unión, tanto las instituciones comunitarias como los Estados miembro deben ser partícipes de un ejercicio de búsqueda de alianzas eficaces y factibles y naturales. Por eficaces se entiende el hecho de que dichas ententes aseguren que el Club comunitario apuntale su ansiada soberanía en el sistema internacional, aspecto que, como se vio durante la crisis pandémica de COVID-19 no es para nada fáctica. Asimismo, por natural podría entenderse la búsqueda de aliados que compartan un decálogo de normas y libertades común.

En este sentido, Latinoamérica y el Caribe son, sin lugar a duda, regiones que cumplen con creces estos dos requisitos. En el primer caso, se trataría de uno de los continentes donde se concentran las mayores riquezas naturales, así como un mercado de oportunidades basado en sociedades jóvenes y dinámicas; en el segundo caso, los países que conforman el área geográfica comparten mayoritariamente una cosmovisión similar al *modus vivendi* europeo: defensa de principios nucleares como la democracia, los Derechos Humanos, la economía de mercado, el respeto de las libertades individuales, así como del Estado de derecho. Por lo tanto, es labor de la Unión Europea a través de iniciativas como la *Global Gateway* la de seguir haciendo de Latinoamérica un continente afín y aliado en un sistema internacional de creciente incertidumbre y volatilidad.

BIBLIOGRAFÍA Y OTRAS FUENTES DOCUMENTALES

- BRADFORD, A., *The Brussels Effect: How the European Union Rules the World*, Nueva York, Oxford University Press, 2020, pág. 25.
- JAÚREGUI, R., "¡América Latina importa, estúpidos!", en *Presidencia española del Consejo de la Unión Europea 2023. Propuestas desde la Sociedad civil*, Catarata, Madrid, 2023, págs. 127 y ss.
- KRASNER, S., "International Regimes", *Political Science Quarterly*, vol. 99, nº 1, 1984, págs. 181-183
- MANNERS, I., "Normative Power Europe: A Contradiction in Terms?", *Journal of Common Market Studies (JMCS)*, vol. 40, nº 2, 2002, págs. 235-258.
- MELGUIZO, Á., y TORREBLANCA, J.I., "Liberar el potencial del Global Gateway en América Latina y el Caribe", *Política Exterior*, 9 de junio de 2023. Recuperado de: https://www.politicaexterior.com/america-latina-caribe-global-gateway/. Última consulta el 17 de julio de 2023.
- RODRÍGUEZ, V., "La noción de potencia normativa europea y su incidencia en la doctrina española", *Comillas Journal of International Relations*, nº 16, 2019, pág. 76.VERDES-MONTENEGRO, F.J., "La autonomía estratégica de la Unión Europea: ¿en qué lugar queda América Latina?", *Relanzar las relaciones entre América Latina y la Unión Europea Autonomía estratégica, cooperación avanzada y recuperación digital, verde y social*, Fundación Carolina, 2022, pág. 196.

- VAN KLAVEREN, A., "América Latina y Europa: ¿queda algo de una relación estratégica?", *Los actores globales y el (re) descubrimiento de América Latina,* Barcelona, Icaria, 2020, pág. 288.
- ZAPATA, S., "Auge chino (y caída rusa) en América Latina", *Política Exterior,* 19 de abril de 2022. Recuperado de: https://www.politicaexterior.com/auge-chino-y-caida-rusa-en-america-latina/. Última consulta el 15 de julio de 2023.
- BANCO EUROPEO DE INVERSIONES, *The Global Gateway in Latin America and the Caribbean,* Recuperado de: https://www.eib.org/en/publications/20230171-the-global-gateway-in-latin-america-and-the-caribbean. Última consulta el 16 de julio de 2023.
- COMISIÓN EUROPEA, *Global Gateway,* Recuperado de: *https://commission.europa.eu/strategy-and-policy/priorities-2019-2024/stronger-europe-world/global-gateway_es.* Última consulta el 11 de julio de 2023.
- COMISIÓN EUROPEA, *Global Gateway: hasta 300 000 millones de euros para la estrategia de la Unión Europea destinada a impulsar los enlaces sostenibles en todo el mundo,* Recuperado de: *https://ec.europa.eu/commission/presscorner/detail/es/ip_21_6433.* Última consulta el 1 de julio de 2023.
- COMISIÓN EUROPEA, *Team Europe Initiatives.* Recuperado de: *https://international-partnerships.ec.europa.eu/policies/team-europe-initiatives_es.* Última consulta el 5 de julio de 2023.
- CONSEJO DE LA UE, *Adoptado el marco financiero plurianual para 2021-2027,* 17 de diciembre de 2020. Recuperado de: *https://www.consilium.europa.eu/es/press/press-releases/2020/12/17/multiannual-financial-framework-for-2021-2027-adopted/.* Última consulta el 3 de julio de 2023.
- CONSEJO EUROPEO, *Conclusiones de la Reunión Extraordinaria del Consejo Europeo del 1 y 2 de octubre de 2020,* Bruselas, 2 de octubre de 2020. Recuperado de: https://www.consilium.europa.eu/media/45932/021020-euco-final-conclusions-es.pdf. Última consulta el 4 de julio de 2023.
- CONSEJO DE LA UE, *Declaración de la Cumbre UE-CELAC de 2023,* Bruselas, 18 de julio de 2023. Recuperado de: https://www.consilium.europa.eu/media/65925/st12000-es23.pdf. Última consulta el 19 de julio de 2023.
- CONSEJO EUROPEO, *Instrumento de Vecindad, Desarrollo y Cooperación Internacional: el Coreper refrenda un acuerdo provisional con el Parlamento Europeo,* 18 de diciembre de 2020, Recuperado de: https://www.consilium.europa.eu/es/press/press-releases/2020/12/18/neighbourhood-development-and-international-cooperation-instrument-core-

per-endorses-provisional-agreement-with-the-european-parliament/. Última consulta el 11 de julio de 2023.

- SERVICIO EUROPEO DE ACCIÓN EXTERIOR, *Shared Vision, Common Action: A Stronger Europe: A Global Strategy for the European Union's Foreign And Security Policy*. Junio de 2016. Recuperado de: https://www.eeas.europa.eu/sites/default/files/eugs_review_web_0.pdf. Última consulta el 4 de julio de 2023.

Capítulo XII. Reflexión acerca de la necesidad de un diálogo e intercambio entre UE-CELAC en materia de economía social y solidaria como motor para conseguir la creación de un empleo decente y digno

PROF. GABRIEL VELA-MICOULAUD[1]

PROFª. DRA. MARTA ENCISO-SANTOCILDES[2]

SUMARIO

1 Profesor Encargado. Universidad de Deusto. g.vela@deusto.es

2 Profesora Titular. Universidad de Deusto. marta.enciso@deusto.es

RESUMEN

El "Plan de Acción UE-CELAC", adoptado en el año 2015, vincula como una temática principal a abordar: el empleo para fomentar la integración y cohesión sociales. Se establece que los principales objetivos en este ámbito son promover la creación de empleo decente y digno, incrementando así los ingresos y contribuyendo al objetivo global de la erradicación de la pobreza. Asimismo, teniendo en cuenta la diversidad, garantizando oportunidades laborales sobre todo para las mujeres, jóvenes, así como para otros grupos vulnerables.

En este sentido, la economía social y solidaria desempeña un papel vital a la hora de garantizar un empleo digno y asegurar oportunidades para las mujeres, los jóvenes y los grupos vulnerables. Ofrece una amplia gama de modelos empresariales que priorizan el impacto social y medioambiental sobre el beneficio, incluidas cooperativas o empresas sociales. Estos modelos pretenden crear puestos de trabajo significativos, sostenibles y con salarios y prestaciones justos. Al crear una economía más inclusiva y equitativa, la economía social puede contribuir a reducir la pobreza, la desigualdad y la exclusión social.

Es por ello por lo que se plantea una reflexión para explorar el papel de las relaciones UE-CELAC en el avance de la agenda de la economía social, centrándonos en las políticas y programas que apoyan el desarrollo de entidades de economía social y solidaria. Se destacarán casos de éxito de ambas regiones, analizará retos y oportunidades, y recomendará estrategias para una mayor colaboración e intercambio de buenas prácticas. Todo ello, con el fin de fomentar un debate acerca del potencial de la economía social para impulsar un empleo decente y digno.

PALABRAS CLAVE: Economía Social, Unión Europea, América Latina, Trabajo Decente, Mercado laboral, Economía Formal.

I. INTRODUCCIÓN

Tras diferentes cumbres UE-CELAC celebradas entre 2013 y 2015, se elaboró un Plan de Acción con diversas iniciativas conforme a las prioridades establecidas. La quinta prioridad se refiere a la educación y empleo para fomentar la integración y cohesión sociales, disponiendo de esa forma como objetivos, entre otros, desarrollar competencias para el empleo, promover la creación de empleo decente y digno, e incrementar así los ingresos y contribuir al objetivo global de la erradicación de la pobreza. Se establece además que el empeño por lograr estos objetivos debe tener en cuenta la diversidad, las distintas realidades de los países, así como mejorar el funcionamiento de los mercados laborales, y de ello, deberían derivarse un acceso más fácil al empleo, un trabajo decente, digno y productivo, así como oportunidades laborales sobre todo para las mujeres y los jóvenes, así como para otros grupos vulnerables, y una contribución a la mejora de la integración y cohesión social.

Hace pocos meses, en octubre de 2022, se produjo en Argentina la primera cumbre UE-CELAC desde 2018. Esta cumbre marcó la reanudación de un diálogo birregional basado en una agenda de futuro, sustantiva y positiva en la que ambas partes coincidieron en que dicha reunión y el renovado proceso de compromiso constituyen un punto de inflexión y el comienzo de una importante revisión de las relaciones entre dos regiones. En el difícil contexto geopolítico actual, los ministros han confirmado la importancia de mantener los valores compartidos en los que se basa la asociación birregional, incluida la promoción y el respeto de los derechos humanos y las libertades fundamentales, la democracia y el Estado de Derecho, y han subrayado su compromiso de hacer frente conjuntamente a los retos mundiales y de seguir reforzando el multilateralismo.

Por ello, se presentará el modelo empresarial de la Economía Social y Solidaria (ESS), el cual en los últimos años ha adquirido un notable protagonismo fruto de pronunciamientos, iniciativas y regulaciones a nivel internacional que han constatado su capacidad de hacer frente de forma inclusiva y sostenible a las crisis, y su poder transformador y generador de un empleo digno, decente e inclusivo en las comunidades en que opera. En este sentido, se considera necesario reflexionar y hacer propuestas para promover una acción reforzada de la UE en América Latina y el Caribe en materia de Economía Social y Solidaria, coincidiendo además con la próxima presidencia rotatoria española en el Consejo de la Unión Europea y la cumbre que se celebrará durante los días 17 y 18 de julio del presente año, la cual puede ser fundamental para empezar a diseñar una estrategia birregional en cuestiones vinculadas a este modelo empresarial.

II. UN ACERCAMIENTO A LA ECONOMÍA SOCIAL Y SOLIDARIA

A. Aproximación a una definición y características principales de la Economía Social

La economía social y solidaria es un concepto complejo que se ve influido por las distintas situaciones y contextos que se presentan en cada región y país. Es por ello por lo que no existe una aproximación universal o normalizada que englobe todos los aspectos de esta temática de manera homogénea. A pesar de esta diversidad, las principales organizaciones internacionales, como la OIT, ONU y OCDE, han adoptado definiciones que permiten establecer algunos criterios. En base a estas definiciones, en este apartado se intentará ofrecer una aproximación a la economía social y solidaria que dan estas organizaciones principales, con el fin de introducir el concepto.

En primer lugar, la OIT, en su resolución de 2022 relativa al trabajo decente y la economía social y solidaria, elabora una definición de la economía social y solidaria que permite tomar como referencia. Siguiendo una definición tripartita la define a través de 3 ejes interrelacionados entre sí:

- Como un conjunto de valores: el cuidado de las personas y el planeta, la igualdad y equidad, la autogobernanza, la transparencia y la rendición de cuentas, y el logro del trabajo decente y de medios de vida dignos.
- Como conjunto de principios: la cooperación voluntaria y la ayuda mutua, la gobernanza democrática o participativa, la autonomía y la independencia, la primacía de las personas y del fin social sobre el capital en la distribución y el uso de los excedentes o los beneficios, así como de los activos.
- Por su naturaleza jurídica, como entidades, en función de las circunstancias nacionales: cooperativas, mutualidades, asociaciones, fundaciones, grupos de autoayuda, empresas sociales, y otras entidades que operan según los principios y valores de la ESS[3].

La ONU reconoció esta misma definición en su reciente Resolución "Promover la economía social y solidaria para el desarrollo sostenible" de abril de 2023[4]. De tal forma, este concepto es el que se utilizará en las diferentes organizaciones internacionales como eje central a partir de ahora para definir las políticas y regulaciones necesarias en los diferentes países.

---

3 OIT. Resolución sobre el trabajo decente y la economía social y solidaria. Conferencia Internacional del Trabajo 110ª reunión. Ginebra, 2022.

4 ONU. Resolución "Promover la economía social y solidaria para el desarrollo sostenible". Nueva York, abril de 2023.

Asimismo, en este sentido, la OCDE, en su reciente Recomendación del Consejo en 2022 añade que, en ocasiones, ciertas iniciativas comunitarias, populares y espontáneas, así como organizaciones sin fines de lucro, pueden formar parte de lo que se conoce como economía solidaria. Estas entidades suelen estar motivadas por objetivos sociales, valores solidarios y la priorización de las personas sobre el capital. Además, en la mayoría de los casos, promueven una gobernanza democrática y participativa para llevar a cabo sus actividades[5].

B. Cifras de la economía social y solidaria

A pesar de su relevancia, la economía social y solidaria (ESS) ha sido considerada por mucho tiempo como un actor marginal en el escenario público. Esto se debe en parte a la dificultad que existe para cuantificar las diferentes entidades pertenecientes a la ESS debido a su gran número sobre todo en los países con elevados índices de economía informal. No obstante, se ha ido obteniendo una visión más precisa acerca de la magnitud de las distintas organizaciones que conforman la ESS, así como de su impacto tanto a nivel nacional como regional[6].

1. Unión Europea

Se calcula que 160 millones de personas son miembros de empresas de ESS (UNTFSSE, 2022). Asimismo, en 2015, 2,8 millones de entidades de ESS (alrededor del 10% del total de empresas en la UE) proporcionaron más de 13,6 millones de

---

5 OCDE. Recomendación del Consejo sobre la Economía Social y Solidaria y la Innovación Social. Paris, 2022.

6 ONU. Grupo de Trabajo Interinstitucional sobre Economía Social y Solidaria. Avanzar en la Agenda 2030 a través de la economía social y solidaria. Nueva York, 2022.

empleos remunerados (el 6,3% del total de la UE), lo que representa aproximadamente un 8% del total del PIB[7].

- En Italia, el número estimado de empresas sociales ascendió a más de 102.000 en 2017, con casi 900.000 trabajadores remunerados y una facturación anual de 42,7 millones de euros[8].
- En Reino Unido (país ya no perteneciente a la UE tras el Brexit) aproximadamente 100.000 empresas sociales generan unos ingresos en la región de 59.000 millones de libras y emplean a 2 millones de personas[9].
- En Francia, los datos conocidos muestran que a finales de 2018, la economía social representaba un 10% de su PIB así como un 14% del empleo asalariado (Schiappa 2022). Asimismo, la mayor parte de los empleos se producen en asociaciones (un 75% del volumen total de empleos asalariados en la economía social), seguido de las cooperativas con un 14%, el 6% las mutuas, y el 4% las fundaciones[10].
- En España, las organizaciones de la Economía Social representan alrededor del 10% del PIB y contribuyen con un 12,5% del empleo total. Este sector está compuesto

---

7 MONZÓN, J.L., CHAVES, R., Recent evolutions of the Social Economy in the European Union. European Economic and Social Committee, CES/CSS/12/2016/23406, Brussels, 2016.

8 BORZAGA, C., *Social enterprises and their ecosystems in Europe*, Updated country report: Italy, European Commission, Brussels, 2020.

9 SOCIAL ENTERPRISE UK. Hidden Revolution: Size and Scale of Social Enterprise in 2018. London, 2018.

10 INSEE. Institut national de la statistique et des études économiques. Datos extraídos de la web en mayo de 2023: https://www.insee.fr/en/outil-interactif/5543645/tableau/70_SAC/78_ESS

por unas 43.000 empresas, las cuales proporcionan casi 2,2 millones de puestos de trabajo[11].

No obstante, esta realidad no se produce en todos los Estados miembros de la UE. A pesar de que la economía social emplea de media europea a alrededor de 13,6 millones de trabajadores, el porcentaje varía aproximadamente entre un 0,6% y un 9,9% sobre el total de empleo nacional dependiendo de cada Estado miembro. Esto, por tanto, muestra que en la actualidad la economía social todavía se desarrolla de manera desigual a lo largo de la Unión Europea, y que existen oportunidades importantes y sin explotar en ciertos Estados miembros y regiones si se adoptan medidas adecuadas para fomentar la economía social como fuente de empleo y potencial económico[12].

2. América Latina y el Caribe

De acuerdo con un estudio del Observatorio Latinoamericano de la Economía Social y Solidaria. América Latina cuenta con más de 1,6 millones de empresas y organizaciones de ESS, las cuales emplean a más de 13 millones de personas. En la región, la ESS se ha consolidado como un sector en crecimiento, con una larga trayectoria en países como Brasil, Argentina, Chile, México, Uruguay, Ecuador o Bolivia. De hecho, algunos de estos

---

11 GOBIERNO DE ESPAÑA. PERTE (Proyecto Estratégico para la Recuperación y Transformación Económica) de Economía Social y de los Cuidados, Madrid, 2022. Recuperado en mayo de 2023 en: https://www.lamoncloa.gob.es/consejodeministros/resumenes/Documents/2022/210622-perte-economia-social-y-de-los-cuidados-memoria-completa.pdf

12 COMISIÓN EUROPEA. Comunicación de la Comisión al Parlamento Europeo, al Consejo, al Comité Económico y Social Europeo y al Comité de las Regiones. Construir una economía que funcione para las personas: un plan de acción para la economía social. COM (2021) 778 final. Bruselas, 2021.

países cuentan con marcos legales y programas de apoyo específicos para el sector, reconocidos incluso como política pública[13].

Además, datos de algunos países que nos reporta el informe de UNFTSSE del 2022 son los siguientes:

- En Argentina, las mutuas brindan servicios de salud a más de 2,5 millones de personas y cubren el 40% de los servicios privados de salud. Además, las cooperativas se encargan de proporcionar energía eléctrica a 7 millones de ciudadanos en el país, y más del 80% de la red eléctrica rural de Argentina está gestionada por estas entidades cooperativas[14].
- Brasil cuenta con más de 5.300 cooperativas que suman más de 15 millones de socios y 427.000 empleados[15].
- En México, existen alrededor de 61.000 organizaciones relacionadas con la economía social y solidaria en las que participan 12 millones de personas. Dentro de ellas, destacan las 15.000 cooperativas que tienen 8 millones de afiliados, 100 sindicatos y 8 confederaciones[16].

---

13 RABANAQUE, D. "Expansión de la Economía Solidaria en el mundo". *AraInfo, Diario Libre D'Aragon,* 2023. Recuperado en mayo de 2023 de https://arainfo.org/expansion-de-la-economia-solidaria-en-el-mundo/#:~:text=Seg%C3%BAn%20un%20informe%20del%20Observatorio,una%20mayor%20expansi%C3%B3n%20y%20consolidaci%C3%B3n

14 LAIS PUZINO, S., "La actualidad de la Economía Social en Argentina", *Anuario Latinoamericano de la Economía Social,* núm.3, 2018, págs. 19-28.

15 SISTEMA OCB. Publicações: Anuário do Cooperativismo Brasileiro, 2020.

16 ROJAS HERRERA, J.J; CAÑEDO VILLARREAL, R.; PEÑA FUENTES, H.A.; LUGO-MORIN, D.R. "Panorama general de la Economía Social en México". *Anuario Iberoamericano de la Economía Social,* n°3, 2018, págs. 109-120.

- Los países del Caribe tienen el mayor índice de penetración de cooperativas de crédito del mundo con un promedio regional del 66%[17].

Asimismo, en un informe publicado en 2022 se presentaron los datos que se recogerán a continuación en las siguiente tablas acerca de la situación de la economía social en las regiones de Europea y de América Latina y el Caribe:

Tabla 1. Datos Origen y Posición de la Economía Social en UE y CELAC

Región	Origen y posición de la economía social
Unión Europea	o El impulso de la economía social difiere entre Europa occidental y oriental. En el suroeste de Europa, la nación de economía social y solidaria tiene una larga historia. Por lo tanto, generalmente hay un mayor nivel de reconocimiento de la economía social en Europa occidental. o En Europa del Este, la noción de economía social está menos establecida, aunque algunos países como Letonia han desarrollado leyes de empresas sociales. o Los países de Europa del Este muestran interés en fortalecer sus economías sociales, con actores en los campos de la educación, la tecnología y la participación de los jóvenes.
América Latina y el Caribe	o América Latina y el Caribe es una región heterogénea que generalmente emplea conceptos relacionados con la economía social, como el emprendimiento social o las ONG. El concepto de economía solidaria o economía social y solidaria se utiliza en algunos países, mientras que otros emplean el término economía social. o Los nuevos términos que se utilizan de forma más activa son empresas sociales o *B Corporations,* mostrando la influencia de los Estados Unidos. o Las economías de la región se caracterizan por una gran fuerza de trabajo informal. El nivel de reconocimiento de la economía social varía de un país a otro, con países como Costa Rica reconociendo las asociaciones desde 1939.

Fuente: Elaboración propia según Foro Económico Mundial (2022)

---

17 CMCAC. World Council of Credit Unions. Statistical report, 2020.

La tabla muestra cómo, por un lado, en la UE, el desarrollo de la economía social difiere entre Europa occidental y oriental. Europa occidental posee una larga historia de economía social y solidaria, mientras que, en Europa del Este, la noción de economía social está menos establecida. A pesar de esto, algunos países en Europa del Este, como Letonia, han desarrollado leyes de empresas sociales y muestran interés en fortalecer su economía social

En América Latina y el Caribe, existen conceptos relacionados con la economía social como el emprendimiento social y las ONG, así como algunos países utilizan el término de economía solidaria. Asimismo, nuevos términos que se utilizan como empresas sociales o *B Corporations* muestra la influencia directa de Estados Unidos. Por otra parte, no cabe olvidar la gran cantidad de trabajo informal que caracteriza a esta región, así como la variación del nivel de reconocimiento a la economía social y/o solidaria de un país a otro.

Tabla 2. Ejemplos de contexto político y escala de la economía Social en UE y CELAC

Región	Ejemplos de contexto político y escala de la economía social
Unión Europea	o Los tamaños de las economías sociales varían en la UE, pero se miden utilizando métricas económicas tradicionales. En toda la UE, 2,8 millones de actores de la economía social representan más del 6% del empleo de la UE. La economía social emplea al 9-10% de la población activa en la Europa Occidental, pero menos del 2% en Europa del Este. o La política de la UE hacia la economía social se ha centrado en cinco dimensiones: 1) acceso a fondos, 2) acceso a mercados, 3) mejora de las condiciones marco, 4) tecnología internacional y nueva, 5) modelos de negocio. o En diciembre de 2021, la Comisión Europea lanzó un Plan de Acción de Economía Social de 10 años para mejorar la inversión social y el desarrollo de políticas en toda la región.

Región	Ejemplos de contexto político y escala de la economía social
América Latina y el Caribe	o Para abordar las desigualdades en Chile, el gobierno implementó una ambiciosa agenda de reformas para fortalecer la distribución del ingreso y mejorar la calidad de los servicios públicos, o Costa Rica ha implementado varios instrumentos de política relevantes para reconocer y apoyar la economía social y solidaria, comenzando en 1967 e incluyendo un decreto presidencial en 2015 para fortalecer la economía social y solidaria. o En Ecuador, la economía social comprende el 25,7% del PIB de la nación y ha tomado medidas para apoyar la economía social. Por ejemplo, la adopción de marcos legales, que en este caso el principal es la Ley Orgánica de Economía Popular y Solidaria, expedida en el 2011 y reformada por última vez en 2018.

Fuente: Foro Económico Mundial (2022)

En los últimos años, la economía social ha ido adquiriendo cada vez más importancia en la Unión Europea, suponiendo más del 6% de la mano de obra, con tasas más elevadas en Europa Occidental. Se ha centrado en cinco dimensiones de la política de economía social, entre ellas el acceso a fondos y mercados, y la tecnología y los modelos empresariales. Y concretamente, en diciembre de 2021, la Comisión Europea puso en marcha un Plan de Acción de Economía Social de diez años de duración, tratándose de un gran hito conseguido y que se espera que tenga una gran repercusión e importancia en el fomento de la economía social en la Unión Europea.

En el caso de América Latina y Caribe, por su parte, diferentes países han implementado políticas para abordar las desigualdades y apoyar la economía social y solidaria. Por tanto, como se ha visto, la Economía Social y Solidaria en ambas regiones tiene una presencia y reconocimiento en las políticas, si bien su distribución por países difiere.

III. EL PAPEL DE LA ECONOMÍA SOCIAL Y SOLIDARIA EN LA CREACIÓN DE EMPLEO DECENTE

El mercado laboral de los países se enfrenta a diversos desafíos, tales como la incapacidad para absorber la oferta de mano de obra y la presencia de formas de empleo precarias, con bajos salarios, falta de seguridad laboral y prestaciones sociales limitadas, lo que a su vez provoca una insatisfacción laboral generalizada[18]. Ante esta situación, la adopción de medidas en el ámbito de la Economía Social y Solidaria puede ser clave para enfrentar estos retos de manera efectiva[19].

Por ello, la ONU en su reciente resolución, ha reconocido la función que puede cumplir la ESS para ofrecer oportunidades de trabajo decente y empoderar a las mujeres, jóvenes, personas con discapacidad y personas en situaciones en situaciones vulnerables. Se reconoce así el papel de la ESS en la contribución a una cohesión social y desarrollo comunitario (ONU, 2023).

A. Cifras de empleo de la ESS

En la Unión Europea, el sector de la Economía Social y Solidaria ofrece una cantidad significativa de empleos remunerados en los diferentes Estados miembros, estimándose un total de 13,6 millones de puestos de trabajo. En España, la economía social contribuye al 12,5% del empleo a nivel estatal, y está formada por 43.000 empresas que generan casi 2,2 millones de empleos[20]. No obstante, como ya se ha comentado previamen-

---

18 OIT. Resolución sobre el trabajo decente y la economía social y solidaria. Conferencia Internacional del Trabajo 110ª reunión. Ginebra, 2022.

19 BORZAGA, C., SALVATORI, G., BODINI, R., Social and Solidarity Economy and the future of work. OIT, Geneva, 2017.

20 GOBIERNO DE ESPAÑA. PERTE (Proyecto Estratégico para la Recuperación y Transformación Económica) de Economía Social

te, estos datos no son iguales en todos los Estados miembros de la UE, por lo que todavía existe mucho potencial por delante.

Tomando como referencia datos exclusivos de España que nos permitan aproximarnos a la contribución de este modelo empresarial al empleo, la Economía Social se destaca por su dinamismo, su compromiso con las personas incluso aquellas en riesgo de exclusión social y el desarrollo de sus comunidades, con un fuerte arraigo a la economía de proximidad. Además, ha demostrado que también en épocas de crisis, este sector posee una resiliencia muy significativa en el mantenimiento y la generación de empleo, destacándose por su contribución a la creación de condiciones laborales dignas.

El peso relativo de los trabajadores y trabajadoras en relaciones laborales estables es mayor en la Economía Social que en la economía mercantil. Además, en la Economía Social los niveles salariales son más equitativos, la brecha salarial de género es menor y hay una mayor diversidad en la dirección, con una mayor presencia de mujeres y personas con discapacidad, lo que mejora la posibilidad de conciliar la vida familiar y laboral.

La Economía Social no solo se preocupa por las condiciones laborales de su personal, sino que también desempeña un papel importante en el diálogo social, los derechos laborales y la protección social. Los estudios comparativos entre empresas de Economía Social y aquellas cuyo único objetivo es maximizar beneficios han observado que las primeras pueden ser más eficientes en términos de satisfacción laboral, relaciones

---

y de los Cuidados, Madrid, 2022. Recuperado en mayo de 2023 en: https://www.lamoncloa.gob.es/consejodeministros/resumenes/Documents/2022/210622-perte-economia-social-y-de-los-cuidados-memoria-completa.pdf

interpersonales y supervisión adecuada[21]. De manera similar, un estudio comparativo entre dos empresas de economía de plataforma indica que los trabajadores de la cooperativa de plataforma tenían una mayor sensación de realización, responsabilidad y propiedad[22].

B. Papel de la ESS ante los retos actuales y futuros que afronta el mercado laboral

La ESS podría tener un papel fundamental en la solución de los desafíos que se presentan en torno al futuro del trabajo. Algunos de estos desafíos incluyen la disminución del empleo debido a la automatización, la digitalización y la desregulación de los mercados regulados, así como el aumento del desempleo juvenil[23]. Esto se debe a que las organizaciones que forman parte de la ESS suelen estar presentes en sectores donde se requiere más mano de obra, por lo que son menos propensas a la automatización. Además, los sectores en los que operan se están expandiendo rápidamente debido al aumento de la demanda de servicios en la economía asistencial y en las industrias culturales y creativas, entre otras[24].

---

21 CASTRO NUÑEZ, R.B., BANDEIRA, P., SANTERO-SÁNCHEZ, R., "Social Economy. Gender Equality at Work and the 2030 Agenda: Theory and Evidence from Spain". *Sustainability 12 (12)*, 2020, pág. 5192.

22 SANER, R., YIU, L., NGUYEN, M., Platform cooperatives: the social and solidarity economy and the future of work. A preliminary assessment of platform capitalism and platform corporativism and their effects on worker's satisfaction. CSEND, 2019.

23 BORZAGA, C., SALVATORI, G., BODINI, R., Social and Solidarity Economy and the future of work. OIT, Geneva, 2017.

24 FONTENEAU, B., POLLET, I., The Contribution of the Social and Solidarity Economy and Social Finance to the Future of Work. OIT, Geneve, 2019.

Asimismo, la ESS está en una posición ideal para expandirse y competir en estos sectores, ya que su presencia local les permite identificar y satisfacer necesidades emergentes. Al contrario de lo que ocurre con las empresas convencionales que buscan maximizar beneficios, la ESS minimiza las deficiencias del mercado aprovechando recursos locales y motivaciones altruistas. Esto permite su operación en actividades de baja rentabilidad, con una remuneración del capital invertido no prioritaria y una reducción de los costos laborales gracias a la inclusión de trabajo voluntario y motivos altruistas[25]. Por estas razones, las organizaciones de la ESS son capaces de subsanar las deficiencias en la prestación de servicios públicos, sobre todo en los casos en que los gobiernos se enfrentan a restricciones presupuestarias.

En los últimos años, la economía global ha enfrentado diversas crisis financieras. Durante la recesión iniciada en 2008, se ha demostrado por ejemplo que las empresas que operan bajo el modelo cooperativo han tenido una resiliencia mayor frente a los embates económicos. Este tipo de empresas, como los bancos cooperativos según ha registrado Birchall (2013), han tenido una actuación destacada ante situaciones de incertidumbre económica. En el caso de Italia, país que sufrió fuertemente los efectos de la crisis, se observó que entre 2009 y 2013, mientras que las empresas tradicionales reducían sus plantillas, disminuyendo así el número de empleados, el sector cooperativo generaba empleo, agregando alrededor de 102.000 puestos de trabajo. De hecho, las cooperativas en Italia han sido el tipo de empresa que más ha crecido en las últimas dos décadas.

---

25 BORZAGA, C., SALVATORI, G., BODINI, R., Social and Solidarity Economy and the future of work. OIT, Geneva, 2017.

C. La ESS como un motor de crecimiento inclusivo y de transición desde la economía informal hacia la economía formal.

La economía social y solidaria (ESS) puede fomentar un crecimiento económico más inclusivo a medida que se amplía y mediante sus interacciones con el sector privado. Los modelos de negocio inclusivos pueden tener un impacto significativo en la distribución de bienes, servicios, y empleos sostenibles, en especial en los segmentos de población con menos recursos. Al formar parte de la cadena de valor de empresas privadas, ya sea como proveedores, distribuidores, minoristas o clientes, contribuyen al desarrollo sostenible y adquieren un papel activo en la economía formal. En este sentido, un fomento efectivo en la creación y mantenimiento de empresas de ESS, podría facilitar a las empresas convencionales el establecimiento de mercados inclusivos[26].

Además, la ESS puede ser una herramienta efectiva para abordar los problemas del empleo precario en la economía informal y promover una transición hacia una economía formal más justa, inclusiva y sostenible. Las cooperativas han desempeñado un papel importante en el sector agrícola, mejorando el empleo, las condiciones de trabajo y la productividad. Según la OIT (2013) el empleo en la economía informal en el sector agrícola representa un 80% en el sur de Asia, un 65% en África subsahariana, y un 50% en América Latina. Por ello, la ESS puede ayudar a los trabajadores informales a movilizar recursos, acceder a los mercados, negociar precios justos, participar en los procesos políticos, lo que conlleva un empleo más seguro y mejores medios de vida. Además, algunas formas de cooperativas y empresas sociales requieren poco capital inicial, lo cual es beneficioso y representa una oportunidad para los trabajadores informales que deseen emprender actividades económicas formales.

---

[26] G20. G20 Inclusive Business Framework, 2015.

En el 2022, la OCDE publicó un estudio sobre el impacto de la informalidad laboral en Colombia, destacando que más del 60% de los empleados en trabajos informales no cuentan con prestaciones de seguridad, excepto la atención médica. El informe explora el papel de las cooperativas como una posible solución a este desafiante problema. El estudio analiza las consecuencias negativas de la informalidad económica y cómo la economía social y solidaria, en particular, las cooperativas, pueden servir como puente hacia la formalización laboral. Además, se proporcionan datos sobre la situación de las cooperativas y se estudian los factores que limitan su crecimiento. También se analizan las ventajas y los retos de supervisar el cumplimiento de las regulaciones, y se sugieren políticas para reforzar el sector[27].

De acuerdo con el estudio, Colombia podría aprovechar mejor el potencial de las cooperativas para enfrentar los problemas socioeconómicos derivados de la informalidad laboral. Para lograr este objetivo, se proponen políticas que incluyen el apoyo a las cooperativas para superar desafíos de gobierno y desarrollar nuevas habilidades en los supervisores, la mejor coordinación entre las instituciones encargadas de recopilar datos sobre las cooperativas, la posibilidad de delegar la supervisión de ciertas entidades para concentrar esfuerzos en la aplicación del enfoque basado en el riesgo, y la complementación de los esfuerzos de cumplimento con auditorías externas.

En 2015, la OIT se pronunció analizando la necesidad de nuevas formas de organización para abordar los déficits de trabajo decente en la economía informal. El documento identifica alianzas innovadoras entre los sindicatos y la economía social y solidaria (ESS) para aumentar la visibilidad, la voz y

---

27 OCDE. Transformando el empleo informal en formal: la contribución de las cooperativas en Colombia. Documentos del Programa de la OCDE para el desarrollo económico y del empleo a nivel local (LEED), Paris, 2022.

el poder de los trabajadores informales y sus organizaciones. Para ello, presenta estudios de casos de Brasil, Colombia, Kenia y Sudáfrica que se centran en las alianzas creadas entre los sindicatos establecidos y la ESS para organizar, representar y proporcionar servicios y apoyo a los trabajadores informales.

Concretamente, el documento presenta un estudio de caso de Colombia que se centra en el Sindicato de Recicladores de Bogotá (UTRASD), que representa a los recicladores informales. La UTRASD ha establecido alianzas con la ESS para brindar servicios y apoyo a sus miembros, incluido el acceso al crédito, la capacitación y la asistencia técnica ha trabajado con la ESS para desarrollar un sistema de gestión de residuos que sea más sostenible e inclusivo. El estudio de caso destaca la importancia de las alianzas entre los sindicatos y la ESS para abordar los desafíos que enfrentan los trabajadores informales en el sector de la gestión de residuos.

IV. OPORTUNIDADES EN LAS RELACIONES UE-CELAC PARA LA PROMOCIÓN DE LA ECONOMÍA SOCIAL Y SOLIDARIA

A. Compromiso adoptado por la UE en la promoción de la ESS a escala internacional

Los desafíos que enfrenta el mundo incluyen el cambio climático, la degradación del medio ambiente, cambios demográficos y desigualdades económicas y sociales. Tanto la UE como los terceros países comparten objetivos comunes en el marco de la Agenda 2030 para el Desarrollo Sostenible y se considera que la economía social puede ayudar a lograr estos objetivos dentro y fuera de la UE.

La Comisión Europea adoptó el Plan de Acción para la Economía Social (PAES) a finales de 2021. Este plan, entre otros muchos objetivos, busca fomentar el apoyo de la economía social en países no pertenecientes a la UE, ya que su desarrollo varía de un país a otro. Es por eso por lo que el intercambio de experiencias y buenas prácticas puede acelerar las reformas necesarias para su consolidación.

En la última década, la política de cooperación internacional de la UE ha ayudado a respaldar el desarrollo de la economía social. Un ejemplo es la asociación de la UE con la Alianza Cooperativa Internacional, que ha mejorado la visibilidad y la investigación sobre las cooperativas y ha facilitado el desarrollo de capacidades y la creación de redes. Además, la Comisión ha financiado varios programas regionales de desarrollo de capacidades que han apoyado y fortalecido la economía social y los ecosistemas de emprendimiento social[28].

Además, es posible fortalecer el diálogo y la colaboración en materia de economía social con importantes socios internacionales, tales como la OCDE, el Grupo de Trabajo de las Naciones Unidas sobre la Economía Social y Solidaria y la Organización Internacional del Trabajo. Mejorar la importancia de la economía social a nivel global y aumentar el intercambio de herramientas políticas es uno de los objetivos de la Comisión Europea y el *PAES*. A través de este compromiso, se promoverá la economía social y el emprendimiento social en programas del Instrumento de Ayuda Preadhesión y los Instrumentos de Vecindad, Cooperación al Desarrollo y Cooperación Internacional. Además, se anima a las autoridades públicas de países no pertenecientes a la UE a utilizar las herramientas políticas

---

28 COMISIÓN EUROPEA. Comunicación de la Comisión al Parlamento Europeo, al Consejo, al Comité Económico y Social Europeo y al Comité de las Regiones. Construir una economía que funcione para las personas: un plan de acción para la economía social. COM (2021) 778 final. Bruselas, 2021.

de libre acceso en materia de economía social facilitadas por la Comisión Europea en colaboración con la OCDE y la OIT.

B. Partenariado UE-ACI

El 18 de marzo de 2016 se suscribió en Bruselas un acuerdo marco de asociación entre la Comisión Europea y representantes de la Alianza Cooperativa Internacional para implementar un programa global de desarrollo destinado a fomentar y beneficiar al sector de las cooperativas en todo el mundo. El objetivo principal del acuerdo es mejorar la inclusión social y económica de las personas a través de la promoción de cooperativas. El programa, nombrado "Cooperativas en desarrollo: negocios en acción centrados en las personas", estuvo vigente hasta el 31 de agosto de 2020 y la Unión Europea lo co-financió como parte de su compromiso para apoyar a las organizaciones de la sociedad civil en el ámbito del desarrollo[29].

El objetivo del Partenariado Alianza Cooperativa Internacional-Unión Europea es llevar el modelo cooperativo al siguiente nivel dentro de las políticas y programas internacionales de desarrollo. Para lograr esto, se han llevado a cabo actividades enfocadas en aumentar la visibilidad del modelo, mejorar los movimientos de apoyo, compartir programas de desarrollo de capacidades y fortalecer el desarrollo de una red de contactos cooperativistas, y todo esto se apoya con pruebas resultantes de investigaciones exhaustivas.En respuesta a los desafíos y la falta de conocimiento que enfrenta el movimiento cooperativo,

---

[29] Se puede consultar la noticia "La Alianza Cooperativa Internacional firma con la Comisión Europea un marco de asociación en cualidad de Organización de la Sociedad Civil de 18 de marzo de 2016 en la siguiente página web: https://www.ica.coop/es/medios/noticias/alianza-cooperativa-internacional-firma-comision-europea-acuerdo-marco-asociacion

se ha establecido un partenariado para recopilar datos detallados, precisos y confiables sobre la situación cooperativa en cada región y sector. De esta manera, se provee a cooperadores y partes externas interesadas en el movimiento una imagen precisa del estado actual del mismo. Además, el partenariado busca reforzar otras políticas, desarrollar capacidades, mejorar la visibilidad y llevar a cabo actividades de trabajo en red, todo ello coordinado por el Partenariado ACI-UE.

El estudio "Buenas prácticas en el desarrollo cooperativo internacional: la importancia de fomentar una cultura compartida de conocimiento en el trabajo de cooperación internacional", realizado por el Partenariado, demuestra que las cooperativas tienen un papel fundamental en el progreso a nivel global, sobre todo en términos de sostenibilidad en los ámbitos económico, social y medioambiental. En este sentido, se destaca la importancia de proporcionar a personas y comunidades herramientas y habilidades que les permitan trabajar conjuntamente para construir un entorno más sostenible y mejorar las infraestructuras necesarias para tal fin[30].

En resumen, el estudio demuestra que compartir experiencias y buenas prácticas puede fomentar alianzas y una mejor comprensión en el desarrollo cooperativo. Uno de los objetivos clave de esta investigación fue promover el intercambio de conocimientos para construir alianzas y colaboraciones más sólidas. Se señala que los valores y principios cooperativos son cruciales para la inclusión social, la integración de minorías y grupos vulnerables, y como referencia en tiempos de agitación social, política y económica.

---

30 ALIANZA COOPERATIVA INTERNACIONAL. Buenas prácticas en el desarrollo cooperativo internacional: por qué crear una cultura de intercambio de conocimientos es clave para el trabajo de desarrollo cooperativo internacional, Bruselas, 2019.

V. DESAFÍOS PARA ACTIVAR LA INTEGRACIÓN UE-CELAC EN LA PROMOCIÓN DE LA ECONOMÍA SOCIAL Y SOLIDARIA

Tal y como se dispone en el estudio de Ayuso (2021), la asociación estratégica birregional entre la Unión Europea (UE) y la Comunidad de Estados Latinoamericanos y Caribeños (CELAC) ha ido perdiendo dinamismo de forma progresiva desde la última década a causa de múltiples factores: emergencia de China, competencia con Estados Unidos, pandemia del COVID-19, etc.

En vista de las repercusiones de la pandemia y la necesidad de establecer bases sólidas para el desarrollo sostenible de acuerdo con la Agenda 2030, las relaciones entre la Unión Europea y la Comunidad de Estados Latinoamericanos y Caribeños (CELAC) necesitan encontrar nuevas formas de reactivación. Para lograr esto, se debe impulsar la transición hacia la energía y la tecnología sostenibles, y, en definitiva, el interregionalismo actual exige una reconceptualización y un alineamiento con la agenda global del fortalecimiento del multilateralismo y la reforma del sistema de las Naciones Unidas.

La región de la CELAC continúa siendo una de las regiones más desiguales del mundo. La pandemia de COVID-19 ha expuesto aún más deficiencias estructurales en la región, incluyendo la informalidad, la falta de infraestructura sanitaria, los déficits habitacionales y la falta de acceso a bienes básicos como el agua, especialmente para los más pobres, los ancianos y los marginados. Estos desafíos están afectando a millones de personas que viven en situación precaria e insegura. En vista de esto, se hace necesario priorizar políticas dirigidas a la lucha contra la desigualdad, con el fin de promover sociedades más inclusivas y adaptarse a la mayoría de los países de renta media en la región. Estas políticas deben ser una pieza central en la agenda birregional.

Durante la pandemia, la precariedad de la población que trabaja en la informalidad se ha convertido en un tema relevante. Este fenómeno afecta a más del 50% de la población que vive en la región. Con las medidas de confinamiento adoptadas, esta situación se ha agravado y ha sido necesario implementar medidas de emergencia para garantizar un ingreso básico para los ciudadanos desempleados. Por tanto, resulta importante considerar la vulnerabilidad de esta población y tomar acciones que les permitan hacer frente a la crisis económica actual y sus consecuencias.

La Economía Social se posiciona en una posición privilegiada de cara a ayudar a las sociedades a crecer de una forma sostenible e inclusiva, y asimismo a cumplir con los mandatos y objetivos marcados por la Agenda 2030 y los ODS, tal y como se señala en los diferentes pronunciamientos del *UNTFSSE*. Asimismo, los múltiples recientes pronunciamientos y resoluciones de las organizaciones internacionales más importantes a nivel mundial, como la OIT, OCDE, FEM, UE, permiten afirmar o que la Economía Social se erige como un modelo empresarial innovador, generador de impacto social, y capaz de liderar la transformación ecológica y digital y hacer frente a las desigualdades y disparidades.

La ambición de los actores de la economía social de ayudar a las comunidades locales a desarrollarse y avanzar mediante la mejora de las posibilidades de empleo en los mercados locales puede ayudar a empoderar a las personas más vulnerables del mundo. Los actores de la economía social están activos en todas las industrias, que van desde la educación, la atención de la salud, el bienestar, los servicios financieros y de seguros, la vivienda, la agricultura y la silvicultura, la tecnología, y más.

Por ello, es imprescindible que en futuras reuniones y acciones colectivas que se promuevan en el seno de la UE-CELAC, se ponga a la Economía Social en el centro de las políticas e iniciativas, tomando como principales acciones:

- Tener una mayor comprensión de las realidades y necesidades relacionadas con el trabajo decente y la ESS, así como conseguir una mayor capacidad para promover el trabajo decente y la ESS.

- Dar a conocer y apoyar estrategias nacionales que, a través de la ESS, sean capaces de lograr una transición del empleo y economía informal a la formal.
- Profundizar la integración de las diferentes autoridades nacionales.
- Promover el intercambio de conocimientos, problemáticas, experiencias y programas a fin de impulsar el modelo empresarial de la Economía Social.
- Colaborar en la elaboración de diagnósticos y políticas públicas estratégicas.
- Evaluar si las legislaciones nacionales vigentes apoyan u obstaculizan el desarrollo de las entidades de ESS y por tanto sí son favorables o no, y el grado en que se puede considerar así, también en comparación con las legislaciones vigentes en otros países.
- Identificar recomendaciones para una eventual renovación de los marcos legales vigentes a fin de comprender qué cambios en la legislación actual serían necesarios para hacer la legislación más favorable a las entidades de ESS.

BIBLIOGRAFÍA Y OTRAS FUENTES DOCUMENTALES

- ALIANZA COOPERATIVA INTERNACIONAL. Buenas prácticas en el desarrollo cooperativo internacional: por qué crear una cultura de intercambio de conocimientos es clave para el trabajo de desarrollo cooperativo internacional, Bruselas, 2019.
- ASAMBLEA GENERAL DE LAS NACIONES UNIDAS. Proyecto de resolución: promover la economía social y solidaria para el desarrollo sostenible. Nueva York, 2023.
- AYUSO, A., "Claves para reactivar la asociación UE-CELAC y encauzar la globalización del futuro". *CIDOB Notes Internacionals* 247, marzo 2021, pp. 1-9.

- BIRCHALL, J., Resilience in a downturn: The power of financial cooperatives, 2013. Retrieved from http://www.ilo. org/empent/Publications/WCMS_207768/lang–en/index.htm
- BORZAGA, C., Social enterprises and their ecosystems in Europe. Updated country report: Italy, European Commission, Brussels, 2020.
- BORZAGA, C., SALVATORI, G., BODINI, R., Social and Solidarity Economy and the future of work. OIT, Geneva, 2017.
- CASTRO NUÑEZ, R.B., BANDEIRA, P., SANTERO-SÁNCHEZ, R. "Social Economy. Gender Equality at Work and the 2030 Agenda: Theory and Evidence from Spain". *Sustainability 12 (12)*, 2020, pág. 5192.
- CMCAC. World Council of Credit Unions. Statistical report, 2020.
- COMISIÓN EUROPEA. Comunicación de la Comisión al Parlamento Europeo, al Consejo, al Comité Económico y Social Europeo y al Comité de las Regiones. Construir una economía que funcione para las personas: un plan de acción para la economía social. COM (2021) 778 final. Bruselas, 2021.
- FONTENEAU, B., POLLET, I., The Contribution of the Social and Solidarity Economy and Social Finance to the Future of Work. OIT, Geneve, 2019.
- G20. G20 Inclusive Business Framework, 2015.
- GOBIERNO DE ESPAÑA. PERTE (Proyecto Estratégico para la Recuperación y Transformación Económica) de Economía Social y de los Cuidados, Madrid, 2022. Recuperado en mayo de 2023 en: https://www.lamoncloa.gob.es/consejodeministros/resumenes/Documents/2022/210622-perte-economia-social-y-de-los-cuidados-memoria-completa.pdf
- INSEE. Institut national de la statistique et des études économiques. Datos extraídos de la web en mayo de 2023: https://www.insee.fr/en/outil-interactif/5543645/tableau/70_SAC/78_ESS
- LAIS PUZINO, S., "La actualidad de la Economía Social en Argentina", *Anuario Latinoamericano de la Economía Social,* N.º3, 2018, pp. 19-28.
- MONZÓN, J.L., CHAVES, R., Recent evolutions of the Social Economy in the European Union. European Economic and Social Committee, CES/CSS/12/2016/23406, Brussels, 2016.
- OCDE. Recomendación del Consejo sobre la Economía Social y Solidaria y la Innovación Social. Paris, 2022.
- OCDE. Transformando el empleo informal en formal: la contribución de las cooperativas en Colombia. Documentos del Progra-

ma de la OCDE para el desarrollo económico y del empleo a nivel local (LEED), Paris, 2022.

- OIT. Women and Men in the Informal Economy: A statistical Picture. Second Edition. OIT, Geneve, 2013.
- OIT. Resolución sobre el trabajo decente y la economía social y solidaria. Conferencia Internacional del Trabajo 110ª reunión. Ginebra, 2022.
- ONU. Grupo de Trabajo Interinstitucional sobre Economía Social y Solidaria. Avanzar en la Agenda 2030 a través de la economía social y solidaria. Nueva York, 2022.
- ONU. Resolución "Promover la economía social y solidaria para el desarrollo sostenible". Nueva York, abril de 2023.
- RABANAQUE, D., "Expansión de la Economía Solidaria en el mundo". *AraInfo, Diario Libre D'Aragon,* 2023. Recuperado en mayo de 2023 de https://arainfo.org/expansion-de-la-economia-solidaria-en-el-mundo/#:~:text=Seg%C3%BAn%20un%20informe%20del%20Observatorio,una%20mayor%20expansi%C3%B3n%20y%20consolidaci%C3%B3n
- ROJAS HERRERA, J.J., CAÑEDO VILLARREAL, R., PEÑA FUENTES, H.A., LUGO-MORIN, D.R., "Panorama general de la Economía Social en México". *Anuario Iberoamericano de la Economía Social,* nº3, 2018, pp. 109-120.
- SANER, R.; YIU, L., NGUYEN, M., Platform cooperatives: the social and solidarity economy and the future of work. A preliminary assessment of platform capitalism and platform corporativism and their effects on worker's satisfaction. CSEND, 2019.
- SCHIAPPA, M., The social and solidarity economy has an enormous potential to respond to the global challenges we are facing. Mission Permanente de la France Auprès des Nations Unies À New York, 2022.
- SISTEMA OCB. Publicações: Anuário do Cooperativismo Brasileiro, 2020.
- SOCIAL ENTERPRISE UK. Hidden Revolution: Size and Scale of Social Enterprise in 2018. London, 2018.
- WORLD ECONOMIC FORUM. Unlocking the Social Economy Towards an inclusive and resilient economy. Insight Report in collaboration with Deloitte. Cologny, 2022.

Capítulo XIII.
La búsqueda de un régimen migratorio específico en el marco de las relaciones Unión Europea – América Latina

PROF. DR. JORGE ANTONIO JIMÉNEZ CARRERO[1]

SUMARIO:

RESUMEN

Al hilo de la Cumbre UE – CELAC de julio de 2023, el presente trabajo pretende centrarse en un aspecto poco tratado o tocado superficialmente en la Cumbre, esto es, el fenómeno migratorio. Entendiendo que esta materia está llamada a ser en el futuro, necesariamente, un eje fundamental de la relación interregional, nos aventuramos a establecer una serie de ideas o propuestas que incidirían tanto en el plano meramente migratorio, como en el marco de la protección internacional.

[1] Profesor doctor en la Universidad Europea de Madrid y miembro de la Asociación Española de Profesores de Derecho Administrativo (AEPDA).

De esta manera, en un primer término, se pone de relieve el trato favorable dado a los nacionales de Iberoamérica en la regulación que permite el acceso a la nacionalidad española por residencia para, a continuación, evidenciar la ausencia de un trato equiparable en lo que se refiere al régimen de extranjería del ordenamiento jurídico español. Esta situación es, precisamente, la que nos incita a plasmar la idea de un régimen migratorio específico para los nacionales de estos terceros países y que, en última instancia, ha de consagrar la relación entre ambas regiones, no solo a nivel político, sino a nivel social, siendo esta posible, futurible y novedosa regulación normativa, una consecuencia más de los vínculos que existen entre los pueblos de América Latina y los pueblos europeos (especialmente, España y Portugal).

PALABRAS CLAVE: Unión Europea, América Latina; CELAC; régimen migratorio; protección internacional.

I. INTRODUCCIÓN

Tras ocho años sin encuentros, se esperaba con altas expectativas la Cumbre UE – CELAC, celebrada los días 17 y 18 de julio de 2023. Como recoge el Consejo de la UE y el Consejo Europeo, estos fueron los temas tratados de forma más pormenorizada:[2] Multilateralismo; paz y seguridad; cambio climático; temas comerciales; transición digital; justicia y seguridad (lucha contra el crimen organizado); y mejora de la resiliencia y respuesta ante crisis sanitarias.

No podemos poner objeción alguna a la temática debatida en el sentido de restarle importancia a una o varias de las materias tratadas, dada su trascendental relevancia. No obstante, sí echamos en falta el tratamiento de un fenómeno que en otras

---

2 Vid. Consejo Europeo & Consejo de la UE: Cumbre UE-CELAC, 17 y 18 de julio de 2023, (en línea): https://www.consilium.europa.eu/es/meetings/international-summit/2023/07/17-18/ (consulta de 1 de agosto de 2023).

cumbres se tocó de manera superficial, y que en 2023 no ha sido diferente: nos estamos refiriendo al fenómeno migratorio.

En la Declaración del de la Cumbre realizada por las jefas y los jefes de Estado y de Gobierno de la Unión Europea (UE) y de la Comunidad de Estados Latinoamericanos y Caribeños (CELAC), se menciona únicamente una vez la palabra "migración", concretamente, en el punto 17:

> Destacamos la necesidad de reforzar el sistema multilateral y de promover una gobernanza mundial más eficaz e inclusiva, que respete el Derecho internacional. Nos comprometemos a reforzar nuestra cooperación birregional para poner plenamente en práctica la Agenda 2030 y aunaremos esfuerzos para prestar nuestro apoyo al secretario general de las Naciones Unidas en su empeño por revitalizar el multilateralismo y asegurar una aplicación eficaz y acelerada de los Objetivos de Desarrollo Sostenible (ODS). Trabajaremos para mejorar la cooperación y la coordinación en los foros multilaterales pertinentes sobre cuestiones de interés común, a saber: los derechos humanos, los derechos laborales, el cambio climático y la pérdida de biodiversidad, la seguridad alimentaria y energética, el modo de abordar y contrarrestar el problema mundial de las drogas y la delincuencia organizada, la migración, la salud, la digitalización y la fiscalidad. Nos comprometemos a contribuir a los esfuerzos por reformar el sistema de las Naciones Unidas, incluido su Consejo de Seguridad[3].

Tomando esto en consideración, y pese a la oportunidad perdida en 2023 consistente en no desarrollar un planteamiento concreto sobre la forma en que ambas regiones pueden cooperar o coordinarse mejor ante este fenómeno, pensamos que este inciso del punto 17 de la Declaración puede abrir la puerta para que, en futuros encuentros, ambas regiones debatan

---

3 Vid. Declaración de la Cumbre UE – CELAC de 18 de julio de 2023 (en línea): https://data.consilium.europa.eu/doc/document/ST-12000-2023-INIT/es/pdf © Unión Europea, 1998-2023 (consulta de 1 de agosto de 2023).

abiertamente sobre la conformación de un régimen migratorio específico para los ciudadanos de América Latina que pretendan residir en la UE, y viceversa.

Así, en el presente trabajo nos comprometemos a señalar cuáles podrían ser las cuestiones a tratar, tanto desde el punto de vista de la migración como del asilo, a fin de conseguir dar una respuesta jurídica migratoria congruente con los lazos culturales existentes entre la Unión y América Latina.

II. EL RÉGIMEN JURÍDICO MIGRATORIO Y DE ACCESO A LA NACIONALIDAD ESPAÑOLA POR RESIDENCIA

En primer lugar, pretendemos exponer la regulación jurídica existente en el ordenamiento español y que resulta de aplicación a los ciudadanos iberoamericanos/latinoamericanos. No obstante, hemos de aclarar desde el principio que, por un lado, hablaremos de la normativa de inmigración o extranjería; y, por otro lado, de la normativa que permite el acceso a la nacionalidad española de los extranjeros, y específicamente de los iberoamericanos.

De esta manera, y con base en lo que vamos a explicar a continuación, observaremos, a nuestro juicio, una suerte de agravio comparativo entre la normativa de nacionalidad por residencia aplicable y la normativa de extranjería o inmigración, esto es, la obtención de los necesarios permisos o autorizaciones para que un extranjero pueda residir y/o trabajar en España.

En primer lugar, y en relación con el régimen migratorio español aplicable, podemos hablar de cinco regímenes de extranjería:

- El régimen general de extranjería, conformado por la Ley 4/2000 de 11 de enero, sobre derechos y libertades de los extranjeros en España y su integración social, y su Reglamento de desarrollo, aprobado por el Real Decreto 557/2011;

- El régimen de los ciudadanos europeos o comunitarios, conformado por el Real Decreto 240/2007, de 16 de febrero, sobre entrada, libre circulación y residencia en España de ciudadanos de los Estados miembros de la Unión Europea y de otros Estados parte en el Acuerdo sobre el Espacio Económico Europeo;
- El régimen especial de la Ley 14/2013, de 27 de septiembre, de emprendedores, que contempla algunos permisos de residencia y trabajo con vistas a atraer talento extranjero a España, y hacer el mercado laboral español más competitivo;
- El régimen de la protección internacional, consagrado en la Ley 12/2009, de 30 de octubre, del derecho de asilo y de la protección subsidiaria.
- Finalmente, podemos traer a colación el Reglamento de reconocimiento del estatuto de apátrida, recogido en el Real Decreto 865/2001, de 20 de julio.

Considerando la normativa mencionada anteriormente y vigente en la actualidad, de entrada, hemos de descartar al RD 240/2007 en tanto en cuanto resulta aplicable, únicamente, a los ciudadanos europeos y a sus familiares (europeos o nacionales de un tercer país). De este modo, este régimen comunitario proveniente de la normativa europea, únicamente se les aplicará a los ciudadanos iberoamericanos y latinoamericanos en la medida en que sean familiar de algún ciudadano nacional de un Estado miembro[4]. Por su parte, la Ley 12/2009 únicamente les será aplicable si se encuentran en una situación de necesidad de protección internacional (asilo y protección subsidiaria).

[4] No obstante, si el nacional del tercer país es familiar de un ciudadano español/a, se podría solicitar (además de la tarjeta de familiar de ciudadano europeo) la autorización de "arraigo familiar", contemplado en el art. 124.3 del Reglamento de Extranjería (RD 557/2011).

A nuestro juicio, el agravio comparativo a nivel jurídico lo ubicamos en el régimen general de extranjería en relación con la normativa de acceso a la nacionalidad española por residencia.

Hemos de saber, en primer lugar, que el art. 22.1 del Código civil indica cómo se obtiene la nacionalidad española por residencia:

> 1. Para la concesión de la nacionalidad por residencia se requiere que ésta haya durado diez años. Serán suficientes cinco años para los que hayan obtenido la condición de refugiado y dos años cuando se trate de nacionales de origen de países iberoamericanos, Andorra, Filipinas, Guinea Ecuatorial o Portugal o de sefardíes.

A la luz del artículo, parece evidente que la reducción de diez años (norma general) a dos años para los ciudadanos iberoamericanos supone una respuesta *ad hoc* ante la cultura y lengua común existente entre Iberoamérica y España. De hecho, el Reglamento por el que se regula el procedimiento para la adquisición de la nacionalidad española por residencia, aprobado por Real Decreto 1004/2015, de 6 de noviembre, señala que:

> Estarán dispensados de la prueba de examen DELE[5] los interesados que hayan obtenido con anterioridad un diploma de español como lengua extranjera (DELE) como mínimo del nivel A2, así como los nacionales de: Argentina, Bolivia, Chile, Colombia, Costa Rica, Cuba, Ecuador, El Salvador, Guatemala, Guinea Ecuatorial, Honduras, México, Nicaragua, Panamá, Paraguay, Perú, Puerto Rico, República Dominicana, Uruguay y Venezuela.

Sobra decir que, desde nuestro punto de vista, resulta totalmente acertada la reducción de residencia legal a dos años, considerando los elementos culturales y lingüísticos ya mencionados y que son de conocimiento público.

---

5 Este examen DELE (Diploma de español como lengua extranjera) evalúa el conocimiento de lengua castellana, debiendo alcanzar los aspirantes un nivel mínimo de A2.

Pues bien, mientras que avalamos este trato favorable en el acceso a la nacionalidad para los nacionales iberoamericanos, observamos que la normativa sobre extranjería, especialmente el régimen de la Ley 4/2000 y su Reglamento, que es el que resulta de aplicación, en términos generales, para los nacionales de terceros países[6], no establece ninguna diferenciación sustancial[7] o trato particularizado, en lo que se refiere al acceso a la residencia o a la residencia y trabajo en el contexto normativo estatal.

Nos estamos refiriendo, sobre todo, a lo que el régimen general denomina "situación nacional de empleo". Hemos de saber que el planteamiento jurídico español relativo a la contratación en España de nacionales de terceros países por parte de empresas consiste, en esencia, en permitir dicha contratación, siempre que la situación nacional de empleo[8] no se vea

---

6 El apartado 3 del art. 1 de la Ley 4/2000 señala:
"3. Los nacionales de los Estados miembros de la Unión Europea y aquellos a quienes sea de aplicación el régimen comunitario se regirán por las normas que lo regulan, siéndoles de aplicación la presente Ley en aquellos aspectos que pudieran ser más favorables".

7 Podemos advertir, por ejemplo, que de acuerdo con el art. 47 de la Ley 4/2000, uno de los pocos tratos más favorables para ciudadanos iberoamericanos del régimen general viene delimitado por la exención en el pago de tasas por la concesión de las autorizaciones para trabajar: "No vendrán obligados al pago de las tasas por la concesión de las autorizaciones para trabajar los nacionales iberoamericanos, filipinos, andorranos, ecuatoguineanos, los sefardíes, los hijos y nietos de español o española de origen, y los extranjeros nacidos en España cuando pretendan realizar una actividad lucrativa, laboral o profesional, por cuenta propia".

8 El art. 38.2 de la Ley 4/2000 establece cómo se determina la situación nacional de empleo:
"La situación nacional de empleo será determinada por el Servicio Público de Empleo Estatal con la información proporcionada por las Comunidades Autónomas y con aquella derivada de indicadores estadísticos oficiales…"

perjudicada por dicha incorporación al mercado laboral. Dicho de otro modo, existe una prohibición relativa a contratar trabajadores nacionales de un tercer país.

En este sentido, el art. 38 de la Ley 4/2000 regula la autorización de residencia y trabajo por cuenta ajena, indicando que la situación nacional de empleo permitirá la contratación de trabajadores procedentes de terceros países, esencialmente, en dos situaciones:

* Cuando estemos ante vacantes consignadas en el catálogo de ocupaciones de difícil cobertura[9];
* Cuando se haya gestionado la oferta de empleo en el SEPE y se haya deducido que existe una "insuficiencia de demandantes de empleo adecuados y disponibles"[10].

---

9 Este catálogo se publica de forma trimestral por el SEPE. Por ejemplo, entre las vacantes que podemos encontrar en el catálogo del primer trimestre de 2023, tenemos: cocineros de barco, frigoristas navales, mozos de cubierta, entrenadores deportivos, oficiales radioelectrónicos de la marina mercante, etc.

10 De forma esquemática, podemos decir que el régimen general de extranjería establece un procedimiento en el art. 65.2 del Reglamento de Extranjería, en virtud del cual se permite a la empresa acreditar que no es posible cubrir la vacante laboral con los trabajadores/as ya incluidos en el mercado laboral español, y, por lo tanto, esta situación justificaría la contratación de un trabajador extranjero nacional de un tercer país:
"…se considerará que la situación nacional de empleo permite la contratación en las ocupaciones no calificadas como de difícil cobertura cuando el empleador acredite ante la Oficina de Extranjería la dificultad de cubrir los puestos de trabajo vacantes con trabajadores ya incorporados en el mercado laboral interno. A estos efectos, la Oficina de Extranjería tendrá en consideración el informe presentado por los Servicios Públicos de Empleo así como la urgencia de la contratación acreditada por la empresa.
Para ello se deberá presentar una oferta de empleo en el portal Empléate y los Servicios Públicos de Empleo, que estará formulada de forma

No obstante, no son las únicas circunstancias en las que es posible sortear la situación nacional de empleo en la contratación de extranjeros. También hemos de señalar que España tiene suscritos sendos Acuerdos Internacionales con Chile y Perú[11], de tal suerte que a los ciudadanos/as chilenos/as y peruanos/as no se les va a aplicar la situación nacional de empleo a la hora de acceder a una autorización de residencia y trabajo por cuenta ajena: pueden solicitarla directamente ante la Oficina de Extranjería competente sin necesidad de acreditar la insuficiencia de demandantes; e igualmente, no es necesario que la vacante a cubrir esté incluida en el catálogo de ocupaciones de difícil cobertura.

Finalmente, el art. 40 de la Ley 4/2000 termina de delimitar los supuestos en los que no se ha de tener en cuenta la situación nacional de empleo:

> 1)En primer término, cuando el contrato de trabajo sea suscrito por alguna de las siguientes categorías:
>
> a) Los familiares reagrupados en edad laboral, o el cónyuge o hijo de extranjero residente en España con una autorización renovada, así como al hijo de español nacionalizado o de ciudadanos de otros Estados miembros de la Unión Europea y de otros Estados parte en el Espacio Económico Europeo, siempre que estos últimos lleven, como mínimo, un año residiendo legalmente en España y al hijo no le sea de aplicación el régimen comunitario.

---

precisa y ajustada a los requerimientos del puesto de trabajo, sin contener requisitos que no tengan relación directa con su desempeño".

11 Vid. Ministerio de Inclusión, Seguridad Social y Migraciones: Supuestos en los que la situación nacional de empleo permite la contratación de ciudadanos extranjeros no residentes en España, (en línea): https://inclusion.seg-social.es/web/migraciones/w/supuestos-en-los-que-la-situacion-nacional-de-empleo-permite-la-contratacion-de-ciudadanos-extranjeros-no-residentes-en-espana. (consulta de 19 de julio de 2023).

b) Los titulares de una autorización previa de trabajo que pretendan su renovación.

c) Los trabajadores necesarios para el montaje por renovación de una instalación o equipos productivos.

d) Los que hubieran gozado de la condición de refugiados, durante el año siguiente a la cesación de la aplicación de la Convención de Ginebra de 28 de julio de 1951, sobre el Estatuto de los Refugiados, por los motivos recogidos en el supuesto 5 de la sección C de su artículo 1.

e) Los que hubieran sido reconocidos como apátridas y los que hubieran perdido la condición de apátridas el año siguiente a la terminación de dicho estatuto.

f) Los extranjeros que tengan a su cargo ascendientes o descendientes de nacionalidad española.

g) Los extranjeros nacidos y residentes en España.

h) Los hijos o nietos de español de origen.

i) Los menores extranjeros en edad laboral con autorización de residencia que sean tutelados por la entidad de protección de menores competente, para aquellas actividades que, a criterio de la mencionada entidad, favorezcan su integración social, y una vez acreditada la imposibilidad de retorno con su familia o al país de origen.

j) Los extranjeros que obtengan la autorización de residencia por circunstancias excepcionales en los supuestos que se determinen reglamentariamente y, en todo caso, cuando se trate de víctimas de violencia de género o de trata de seres humanos.

k) Los extranjeros que hayan sido titulares de autorizaciones de trabajo para actividades de temporada, durante dos años naturales, y hayan retornado a su país.

l) Los extranjeros que hayan renunciado a su autorización de residencia y trabajo en virtud de un programa de retorno voluntario.

De la misma manera, señala el apartado 2 del art. 40 de la Ley 4/2000 que tampoco le será de aplicación la situación nacional de empleo a otras categorías, como puestos de confianza y directivos en empresas, los profesionales altamente cualificados, los empleados de una empresa/grupo de empresas (ubicados fuera de España) que vayan a llevar a cabo su trabajo en el mismo grupo empresarial en España, así como los artistas de relevancia internacional.

En definitiva, observamos como, salvo especificidades puntuales (los ciudadanos/as de Chile y Perú) derivadas de la celebración de acuerdos internacionales, no existe en la normativa general de extranjería un trato diferenciado para los extranjeros procedentes de Iberoamérica o Latinoamérica, en lo que se refiere a la obtención de autorizaciones de residencia o residencia y trabajo. Esta ausencia de regulación específica, que obedecería, igual que obedece en el ámbito de la nacionalidad por residencia, a los estrechos lazos lingüísticos y culturales que existen entre España y estos países, implica, a nuestro juicio, un agravio comparativo que entendemos ha de ser subsanado, en virtud del establecimiento de un régimen jurídico *ad hoc* para estos nacionales de terceros países. Hemos de aclarar que, a nuestro juicio, este nuevo régimen no constituiría una vulneración del principio de igualdad, toda vez que no todo trato diferenciado constituye una discriminación. Así lo expresa OLLERO TASSARA, A.[12]:

> Se entiende por discriminación una desigualdad de trato carente de justificación objetiva y razonable, que ha de apreciarse en relación a la finalidad y efectos de la medida, cuidándose

12 Vid. OLLERO TASSARA, A., "Relevancia constitucional de la igualdad" en *Funciones y fines del derecho : estudios en homenaje al profesor Mariano Hurtado Bautista,* 1992, pág. 546, (en línea): https://www.tribunalconstitucional.es/es/tribunal/Composicion-Organizacion/documentos-magistrados/OlleroTassara/Colaboraciones/76-IGUALDAD-MH.pdf (consulta de 20 de julio de 2023).

la adecuada relación de proporcionalidad de los medios empleados a tal efecto.

En esta línea, GÁLVEZ MUÑOZ[13]. señala:

> El Tribunal (Constitucional) ha establecido también los criterios o elementos que permiten distinguir entre una diferencia de trato justificada y otra discriminatoria y, por tanto, constitucionalmente inadmisible (desigualdad de los supuestos de hecho; finalidad constitucionalmente legítima; congruencia entre el trato desigual, el supuesto de hecho que lo justifica y la finalidad que se persigue; y proporcionalidad entre los elementos anteriores); ha otorgado a las condiciones personales explícitamente enunciadas en el artículo 14 (nacimiento, raza, sexo, religión y opinión) el tratamiento de "categorías sospechosas de discriminación", de tal modo que todo trato desigual basado en alguna de esas circunstancias debe ser sometido a un escrutinio especialmente riguroso, necesitando un plus de fundamentación de su objetividad y razonabilidad para pasar el test de constitucionalidad...

III. EN BUSCA DE UN RÉGIMEN MIGRATORIO ESPECÍFICO PARA LOS CIUDADANOS IBEROAMERICANOS

Conociendo la situación jurídica actual, entendemos que la misma puede resultar incongruente en relación, al menos, con España y Portugal. En este sentido, si bien es cierto que los vínculos que Austria, Alemania o los países nórdicos puedan tener con América Latina no son los mismos que los que tienen España y Portugal, entendemos que, en la medida en que el proyecto de integración europeo comparte una misma cultura

---

13 Vid. GÁLVEZ MUÑOZ, L., Sinopsis del art. 14 de la Constitución Española, (en línea): https://app.congreso.es/consti/constitucion/indice/sinopsis/sinopsis.jsp?art=14&tipo=2 (consulta de 20 de julio de 2023).

occidental democrática y de respeto al Estado de Derecho con América Latina, sería oportuna la instauración de este régimen migratorio específico – *ad hoc* – en virtud de la celebración de una Convención Internacional que permita un mejor flujo migratorio entre ciudadanos europeos que deseen residir y trabajar en América Latina, y ciudadanos latinoamericanos que deseen residir y trabajar en algún Estado miembro de la Unión.

Este nuevo acuerdo internacional del que venimos hablando supondría la creación de un régimen especial de extranjería, diferente del régimen general y del régimen especial de la Ley 14/2013, de emprendedores, que tampoco hace distinción en relación con los ciudadanos latinoamericanos.

La base jurídica para llevar a cabo semejante empresa la encontramos en el art. 217 TFUE[14]:

> La Unión podrá celebrar con uno o varios terceros países o con organizaciones internacionales acuerdos que establezcan una asociación que entrañe derechos y obligaciones recíprocos, acciones comunes y procedimientos particulares.

De esta manera, y salvando las distancias, el régimen por el que abogamos tendría un contenido similar (aunque nunca podrá ser igual en tanto en cuanto los ciudadanos latinoamericanos nunca podrán ser ciudadanos de la UE) al plasmado en Directiva 2004/38/CE, de 29 de abril, sobre el derecho de los ciudadanos de la Unión y de los miembros de sus familias a circular y residir libremente en el territorio de los Estados miembros.

Así, hemos de partir de la extensión del ámbito de aplicación que la Directiva 2004/38/CE hace en relación con los familiares nacionales de terceros países de un ciudadano UE, lo cual, llevado a nuestro caso, implicaría que los familiares de

---

[14] Vid. MOLINA DEL POZO, C. F.: *Tratado de Lisboa.* Ed. Universitaria Ramón Areces, Madrid, 2011, p. 283.

un ciudadano latinoamericano, nacionales de otro tercer país (imaginemos, por ejemplo, un ciudadano argentino casado con una ciudadana estadounidense), también se verían beneficiados por este nuevo régimen.

En este mismo orden de ideas, diremos que las personas incluidas en el mencionado ámbito de aplicación (ciudadanos latinoamericanos y sus familiares), tendrían derecho a realizar cualquier actividad laboral, ya sea como trabajadores por cuenta ajena o por cuenta propia, sin necesidad de tener en cuenta la situación nacional de empleo contemplada en el régimen general de extranjería (Ley 4/2000).

También resultará necesario delimitar a partir de qué plazo hablaremos de estancia y residencia. Lo cierto es que la lógica jurídica nos invita a seguir el mismo camino que el marcado por el Real Decreto 240/2007 sobre entrada, libre circulación y residencia en España de ciudadanos de los Estados miembros de la Unión Europea[15].

De esta manera, cuando la permanencia en territorio comunitario sea inferior a tres meses, hablaremos de estancia, y los ciudadanos latinoamericanos podrán ejercerla mostrando únicamente su pasaporte en vigor. Por otro lado, si el planteamiento es permanecer en algún Estado miembro de la UE por más de tres meses, hablaremos de residencia, y aquí se habría de seguir el oportuno procedimiento administrativo ante las autoridades competentes (Oficina de Extranjería) con vistas a obtener esa autorización de nuevo cuño[16].

---

15 Este Real Decreto incorpora al ordenamiento jurídico español la Directiva 2004/38/CE, del Parlamento Europeo y del Consejo, de 29 de abril de 2004, relativa al derecho de los ciudadanos de la Unión y de los miembros de sus familias a circular y residir libremente en el territorio de los Estados miembros (Disposición Final 1ª del RD 240/2007).

16 Siguiendo el esquema de los arts. 6 y 7 del Real Decreto 240/2007, de 16 de febrero.

IV. PROMOCIÓN DE TRASLADOS PARA CIUDADANOS LATINOAMERICANOS EN EL ÁMBITO DE LA PROTECCIÓN INTERNACIONAL

Creemos que la convergencia entre la UE y América Latina puede ampliarse más allá del acuerdo migratorio del que venimos hablando, el cual, precisamente, encuentra su límite de forma intrínseca en el propio concepto de migrante[17].

Entendemos que, efectivamente, ambas regiones disponen de margen para explorar la posibilidad de una cooperación en el ámbito de la protección internacional, utilizando la misma base jurídica ya esgrimida, esto es, el art. 217 TFUE.

Es de conocimiento común que la Unión Europea se encuentra, en estos momentos, enfrascada en una encrucijada relacionada con la futura reforma del SECA – Sistema Europeo Común de Asilo. Una de las grandes carencias del SECA es la ausencia de vías legales y seguras para poder presentar una solicitud de protección internacional en suelo europeo, lo cual obliga a los nacionales de terceros países, a emprender viajes clandestinos

---

17 Como bien señala el ACNUR:
"Los refugiados salen de su país de forma forzosa debido a una situación de gran violencia, como por ejemplo los refugiados sirios.
Los migrantes salen de su país de forma voluntaria, aunque la situación en la que se encuentran también puede ser extrema.
Los refugiados pueden acceder a procedimientos para solicitar el derecho de asilo y deben recibir la protección de los estados a los que se desplazan.
A los migrantes se les aplican las leyes de cada país en materia de inmigración".
Vid. ACNUR: "Migrantes y refugiados: ¿conoces la diferencia?" 1 de octubre, 2018, (en línea): https://eacnur.org/es/blog/migrantes-y-refugiados-diferencias-2-tc alt45664n o pstn o pst (consulta de 21 de julio de 2023).

con el objetivo de acceder al procedimiento de asilo previa entrada irregular al territorio de los Estados miembros[18].

Es cierto que desde hace años la figura y el debate sobre los visados humanitarios viene irrumpiendo en el debate europeo como una vía para atajar las crisis migratorias y de refugiados. Si bien es cierto que, en la actualidad, el ordenamiento jurídico de la UE no regula esta posibilidad en sus Reglamentos y Directivas, en 2018 el Parlamento Europeo emitía una Recomendación dirigida a la Comisión Europea sobre esta materia[19].

Dicha Recomendación, entre otras cosas, pidió a la Comisión Europea que presentara una propuesta de Reglamento a fin de establecer un visado humanitario europeo, debiendo hacerlo antes del 31 de marzo de 2019; y también reconoció la necesidad de establecer vías seguras y legales para acceder al procedimiento de asilo;

En este contexto, y ante la carencia de un mecanismo de visados humanitarios a nivel europeo, entendemos que, las relaciones UE – América Latina pueden significar un primer aldabonazo en virtud de una solución parcial, que permita a los ciudadanos latinoamericanos que deseen solicitar protección internacional ser trasladados a territorio europeo con vistas a formalizar la solicitud.

Esta idea no es nueva, ya que la encontramos en la normativa española, concretamente en el art. 38 de la Ley 12/2009 del

---

18 Vid. JIMÉNEZ CARRERO, J. A.: *La complicada reforma del SECA (Sistema Europeo Común de Asilo): Un camino todavía por transitar para la Unión Europea*, Ed. Colex, 1ª edición, 2022.

19 Vid. Resolución del Parlamento Europeo, de 11 de diciembre de 2018, con recomendaciones destinadas a la Comisión sobre los visados humanitarios (2018/2271(INL)), (en línea): https://eur-lex.europa.eu/legal-content/ES/TXT/PDF/?uri=OJ:JOC_2020_388_R_0003&from=ES © Unión Europea, 1998-2023 (consulta de 21 de julio de 2023).

derecho de asilo y protección subsidiaria (artículo, que no ha sido desarrollado por norma reglamentaria alguna):

> Con el fin de atender casos que se presenten fuera del territorio nacional, siempre y cuando el solicitante no sea nacional del país en que se encuentre la Representación diplomática y corra peligro su integridad física, los Embajadores de España podrán promover el traslado del o de los solicitantes de asilo a España para hacer posible la presentación de la solicitud conforme al procedimiento previsto en esta Ley.
>
> El Reglamento de desarrollo de esta Ley determinará expresamente las condiciones de acceso a las Embajadas y Consulados de los solicitantes, así como el procedimiento para evaluar las necesidades de traslado a España de los mismos.

Como se puede observar, no se trata de formalizar la solicitud de asilo ante la Embajada, sino de promover el traslado a España para poder formalizarla. No obstante, a pesar de que la aplicación de este artículo ha sido objeto de controversias, la jurisprudencia se ha pronunciado en épocas recientes sobre su aplicabilidad. Concretamente, la Sentencia del Tribunal Supremo 1327/2020 de 15 octubre (Sala de lo Contencioso-Administrativo, recurso de casación núm. 4989/2019):

> En otras palabras, el art. 38 de la Ley 12/2009 establece una norma de procedimiento para facilitar la presentación de la solicitud de protección internacional conforme al procedimiento previsto en la Ley, cuando se formula fuera del territorio nacional y en un tercer país, sin que ello altere el régimen jurídico sustantivo a que se sujeta el reconocimiento de la protección internacional.
>
> [...]
>
> ... se contienen elementos suficientes para que tal propuesta pueda llevarse a cabo, mandato legal que no queda supeditado o condicionado en su efectividad al desarrollo reglamentario que se refiere a las condiciones de acceso a las Embajadas y Consulados y procedimiento para la evaluación, en cuya ausencia ha de acudirse a la regulación subsistente de acuerdo con el art. 2.2 del Código Civil [...]

> ...mientras no se dicte una nueva norma reglamentaria, resultan subsistentes las disposiciones reglamentarias referidas a la Ley anterior, en cuanto no se opongan a la actual.
>
> Y en este sentido, el reglamento anterior contenido en el Real Decreto 203/1995, de 10 de febrero (RCL 1995, 741) , tras referirse en el art. 4.1.e) a la presentación de solicitudes en Misiones Diplomáticas y Oficinas Consulares, regula en el art. 16 el traslado a España del solicitante, disponiendo que: '1. Cuando el interesado se encontrase en una situación de riesgo y hubiese presentado su solicitud desde un tercer país a través de una Misión Diplomática u Oficina Consular, o en el supuesto previsto en el apartado 2 del artículo 4, la Oficina de Asilo y Refugio podrá someter el caso a la Comisión Interministerial de Asilo y Refugio, para autorizar su traslado a España durante la instrucción del expediente, previa obtención del correspondiente visado, salvoconducto o autorización de entrada, que se tramitarán con carácter urgente'.

Por lo tanto, cabe constatar que, a pesar de la ausencia de desarrollo reglamentario, el art. 38 de la Ley 12/2009 resultaría totalmente aplicable.

Pues bien, tomando esta referencia como base de nuestra propuesta, y en el contexto euro-latinoamericano sobre el que venimos trabajando, apostaríamos por el establecimiento de un procedimiento particular, de acuerdo con el art. 217 TFUE, que clarificara los pasos a seguir para la promoción del traslado de los solicitantes de asilo latinoamericanos a territorio comunitario, a efectos de que puedan formalizar su solicitud de protección internacional.

Este traslado quedaría cubierto bajo la elaboración de un visado de corta duración especial, que fuera válido para la entrada legal y posterior formalización de la solicitud[20]. Con vistas

---

20 El art. 77 apartado 2 a) del TFUE señala:
"... el Parlamento Europeo y el Consejo adoptarán, con arreglo al procedimiento legislativo ordinario, medidas relativas a:

a asegurar que el nacional del tercer país formaliza su solicitud de protección internacional y no se queda en territorio comunitario de forma irregular, se le daría un plazo improrrogable para dicha formalización, pudiendo ser, de lo contrario, devuelto a su país de origen.

Lo cierto es que esta idea debería ser congruente con el mecanismo de Dublín, o de reparto equitativo de responsabilidades, en consonancia con el art. 80 TFUE. En este sentido, grosso modo, abogaríamos por un sistema de monitorización constante controlado por la Agencia de Asilo de la UE, que habría de ser, bajo nuestro criterio, la autoridad competente encargada para dictaminar qué Estado miembro concreto debe hacerse cargo del examen y estudio de estas solicitudes de asilo, cuyos solicitantes previamente han obtenido un visado para su traslado desde América Latina.

V. CONCLUSIONES

La Unión Europea y América Latina están destinadas a buscar un entendimiento común en un mundo complejo, en el que el multilateralismo se hace cada vez más necesario y en el que la apuesta por la democracia y el Estado de Derecho debe prevalecer ante el surgimiento de tendencias unilateralistas, en un contexto global cada vez más polarizado, donde Estados Unidos, China y Rusia pugnan por imponer su influencia política al resto de países.

La alianza euro-latinoamericana, retomada en julio de 2023 con la Cumbre UE – CELAC, es, sin lugar a duda, una buena noticia para nuestras regiones. No obstante, y a pesar del necesario tratamiento de los temas debatidos en la Cumbre (multi-

---

a) La política común de visados y otros permisos de residencia de corta duración;"

lateralismo, cambio climático, resiliencia ante crisis sanitarias, etc.), el fenómeno migratorio sigue ocupando un papel secundario en la discusión, cuestión que, a nuestro juicio, debería adquirir un protagonismo creciente en las próximas reuniones.

En aras de forjar un vínculo todavía más estrecho entre nuestros pueblos, y entendiendo que América Latina debe ser un socio preferencial para la Unión Europea desde el punto de vista geopolítico, consideramos que se debe buscar la instauración de un régimen jurídico migratorio (y que también afecte a la protección internacional) que permita un trato legal diferenciado para los nacionales de estos terceros países (justificado por los vínculos culturales y lingüísticos), de tal suerte que el flujo migratorio se vuelva más flexible y se naturalice esta relación interregional.

Por lo tanto, y de acuerdo con la Declaración de la Cumbre UE – CELAC, confiamos en que la próxima reunión, que se celebrará en 2025 en algún país de la CELAC, sirva para abrir definitivamente el debate migratorio, con el objetivo de poder dar pasos firmes hacia el establecimiento de una nueva normativa migratoria específica para los ciudadanos de ambas regiones.

BIBLIOGRAFÍA Y OTRAS FUENTES DOCUMENTALES

- ACNUR: "Migrantes y refugiados: ¿conoces la diferencia?" 1 de octubre, 2018
- Consejo Europeo & Consejo de la UE: Cumbre UE-CELAC, 17 y 18 de julio de 2023, (en línea): https://www.consilium.europa.eu/es/meetings/international-summit/2023/07/17-18/ (consulta de 1 de agosto de 2023).
- Declaración de la Cumbre UE – CELAC de 18 de julio de 2023 (en línea): https://data.consilium.europa.eu/doc/document/ST-12000-2023-INIT/es/pdf © Unión Europea, 1998-2023 (consulta de 1 de agosto de 2023).
- GÁLVEZ MUÑOZ, L., Sinopsis del art. 14 de la Constitución Española, (en línea): https://app.congreso.es/consti/constitucion/indice/sinopsis/sinopsis.jsp?art=14&tipo=2 (consulta de 20 de julio de 2023).

- JIMÉNEZ CARRERO, J. A., *La complicada reforma del SECA (Sistema Europeo Común de Asilo): Un camino todavía por transitar para la Unión Europea*, Ed. Colex, A Coruña, 1ª edición, 2022.
- Ministerio de Inclusión, Seguridad Social y Migraciones: Supuestos en los que la situación nacional de empleo permite la contratación de ciudadanos extranjeros no residentes en España, (en línea): https://inclusion.seg-social.es/web/migraciones/w/supuestos-en-los-que-la-situacion-nacional-de-empleo-permite-la-contratacion-de-ciudadanos-extranjeros-no-residentes-en-espana. (consulta de 19 de julio de 2023).
- MOLINA DEL POZO, C. F., *Tratado de Lisboa.* Ed. Universitaria Ramón Areces, Madrid, 2011.
- OLLERO TASSARA, A., "Relevancia constitucional de la igualdad" en *Funciones y fines del derecho : estudios en homenaje al profesor Mariano Hurtado Bautista,* 1992, pág. 546, (en línea): https://www.tribunalconstitucional.es/es/tribunal/Composicion-Organizacion/documentos-magistrados/OlleroTassara/Colaboraciones/76-IGUALDAD-MH.pdf (consulta de 20 de julio de 2023).
- Resolución del Parlamento Europeo, de 11 de diciembre de 2018, con recomendaciones destinadas a la Comisión sobre los visados humanitarios (2018/2271(INL)), (en línea): https://eur-lex.europa.eu/legal-content/ES/TXT/PDF/?uri=OJ:JOC_2020_388_R_0003&from=ES © Unión Europea, 1998-2023 (consulta de 21 de julio de 2023).
- Directiva 2004/38/CE, del Parlamento Europeo y del Consejo, de 29 de abril de 2004, relativa al derecho de los ciudadanos de la Unión y de los miembros de sus familias a circular y residir libremente en el territorio de los Estados miembros
- Ley Orgánica 4/2000, de 11 de enero, sobre derechos y libertades de los extranjeros en España y su integración social
- Real Decreto 240/2007 sobre entrada, libre circulación y residencia en España de ciudadanos de los Estados miembros de la Unión Europea
- Real Decreto 557/2011, de 20 de abril, por el que se aprueba el Reglamento de la Ley Orgánica 4/2000, sobre derechos y libertades de los extranjeros en España y su integración social, tras su reforma por Ley Orgánica 2/2009
- Tratado de Lisboa
- Sentencia del Tribunal Supremo 1327/2020 de 15 octubre (Sala de lo Contencioso-Administrativo, recurso de casación núm. 4989/2019).

Capítulo XIV. Relaciones cooperativas UE-CELAC y cambio de la cultura política

PROF. DR. EDUARDO FERNÁNDEZ GARCÍA[1]

SUMARIO:

RESUMEN

En el salto entre la planificación de la integración regional y su implementación jurídica, política y económica media un paso que requiere compartir objetivos cooperativos que van mucho más allá de los planteamientos ideológicos. Este capítulo postula, con metodología interdisciplinar que las relaciones en el futuro inmediato entre la Unión Europea y la CELAC están llamadas a discurrir por caminos diferentes a la parcial compartición de modelos estandarizados de integración territorial para adentrarse en dinámicas más espe-

---

1 Doctor en Historia de las Ideas Políticas. Profesor de Historia del Pensamiento Político y Económico de la Universidad Isabel I. Fue Diputado Nacional en el Congreso de los Diputados español en las legislaturas X, XI y XII.

cializadas (educación, digitalización, sostenibilidad, medioambiente, interior y justicia). El escenario de atomización, polarización y diversidad ideológica de liderazgos en que se mueve la integración a ambos lados del Atlántico plantea dificultades difícilmente previsibles en el momento de la Cumbre de Playa del Carmen. No se trata únicamente de desafíos institucionales que superen los ropajes establecidos en la Cumbre de Caracas, sino también de vencer el frenazo que la coyuntura subregional y la crisis global subsiguiente a la pandemia supuso para los objetivos fijados en la Cumbre de Ciudad de México de 2020. El objetivo de la comunicación consiste en la clarificación de los ejes de cooperación, más allá de tentaciones eurocéntricas que persiguen la exportación del modelo de integración comunitario, mediante una intensificación de la cultura política común, atendiendo al contexto de diversidad interna en el espacio CELAC y la traslación del foco de atención desde las relaciones atlánticas a las pacíficas, que ha supuesto la necesidad de replantear a corto plazo la colaboración, como ha puesto de manifiesto la intensidad de las discusiones terminológicas para redactar la Declaración Final de la cumbre de Bruselas de julio de 2023. Máxime por la aspiración europea de fijación de la agenda, con algunos temas preferentes como el futuro verde, la tecnologización, pero también la igualdad y los derechos humanos.

PALABRAS CLAVE: CELAC; cooperación; cultura política; modelos de integración; UE.

I. A MODO DE INTRODUCCIÓN: DE LOS MODELOS DE INTEGRACIÓN A LOS PROCESOS DE INTEGRACIÓN

La multidisciplinariedad con la que se ha afrontado la coordinación de este volumen permite la incorporación de un capítulo como este, centrado en un aspecto concreto de pensamiento político, cual es el de la cultura política cooperativa, que se estudia dentro de un marco más amplio, el de las relaciones globales Unión Europea- CELAC, en que dicha cooperación se inserta. A lo largo de los últimos años se ha tendido a recalcar la especialidad de esta vinculación colaborativa, puesto que además de circular en dos direcciones geográficas y políticas, requiere una dupla de compleja articulación práctica, en cuanto a que a la cooperación *ad intra* entre los Estados miembros en cada uno de los bloques sometidos a integración a ambos lados del Atlántico, se suma una colaboración *ad extra* global entre UE y CELAC.

No se trata en absoluto de estudiar nuevamente los procesos de integración respectivos[2], ni incluso la influencia ejercida por el modelo europeo en las fases de integración latinoamericana[3] como paradigma político y cultural[4], aspecto éste bien recorrido desde la Ciencia Política, el Derecho y la Economía, sino de contemplar cómo cada uno de esos procesos de integración, con sus diversas resultantes institucionales y orgánicas, han ido variando sensiblemente la cultura política colaborativa. Todo ello, más allá de las tradicionales relaciones entre élites políticas y oligarquías económicas en esos países de las dos organizaciones, cobrando vida propia en un bilateralismo integrado y reforzado que supera tanto el bilateralismo ordinario entre Estados como el multilateralismo en el seno de otras organizaciones internacionales. En consecuencia, debe contemplarse en qué medida la cultura política de cooperación se transforma por la intensificación de las relaciones entre UE y CELAC en un mundo profundamente fragmentado dentro de la globalización y polarizado afectiva y electoralmente.

---

2 Para una visión armonizadora y multidisciplinar -jurídica, económica y social- ver MOLINA DEL POZO, C.F. y SALDAÑA ORTEGA, V., (eds.), *Los procesos de integración eurolatinoamericanos: aspectos jurídicos, económicos, políticos y sociales,* Colex, A Coruña, 2022.

3 MEJÍA HERRERA, O., *La Unión Europea como modelo de integración: análisis comparativo del sistema de la integración centroamericana,* UNAN, León, 2008, pág. 37.

4 NARCIANDI VEGA, S., *Las relaciones internacionales en la Unión Europea: análisis de los paradigmas de la integracion europea como proyecto cultural,* Universidad de Oviedo, Oviedo, 2007.

Así como inferir futuros desarrollos resulta más aventurado[5], en atención a la volatilidad política, especialmente en el ámbito de la CELAC, sin embargo, hay perspectiva analítica suficiente a estas alturas para ver la suficiencia o exigüidad de los frutos pasados de estas relaciones. Por una parte, y además de otras experiencias americanas[6], existía ya un precedente para anclar este análisis contrastivo al arrancar con las cumbres UE-ALC surgidas en 1999, con lo que a estos afectos puede entenderse una cierta subrogación, o al menos continuidad, desde la voluntad de la cumbre de México 2010 para unir el Grupo de Río y la CALC. Por otra, puede ya con perspectiva suficiente verse en paralelo la voluntad colaboradora o su dificultación por los influjos nacionales desde el euroescepticismo en la UE hasta el populismo nacionalista como el que marcó el alejamiento temporal brasileño en la CELAC. Por último, también puede observarse en paralelo la relación de ambos bloques con otros espacios en vías de integración organizada o de cooperación institucionalizada, como ocurre con la ASEAN o la APEC en el caso asiático o la Unión Africana.

Para analizar, y en la medida de lo posible medir, esa transformación positiva de la cultura política es necesario una breve referencia previa a cómo esta ha ido progresivamente incluyendo en su interior la conveniencia de las integraciones

---

5 Si bien desde la perspectiva académica existe fundada reflexión, ver MOLINA DEL POZO, C.F., «El tortuoso y complicado camino de los procesos de integración en Europa y en América Latina», en *El futuro de los procesos de integración en el marco de las relaciones Unión Europea - América Latina: Libro conmemorativo del XXX aniversario de la fundación del Instituto Eurolatinoamericano de Estudios para la Integración (IELEPI) 1992-2022*, Colex,A, Coruña, 2022, págs. 393-412.

6 MOLINA DEL POZO, C.F. y MATA DIZ, J.B., «El desarrollo progresivo pero difícil de las relaciones interregionales Unión Europea y América Latina: el caso del Mercosur», en *Europa -América Latina: Dos caminos, ¿un destino común?*, RIL, Santiago de Chile, 2012, págs. 97-123.

regionales y en las dos últimas décadas se ha ido modulando mediante el contraste de modelos de integración comparados que condicionan su mutua cooperación en un mundo simultáneamente globalizado y multipolar[7].

II. PRECISIONES EPISTÉMICAS Y METODOLÓGICAS

El encuadramiento del presente capítulo dentro de este volumen requiere de unas breves acotaciones previas, de carácter epistémico y metodológico.

Primero, en la Historia de las Relaciones Internacionales la medida del tiempo resulta necesariamente el largo plazo, no así en la Teoría de las Relaciones Internacionales, y menos aún en el análisis del comportamiento institucional de la UE. De ahí que se proponga un lapso temporal como el del corto plazo para bajar desde la abstracción de las posibilidades de cooperación al concreto realismo de las necesidades de dicha cooperación, que forzosamente tienen en cuenta los cambios de escenarios políticos en las dos orillas del Atlántico. A este respecto la propia vida de la CELAC puede considerarse mucho más ligada al corto plazo que la de una UE que arrancó como CEE va camino de su séptima década. Y por otro lado, el cambio y la intensificación de las relaciones entre CELAC y UE se ha articulado en buena medida en torno a las cumbres celebradas entre ambas organizaciones, siendo el tiempo transcurrido hasta la de Bruselas de julio de 2023 buen ejemplo de tales urgencias cortoplacistas.

Segundo, entre la planificación de la integración regional -más teórica y doctrinal- y su implementación global transatlán-

---

7 Ver la incidencia en la CELAC del regionalismo tras la disolución de los bloques antagónicos en CRIVELLI MINUTTI, E., y LO BRUTTO, G., "La Celac más allá del regionalismo poshegemónico", *Revista Iberoamericana de Estudios de Desarrollo* 10, núm. 1, 2021, págs. 246-248.

tica -en ejecución de las políticas públicas de los organismos de integración- media un paso que requiere compartir objetivos cooperativos que van mucho más allá de los planteamientos ideológicos. Pero naturalmente éstos existen, por lo que deben señalarse académicamente tanto los fundamentos como el contexto ideológico inmediato y, a su vez, analizar cómo afectan o interfieren en la cultura política.

Tercero, un capítulo como este necesariamente ha de insertarse en una perspectiva de interdisciplinariedad. El enfoque politológico sobre el tándem ideología/cultura política, proyectado sobre la dupla cooperación política/relaciones económicas es necesariamente prevalente, si bien algunas categorías propias de la perspectiva historiográfica de las relaciones internacionales ayudan al análisis, así como lingüísticamente también interesa la tensión entre el discurso sobre la gobernanza y el relato sobre la calidad de la democracia en contextos nacionales polarizados, altamente volátiles o sometidos a crisis globales, que los políticos pueden optar por ignorar en su práctica cotidiana, pero los académicos tienen el deber de analizar para comprender y luego explicar.

Finalmente, esta comunicación refleja parte de una investigación comparada que se lleva a cabo por distintos politólogos de diferentes países sobre los procesos de transformación efectiva de la cultura política democrática interna como consecuencia de las exigencias de las relaciones externas, concretamente España y Portugal, por un lado, y Colombia, Ecuador, Perú, Chile y Argentina, por otro.

Las investigaciones comparadas tratan de huir de dos maximalismos de signo inverso: que todo acontecimiento político tiene fundamento ideológico, y el contrario de algunos historiadores y periodistas, amén de muchos políticos, para los que los programas de cooperación regional responden a intereses más desarticulados, que no podrían encajarse bajo la rúbrica de ideología.

Las hipótesis construidas para esta investigación comparada contemplan algunas precisiones al respecto y persiguen esclarecer las dinámicas de cooperación actual para intuir si influyen en la percepción que la ciudadanía tiene sobre las expectativas, requisitos y limitaciones de una democracia de calidad. La primera hipótesis es que la conveniencia de la colaboración entre la Unión Europea y la CELAC se contempla por la ciudadanía mucho más desde la cultura política que desde las propuestas ideológicas. La segunda hipótesis es que esta cultura política colaborativa se percibe con distinta intensidad y contenidos en cada espacio integrado, e incluso que tiene perfiles propios más marcados dentro de los Estados miembros de la CELAC que de la UE como consecuencia de una acción diplomática exterior común más nítida llevada a cabo a través de la Comisión Europea. La tercera hipótesis es que para estas percepciones de Cultura política ciudadana resulta más sencilla de aprehender y se percibe como más útil al analizar su canalización institucional y su soporte presupuestario la cooperación especializada frente a la cooperación genérica.

III. TAXONOMÍAS CRUZADAS: BIRREGIONALISMO E INTEGRACIÓN DOBLE

En la medida en que se estudia holísticamente como un conjunto organizado la cooperación institucionalizada de ambos bloques y no la desagregación de las relaciones entre sus países, el punto de partida de la investigación fue el abanico teórico de modelos académicos para analizar las relaciones de espacios integrados[8]. En consecuencia, son dos los grandes ejes necesarios: de un lado, en qué medida la integración mul-

---

[8] Existe ya un sólido camino trazado para estos estudios también para la CELAC, DÍAZ GALÁN, E.C. y BERTOT TRIANA, H. "La Comunidad de Estados Latinoamericanos y Caribeños (CELAC): un enfoque desde la perspectiva de la integración, *Cuadernos de política exterior argentina*, núm. 126, 2017, págs. 47-66.

tinivel condiciona contemplar tanto la Unión Europea como CELAC como actores políticos típicos; de otro, a qué dimensiones y sectores afecta particularmente la doble integración regional de los participantes a la hora de privilegiar los contenidos de sus relaciones.

Se sitúa en la base una taxonomía de modelos, con la que comparar el resultado actual de la integración política y económica en la Unión Europea con las expectativas y ritmos de integración americana, a menudo atrapada entre modelos abiertos y cerrados[9].

La primera evidencia desde el punto de vista académico es la enorme complejidad de sostener este marco teórico con la actual práctica política en condiciones de evitar que la atomización y casuística particular[10] de las relaciones más recientes impida la aplicación de los modelos teóricos. Problema que, por otro lado, se suscita frecuentemente en las Ciencias Sociales, habitualmente empeñadas en crear modelos simplificados que difícilmente resisten el contraste con la complejidad de la realidad social[11].

Este inconveniente se agudiza particularmente en nuestro objeto de estudio por la trama de relaciones tan tupida en la que se debe insertar, al proyectar sobre el concepto de birre-

---

9 MEJÍA BAÑOS, M.A., MERIÑO POLO, M.E. y RUIZ ARAQUE, C.P., "La integración en Latinoamérica: entre el regionalismo cerrado y el regionalismo abierto", *PODIUM,* núm. 38, 2020, págs. 105-122.

10 No sucede en este caso cosa diferente, especialmente por la asimetría que supone la consolidación de un proceso integrador en uno de los partícipes, la UE, frente a las dudas e intentos diversos en la contraparte americana, aspecto sobre el que se ha venido advirtiendo durante una década: ver ALLARD NEUMANN, R., "Explorando nuevos caminos de regionalización e integración en América Latina y El Caribe, *Relaciones Internacionales* 22, núm. 44, 2013, págs. 115-145.

11 DE CASTRO SILVA VITTE, C., "América Latina: uma integração regional agônica? A institucionalidade da integração regional e alguns de seus principais desafios", *Revista Brasileira de Geografia* 63, núm. 2, 2018, págs. 10-23.

gionalismo CELAC-UE la noción de multilateralismo, habida cuenta de las fuertes conexiones superpuestas en distintos ámbitos económicos entre España y los países latinoamericanos. Desde los primeros estadios de nuestras investigaciones comparadas se ha evidenciado la necesidad de superar los modelos rígidos de integración económica para áreas tan grandes, que en realidad no son suprarregionales, sino continentales, a fin de ver la dinámica cuantitativa distinta entre unos países y otros dentro de cada bloque.

Asimismo, queda patente la necesidad de incorporar epistémicamente a la investigación como hipótesis de trabajo la insuficiencia de los modelos de integración política[12] cuando atienden a una perspectiva birregional, con su elevada casuística. Máxime si tenemos en cuenta que sobresalen notorios aspectos culturales de la colaboración institucional sin los que no se explicaría el interés de la Unión Europea en la relación con CELAC en lugar de con otros espacios como los de la francofonía o con el sudeste asiático[13].

---

12 A este respecto no han faltado voces críticas que incluso ponen en duda recientemente el signo positivo de los procesos de integración hasta apuntar una especie de involución desarticulado ahora de los niveles de integración antes conseguidos, cfr. CARVALHO NEVES, B., y PASQUARIELLO MARIANO, K.L., “El regionalismo sudamericano y el giro hacia la desintegración: Algunas reflexiones”, *Foro internacional*, núm. 247, 2022, págs. 137-177.

13 La confluencia de la Presidencia española y la cumbre de julio de 2023 requerirán un estudio pormenorizado de esta influencia como ya se hizo con ocasión de la anterior presidencia española al efecto de observar en qué medida nuestro país refuerzan el seno de la Unión esta vinculación con la CELAC; ej. ZORZÁN, F., “Las relaciones UE - América Latina y el diálogo político birregional”, en *Las relaciones de la Unión Europea con América Latina y El Caribe: reflexiones durante la presidencia española de 2010*, Fundación Carolina, Madrid, 2011,págs. 41-88.

Al objeto de acotar debidamente la investigación, hay que operacionalizar el concepto de birregionalismo para áreas tan extensas y diferenciadas interiormente. No ha dejado de ser esta una noción académicamente problemática desde antes incluso del surgimiento de la CELAC[14]. Si en ambos casos se tiende a una cierta homogeneización de las estructuras y la jerarquización social estratificada, con mayor homogeneidad en el caso de la Unión Europea, en cambio desde la perspectiva económica[15] y particularmente al analizar el sistema jurídico se aprecian diferencias internas mucho más notables, que obligan a relajar, o al menos a matizar notablemente, ese concepto de regionalismo. Notoriamente por cuanto se trata de aplicar la misma noción a las dos realidades de la ecuación[16], y si como se ha dicho, la diversidad es apreciable entre unos y otros Estados miembros de la Unión Europea y de la CELAC, cuando se comparan cruzadamente las divergencias se disparan.

IV. LA CULTURA POLÍTICA COOPERATIVA

Se ha percibido la necesidad de transitar desde lo académico a lo político en nuestra investigación, no tanto por su naturaleza politológica como por los condicionantes coyunturales en que se insertan las fluctuaciones de intensidad y desarrollo

---

14 DA CÂMARA, F., "Relaciones birregionales entre la UE y América Latina", en *Francisco de Miranda, l'Europe et l'intégration latino-américaine: actes du séminaire organisé à Bruxelles le 13 septembre 2001,* Versant Sud, Lovaina, 2001, págs. 185-191.

15 MARTÍN ARRIBAS, J.J., "La asociación estratégica birregional: ¿en busca del desarrollo sostenible perdido?», en *UE y América Latina: entre la cooperación y la asociación,* Lex Nova, Valladolid, 2011, págs. 151-182.

16 MELLADO, N., "La Unión Europea y la integración suramericana: espacio político birregional», en *Una región en construcción: UNASUR y la integración en América del Sur,* Fundació CIDOB, Barcelona, 2010, págs. 359-388.

sectorial de las relaciones concretas entre la Unión y la CELAC. Lo aconsejan los enfoques sobre la integración en la CELAC como autoafirmación de un espacio político propio y deliberadamente singular para buena parte del espectro ideológico latinoamericano, que incluye la posición personal de mandatarios con responsabilidades de gobierno en los últimos años[17]. Naturalmente el riesgo derivado de ese enfoque es que se pudiera minimizar la extensión de la teorización, pero para ello se equilibra el impacto que en el imaginario colectivo tuviera el peso tan asimétrico de la ideología que se percibe en los pronunciamientos de los mandatarios latinoamericanos respecto a los dirigentes del Consejo y la Comisión Europeos mediante el recurso a la noción de cultura política.

Baste recordar que el de cultura política es un concepto que rinde un elevado fruto para explicar posturas y comportamientos políticos que escapan a la sola comprensión mediante procesos puramente reflexivos, forjados a través de ideas políticas trabadas y contrastadas. La cultura política permite conectar, junto con ideas y creencias, otros elementos decisivos que se relacionan más con los componentes emocionales, e incluso viscerales por momentos, del comportamiento político[18]. A

---

17 FERNÁNDEZ, F., "ALBA-TCP et CELAC: instruments d'une politique indépendante et souveraine", *Revue generale de droit international public* 116, núm.o 3, 2012, págs. 557-564.

18 Aunque cada vez existen más precisiones del concepto, sigue valiendo la definición fundante de Almond y Verba de la cultura política como la predisposición psicológica -tal vez conviniera ya añadir que también sociológica- de los actores políticos hacia determinados objetos políticos; ver ALMOND, G. y VERBA, S., *The civic culture*, Princeton University Press, Princeton, 1963 [versión española en BATLLE I RUBIO, A. (coord.), *Diez textos básicos de Ciencia Política*, Ariel, Barcelona, 1992, págs. 171-201]; INGLEHART, R., "Cultura política y democracia estable", *REIS: Revista Española de Investigaciones Sociológicas*, núm. 42, 1988, págs. 45-66.

este respecto, la predisposición de los actores políticos hacia la cooperación sectorial frente a los recelos sobre los grandes pronunciamientos abstractos de llamadas a la cooperación sin objetivos concretos es buen ejemplo de la aplicabilidad de este concepto para entender los derroteros actuales que han tomados las relaciones birregionales entre Europa y Latinoamérica.

Resulta imposible incluir en los modelos prescriptivos de la teoría política la diversidad descriptiva de las relaciones internacionales entre dos ámbitos poco homogéneos hacia su interior y relativamente heterogéneos entre sí. Como politólogos no rehuimos el recurso a justificaciones ideológicas de la necesidad de intensificar estas relaciones, esgrimiendo una noción simplificada de la ideología como la interacción entre las representaciones mentales de los problemas sociales, que va mal en nuestras sociedades qué expectativas de los ciudadanos no se cumplen, y los programas de la acción política asociados para solucionar esos problemas.

Para evitar un bucle meta-ideológico y habida cuenta de que las propuestas discurren por derroteros muy diversos, se subraya la enorme potencia de múltiples factores no ideológicos en las relaciones UE-CELAC. Para ello recurrimos a la mejor aplicabilidad del concepto de cultura política para incluir aspectos emocionales y no solo reflexivos, pues denota una predisposición colaborativa mayor, con una diferente y más rica percepción de intereses y problemas sociales. Solamente en este sentido, y no exclusivamente por los lazos históricos, se entiende el impulso español -con independencia de los colores políticos de los gobiernos, es decir, como política de Estado- que se quiere imprimir en la Unión Europea de las relaciones con la CELAC en un momento de simultánea pluralidad de focos de interés económico en distintas partes del mundo, dentro de la acción exterior globalizada que persigue la Comisión Europea.

¿En qué ejes principales se debería intensificar una transformación del papel de la cultura política en la UE en sus relaciones con la CELAC? En este punto divergen las opiniones políticas en el seno de la Unión. De un lado, hoy se arguye la mayor facilidad de continuar por la vía de la integración birregional aquellas relaciones económicas y políticas que ya centraban la atención de las relaciones bilaterales en la mayoría de los países. De otro, se va abriendo camino una aspiración más ambiciosa, menos centrada preferentemente en los aspectos económicos y que posibilita simultáneamente una cooperación multinivel, que no habría de llevar necesariamente a relaciones de dos velocidades, más centrada en llevar la cooperación sectorial con la CELAC a los ámbitos materiales o sectoriales que centran el conjunto de las relaciones internacionales de la Unión Europea. Se trataría, en definitiva, de evitar continuar solamente por la profundización de los caminos ya conocidos para abrir nuevas vías de colaboración que interesen a ambos partícipes.

Apoyándonos en esta concepción más plural y atenta a los nuevos desafíos globalizados, planteamos cuatro grandes líneas a reforzar:

1. Interiorizar que las diferencias nacionales de intensidad, ritmo, interés social, dedicación gubernamental y presupuesto público en la cooperación pública entre los estados europeos y los de la CELAC no son un obstáculo impediente, sino un contexto al que adaptarse, como lo han sido las asimetrías internas en cada conjunto integrado[19]. Con todo, lo más relevante sería consolidar una acción exterior conjunta de la UE coordinada entre Consejo y Comisión con una supervisión de la Eurocámara, que contara con soporte financiero estable con partidas incrementales en el presupuesto europeo.

[19] GHIOTTO, L., "Mercosur y Unión Europea: un acuerdo que profundiza las asimetrías comerciales y reduce las asimetrías regulatorias", *Revista Observatorio Latinoamericano y Caribeño* vol. 6 núm. 1, 2022, pág. 68.

2. Aproximar las relaciones sectoriales a la integración multinivel a ambas orillas del Atlántico. En este sentido la Europa de las regiones está llamada a colaboraciones puntuales con contrapartes regionales americanas. La experiencia demuestra que la micro cooperación ha dado frutos tangibles mucho más apreciables por las comunidades políticas latinoamericanas. A la vez, se ha evitado esa negativa impresión de que la burocracia de Bruselas ha de supervisar hasta la última instancia todo proyecto de cooperación. Se trata, pues, de aprovechar la positiva experiencia para armonizar los criterios de priorización de la cooperación llevada a cabo a través de entre supramunicipales o subnacionales, así como de informar la realizada a través de las corporaciones locales. Es por demás evidente que el interés que existe en relación con los espacios sociales y políticos más cercanos a la UE es menor aquí, pero no se trata de que sea necesario vehicular la colaboración de forma estable a través de un partenariado articulado institucionalmente como con la Corleap para los países del este o como con la Asamblea regional y local Euromediterránea ARLEM, sino más bien de reforzar lo que ya hacen infinidad de entes locales y Comunidades Autónomas o estados federados con países latinoamericanos.

3. Convenir acciones generalizadas que mejoren la calidad democrática y homogeneicen sus indicadores para reducir las diferencias estructurales entre sistemas políticos europeos y americanos. Todo ello para situarse por encima de las coyunturas electorales para abordar cuestiones claves, en particular el despliegue de un nivel seguridad pública compatible con los más altos estándares de respeto de los derechos constitucionalmente consagrados y el respeto al papel de las oposiciones. Esta parece ser una reivindicación europea que encuentra perfecto acomodo en la retórica de los líderes latinoamericanos y que

merecería un mejor de fijación de estándares mínimos compartidos de transparencia, respeto a los derechos humanos y calidad democrática, siempre con el recelo europeo del gap existente en algunos países latinoamericanos como consecuencia de la inestabilidad política y social, intensificada por las cíclicas crisis económicas.

4. Equilibrar la dupla gobierno/economía, aceptando una elección asimétrica de intereses colaborativos -esto es, haciendo de la necesidad virtud y de la asimetría real un factor de decisión deliberada-, incluso con la primacía de las relaciones económicas, pero nunca con exclusividad.

V. LA ESPECIALIZACIÓN COOPERATIVA

No cabe duda de que el desarrollo social es parte de la cultura política, la consecución de mayores cotas de calidad de la democracia, y una democracia más deliberativa y más participativa, pero también la cooperación ha de formar parte de la cultura política.

Para lograr tal fin los investigadores europeos a menudo exigen contestar previamente a la cuestión de si existe de verdad una política exterior comunitaria que se proyecte en América, mientras que los latinoamericanos se preguntan ¿es la CELAC un ámbito único a los efectos de las relaciones internacionales? A la vista de las encontradas posiciones doctrinales e ideológicas pasadas entre Mercosur y ALBA no parece que sea posible considerar la exclusividad en esas relaciones.

En todo caso, existe coincidencia en la necesidad de superar el voluntarismo de las relaciones formales cooperativas para pasar a un nuevo estadio, más satisfactorio y efectivo de relaciones sustantivas, planificadas y temporalizadas. Y el buen fin de semejante intento requiere hacerlo sin paternalismo ni eurocentrismo.

Todo ello choca naturalmente con las disfunciones provocadas por la horma institucional. No se trata únicamente de desafíos institucionales que superen los ropajes establecidos en la Cumbre de Caracas, sino también de vencer el frenazo que la coyuntura subregional y la crisis global subsiguiente a la pandemia supuso para los objetivos fijados en la Cumbre de Ciudad de México de 2020.

El lema de la III Cumbre UE CELAC "Renovar la asociación birregional para fortalecer la paz y el desarrollo sostenible" está muy bien, pero suena un tanto hueco, como a menudo sucede con los eslóganes que se convierten en marcos referenciales que se quedan en la dimensión intencional. En este sentido los aspectos analizados en el "Diálogo Recalibrar nuestra asociación estratégica" del mes de abril de 2023 en Cartagena de Indias parecen una buena brújula de posibles mejoras futuras en la dirección de lo realista y factible a un tiempo.

Felizmente ha pasado ya el tiempo en el que había que justificar la conveniencia, sobre la base de criterios de oportunidad, de una cooperación especializada, incluso en ausencia de una integración general institucionalizada previa, pues existen evidencias en estudios recientes del buen resultado que proporcionan estos acercamientos[20], frecuentemente más realistas y fáciles de abarcar.

El futuro inmediato debe llevar a generar sinergias compartiendo ambiciones, con algunas exigencias teóricas europeas como el futuro verde, la tecnologización de la hiperconectividad, las políticas de igualdad (sin ir más lejos, el reciente foro en Berlín) y los derechos humanos. Pero hay que añadir también la especialización sectorial práctica en las materias que parecen más proclives a la cooperación vista desde el lado la-

---

20 FRANZOI DRI, C., y MOCELLIN PITTAS, T., "A construção do regionalismo deliberativo-instrumental a partir da cooperação setorial na América Latina (1991-2015)", *Revista SAAP: Sociedad Argentina de Análisis Político* 14, núm. 1, 2020, págs. 13-45.

tinoamericano: educación, digitalización social global, sostenibilidad y medioambiente, Interior y justicia.

No deberían obviarse los eventuales retos y riesgos en la cooperación UE-CELAC. Como tantas veces sucede en la política internacional existe un cierto desfase entre discurso y narrativa, y de ahí la relevancia de llegar a la opinión pública, manifestación de la sociedad de ciudadanos, mediante los medios de comunicación. En este sentido, foros como el mantenido entre la Unión Europea y CELAC en Estocolmo en marzo de este año 2023 como encuentro de periodistas deberían institucionalizarse para tener un altavoz potente y comprometido para una relación equilibrada

Advirtamos sobre cuatro riesgos que primariamente se han puesto de manifiesto en las primeras fases de nuestra investigación. La primera amenaza parece el escenario de atomización, polarización y diversidad ideológica de liderazgos en que se mueve la integración a ambos lados del Atlántico, de modo que parece harto complejo consensuar una más ambiciosa institucionalización en la polarización actual. La salida y afortunada reentrada brasileña así parece confirmarlo. La salida sería remover obstáculos subrayando los lazos comunes que eviten falsas exclusiones en los planteamientos[21].

La segunda es definir relaciones colaborativas susceptibles de permitir una flexibilidad realista para rotar o simultanear una centralidad en el Atlántico con otra en el Pacífico. No es solo un interés de algunos países latinoamericanos de la Alianza del Pacífico muy relevantes desde la consideración cuantitativa de los intercambios económicos producidos con los Estados miembros de

---

21 Sobre la persistente sensación de dilema excluyente entre polarización nacional e integración regional latinoamericana RUSSEL, R., "América Latina ¿Entre la Integración y la Polarización?: Un Falso Dilema", *Letras Internacionales* núm. 1505-4, 2010.

la Unión Europea, sino una evidencia en atención a la inserción de los flujos comerciales, financieros y sociales entre la UNIÓN y los países de la CELAC en más amplias circulaciones globales.

En tercer lugar, no hay que sucumbir a los riesgos de la ambición absoluta, querer profundizar en todo, que en algunos momentos pasados ha sido una desmedida ambición política comunitaria que ha dificultado el avance en pasos más asumibles: es necesario fijar objetivos específicos y estos abonan la elección de la cooperación reforzada sectorial.

En cuarto lugar, surge una cierta duda ¿interesa de verdad la escala micro en las Cumbres de Celac? Viendo los cien puntos de la declaración de la cumbre de Buenos Aires de enero de 2023 y la tensión dialéctica del acuerdo de la cumbre de Bruselas de julio se detecta una enorme asimetría. Para un momento todavía críticamente incipiente, quizás para asegurar logros en el futuro sea adecuado defender más diversificación aun a riesgo del desequilibrio, pero no lo parece en este momento. La llamada a especializarse por tanto ha de acompasarse a otra invitación a establecer una prelación de prioridades.

VI. A MODO DE CONCLUSIONES

En atención a las evidencias hasta ahora obtenidas en la investigación con las hipótesis ya expresadas, y a una falta de poder incorporar para algunos países los debates políticos internos que seguirán hoy a la cumbre de Bruselas, se puede sucintamente concluir que:

1. las relaciones en el futuro inmediato entre la Unión Europea y la CELAC están llamadas a discurrir por caminos diferentes a la parcial compartición de modelos estandarizados de integración territorial para adentrarse en dinámicas más especializadas, abiertas y realistas; menos academicistas y más flexibles.

2. La *agenda setting* no pude estar condicionada desde una de las partes. La fijación de esos contenidos no debe llevar a desconocer en la contra parte europea la existencia de una divergencia muy notable de objetivos, tan diferentes como son las circunstancias sociales y económicas, así como los programas de gobierno, en los países latinoamericanos. La fácil crítica de eurocentrismo y paternalismo que aflora en las cumbres, a veces para esconder la insuficiencia de las propuestas, debe evitarse atendiendo a esa pluralidad de enfoques sectoriales que pueden coexistir con relativa facilidad y que permiten propuestas latinoamericanas acordes con sus expectativas.

3. La especialización sectorial, en las materias que parecen más proclives a la cooperación no puede ser excluyente, sino inclusiva y concurrente en el medio plazo para evitar la sensación de intereses incompatibles, velocidades distintas y la naturalización de las diferencias estructurales entre los países de la CELAC y los de la Unión Europea. Exigir que se compartan posiciones sobre la sostenibilidad del desarrollo industrial y tecnológico entre algunos países más avanzados de Europa en innovación y los países más atrasados de Latinoamérica en el mismo sector no solo no es camino adecuado para la confluencia de intereses, sino que trata de esconder arteramente las asimetrías existentes en el seno de la propia Unión Europea entre unos Estados y otros.

BIBLIOGRAFÍA Y OTRAS FUENTES DOCUMENTALE

- ALLARD NEUMANN, R., "Explorando nuevos caminos de regionalización e integración en América Latina y El Caribe, *Relaciones Internacionales* 22, núm. 44, 2013, págs. 115-145.
- ALMOND, G. y VERBA, S., *The civic culture*, Princeton University Press, Princeton, 1963.

- CARVALHO NEVES, B., y PASQUARIELLO MARIANO, K.L., "El regionalismo sudamericano y el giro hacia la desintegración: Algunas reflexiones", *Foro internacional,* núm. 247, 2022, págs. 137-177.
- CRIVELLI MINUTTI, E., y LO BRUTTO, G., "La Celac más allá del regionalismo poshegemónico", *Revista Iberoamericana de Estudios de Desarrollo* 10, núm. 1, 2021, págs. 246-248.
- DA CÂMARA, F., "Relaciones birregionales entre la UE y América Latina", en *Francisco de Miranda, l'Europe et l'intégration latino-américaine: actes du séminaire organisé à Bruxelles le 13 septembre 2001,* Versant Sud, Lovaina, 2001, págs. 185-191.
- DE CASTRO SILVA VITTE, C., "América Latina: uma integração regional agônica? A institucionalidade da integração regional e alguns de seus principais desafios", *Revista Brasileira de Geografia* 63, núm. 2, 2018, págs. 10-23.
- DÍAZ GALÁN, E.C. y BERTOT TRIANA, H. "La Comunidad de Estados Latinoamericanos y Caribeños (CELAC): un enfoque desde la perspectiva de la integración, *Cuadernos de política exterior argentina,* núm. 126, 2017, págs. 47-66.
- FERNÁNDEZ, F., "ALBA-TCP et CELAC: instruments d'une politique indépendante et souveraine", *Revue generale de droit international public* 116, núm.º 3, 2012, págs. 557-564.
- FRANZOI DRI, C., y MOCELLIN PITTAS, T., "A construção do regionalismo deliberativo-instrumental a partir da cooperação setorial na América Latina (1991-2015)", *Revista SAAP: Sociedad Argentina de Análisis Político* 14, núm. 1, 2020, págs. 13-45.
- GHIOTTO, L., "Mercosur y Unión Europea: un acuerdo que profundiza las asimetrías comerciales y reduce las asimetrías regulatorias", *Revista Observatorio Latinoamericano y Caribeño* vol. 6 núm. 1, 2022, págs. 64-82.
- INGLEHART, R., "Cultura política y democracia estable", *REIS: Revista Española de Investigaciones Sociológicas,* núm. 42, 1988, págs. 45-66.
- MARTÍN ARRIBAS, J.J., "La asociación estratégica birregional: ¿en busca del desarrollo sostenible perdido?», en *UE y América Latina: entre la cooperación y la asociación,* Lex Nova, Valladolid, 2011, págs. 151-182.
- MEJÍA BAÑOS, M.A., MERIÑO POLO, M.E. y RUIZ ARAQUE, C.P., "La integración en Latinoamérica: entre el regionalismo cerrado y el regionalismo abierto", *PODIUM,* núm. 38, 2020, págs. 105-122.
- MEJÍA HERRERA, O., *La Unión Europea como modelo de integración: análisis comparativo del sistema de la integración centroamericana,* UNAN, León, 2008.

- MELLADO, N., "La Unión Europea y la integración suramericana: espacio político birregional», en *Una región en construcción: UNASUR y la integración en América del Sur,* Fundació CIDOB, Barcelona, 2010, págs. 359-388.
- MOLINA DEL POZO, C.F., «El tortuoso y complicado camino de los procesos de integración en Europa y en América Latina», en *El futuro de los procesos de integración en el marco de las relaciones Unión Europea - América Latina: Libro conmemorativo del XXX aniversario de la fundación del Instituto Eurolatinoamericano de Estudios para la Integración (IELEPI) 1992-2022,* Colex,A, Coruña, 2022, págs. 393-412.
- MOLINA DEL POZO, C.F. y MATA DIZ, J.B., «El desarrollo progresivo pero difícil de las relaciones interregionales Unión Europea y América Latina: el caso del Mercosur», en *Europa -América Latina: Dos caminos, ¿un destino común?,* RIL, Santiago de Chile, 2012,
- MOLINA DEL POZO, C.F. y SALDAÑA ORTEGA, V. (eds.), *Los procesos de integración eurolatinoamericanos: aspectos jurídicos, económicos, políticos y sociales,* Colex, A Coruña, 2022.
- NARCIANDI VEGA, S., *Las relaciones internacionales en la Unión Europea: análisis de los paradigmas de la integración europea como proyecto cultural,* Universidad de Oviedo, Oviedo, 2007.
- RUSSEL, R., "América Latina ¿Entre la Integración y la Polarización?: Un Falso Dilema", *Letras Internacionales* núm. 1505-4, 2010.
- ZORZÁN, F., "Las relaciones UE - América Latina y el diálogo político birregional", en *Las relaciones de la Unión Europea con América Latina y El Caribe: reflexiones durante la presidencia española de 2010,* Fundación Carolina, Madrid, 2011, págs. 41-88.

Capítulo XV.
Desenvolvimento sustentável: uma análise a partir do acordo de associação Mercosul-União Europeia e do acordo de parceria econômica entre Japão e União Europeia

PROFª. DRA. JAMILE BERGAMASCHINE MATA DIZ[1]

ALANA CARVALHO MIRANDA[2]

SUMARIO:

---

1 Doutora em Direito Público/Direito Comunitário pela Universidad Alcalá de Henares, Madrid. Mestre em Direito pela UAH, Madrid e em Instituciones y Políticas de la UE – UCJC,Madrid. Coordenadora do Centro de Excelência Europeu Jean Monnet da UFMG. Professora da Faculdade de Direito da Universidade Federal de Minas Gerais, Brasil. Coordenadora da Rede de Pesquisa "Integração, Estado e Governança". E-mail: jmatadiz@yahoo.com.br.

2 Graduada em Direito pela Universidade Federal de Minas Gerais, Brasil. Pesquisadora Discente do Centro de Excelência Europeu Jean Monnet da UFMG. E-mail: alanacarvalhom@gmail.com.

IV. CONCLUSÕES

RESUMO: O presente trabalho tem por objetivo analisar como o desenvolvimento sustentável está presente nos acordos de livre comércio firmados pela União Europeia com países terceiros, traçando um comparativo entre o Acordo de Associação Mercosul-União Europeia (MEU) e o Acordo de Parceria Econômica entre Japão e União Europeia (EPA). Neste sentido, buscou-se averiguar como o sistema normativo europeu irradia e influencia na política externa e nos acordos comerciais, tendo em vista a presença de uma agenda extracomercial nesses acordos. Foi possível verificar em que medida os acordos buscam cumprir os compromissos voltados a sustentabilidade dispostos nos tratados fundacionais da UE e como as cláusulas sobre o desenvolvimento sustentável são incorporadas nos acordos de livre comércio realizados com países terceiros. Conclui-se que há forte influência da sustentabilidade em acordos birregionais, além de uma preocupação por parte da UE de incorporar capítulos e cláusulas sobre o comércio frente ao desenvolvimento sustentável nos acordos de livre comércio, utilizando mais comumente de previsões com maior caráter cooperativo no Acordo de Parceria Econômica entre Japão e União Europeia e, por outro lado, de cláusulas com um teor mandatário mais nítido no Acordo de Associação Mercosul-União Europeia.

PALAVRAS-CHAVE: Comércio, sustentabilidade, Acordos, União Europeia, Japão, Mercosul.

I. INTRODUÇÃO

No atual contexto internacional é presente uma crescente discussão acerca desenvolvimento sustentável, buscando compatibilizar uma estrutura de desenvolvimento econômico atrelado a tentativa de alcançar maiores níveis de proteção ambiental, tendo em vista que a poluição é transfronteiriça e exaure os limites de determinado Estado. Nessa perspectiva, a questão ambiental se tornou um problema global, não sendo possível que um país resolva questões ambientais de forma isolada, sendo necessárias ações conjuntas em nível regional, bilateral e multilateral[3].

Considerando o desenvolvimento sustentável enquanto objetivo e valor na União Europeia, será analisado como o desenvolvimento sustentável, a princípio parte integrante de uma estrutura extracomercial, tem sido incluído em Acordos de Livre Comércio *(Free Trade Agreements)* estabelecidos entre a União Europeia e países terceiros, como uma forma de influenciar a agenda comercial bilateral e consolidar uma política externa. Serão analisados o Acordo de Associação Mercosul-União Europeia (MEU) e o Acordo de Parceria Econômica entre Japão e União Europeia (EPA) com o objetivo de compreender como a UE vem tratando do desenvolvimento sustentável na sua política externa e comercial, se realmente incorporam-se aos acordos normas extracomerciais voltadas à proteção ambiental e se os capítulos de Comércio e Desenvolvimento Sustentável *(Trade and Sustainable Development)* de tais acordos são uniformes entre si ou não.

A metodologia de trabalho deverá centrar-se nos aspectos principais estabelecidos para uma pesquisa interdisciplinar que envolve temas de direito ambiental e seu tratamento nos acordos bilaterais realizados pela União Europeia, de modo a estabelecer os parâmetros que possibilitaram a inclusão dos mecanismos que resultam em cláusulas voltadas à proteção ambiental. A partir do método analítico-dogmático, foram analisados documentos oficiais e atos do processo de negociação. Já o método dedutivo foi utilizado para estabelecer se existem cláusulas de caráter não econômico nos acordos, como as de cooperação e desenvolvimento e, em que medida, os acordos diferem entre sí.

---

3 DIZ, Jamile Bergamaschine Mata. **Os objetivos do desenvolvimento sustentável e sua incorporação pela União Europeia e pelo Brasil.** In: MATA DIZ, Jamile Bergamaschine Mata; GAIO, Daniel. Desenvolvimento sustentável na contemporaneidade. Belo horizonte: Arraes, 2019.p. 85.

II. O DESENVOLVIMENTO SUSTENTÁVEL E AS COMPETÊNCIAS DA UNIÃO

A Conferência de Estocolmo de 1972 é um marco ao estabelecer as bases do que seria o desenvolvimento sustentável, tendo em vista a interseção entre desenvolvimento econômico e proteção ambiental, ideia ancorada na presença de uma solidariedade frente as gerações presentes e futuras e na necessária integração dessas políticas tendo em vista a interdependência e a ausência de fronteiras no que diz respeito aos impactos ambientais de maneira geral.

O desenvolvimento sustentável se estabelece como um valor que orienta a formulação de políticas a nível nacional, regional e internacional, atrelando o crescimento econômico à proteção ao meio ambiente e à justiça social, considerando as gerações presentes e futuras[4]. Assim, trata-se de um princípio do direito ambiental, em uma perspectiva "*top to bottom*", de maneira a conjugar o crescimento econômico com a proteção ambiental, a paz, a democracia e o desenvolvimento social[5].

Partindo dessa ação conjunta, multifacetada e que extrapola os limites territoriais estatais, faz-se necessário compreender como o direito e a política ambiental repercutem internacionalmente no comércio e na política externa. Sobretudo, com-

---

4 Esse é um tema relevante e trabalhado no Relatório "Nosso Futuro Comum" da Comissão Brundtland. Para mais sobre, ver: UNITED NATIONS. (1987) **General Assembly Resolution A/42/427**, Report of the World Commission on Environment and Development: Our Common Future. Disponível em: <http://www.un-documents.net/wced-ocf.htm>. Acesso em: 22 ago. 2022.

5 DIZ, Jamile Bergamaschine Mata. **Os objetivos do desenvolvimento sustentável e sua incorporação pela União Europeia e pelo Brasil.** In: MATA DIZ, Jamile Bergamaschine Mata; GAIO, Daniel. Desenvolvimento sustentável na contemporaneidade. Belo horizonte: Arraes, 2019.p. 87.

preender como a União Europeia conjuga todos esses elementos em seus Acordos de Livre Comércio com países terceiros.

II.1. UNIÃO EUROPEIA E AS COMPETÊNCIAS QUANTO A POLÍTICA EXTERNA COMUM

O Tratado sobre o Funcionamento da União Europeia (TFUE) estabelece como competência exclusiva da UE a Política Comercial Comum. Ainda, o Tratado de Lisboa estabelece o desenvolvimento sustentável enquanto objetivo da UE ao determinar a necessidade de que as ações comunitárias concretizem as bases do desenvolvimento sustentável[6].

Assim, no contexto da Política Comercial Comum, o Título II do TFUE (arts. 206 e 207) traça as bases para acordos comerciais, investimentos estrangeiros e política de exportação, tendo relevância nesse aspecto, o papel dos chamados *Free Trade Agreements* (*FTAs*). Já especificamente sobre o meio ambiente e o desenvolvimento sustentável, o art. 3(5) e 21 (2) "d" do TEU e os arts. 11 e o Título XX do TFUE (arts. 191 a 193) delimitam os parâmetros e comprometimento da UE com a agenda ambiental, vinculando a sustentabilidade à todas as ações da União.

Nesse contexto é central o art. 11 do TFUE que estabelece que "As exigências em matéria de proteção do ambiente devem ser integradas na definição e execução das políticas e ações da União, em especial com o objetivo de promover um desenvolvimento sustentável". Esse dispositivo consolida a integração ambiental enquanto um princípio geral do direito da União, já que

---

6 DIZ, Jamile Bergamaschine Mata. **Desenvolvimento Sustentável e New Green Deal: por uma Europa mais ecológica e a busca pela neutralidade climática**. In: DIZ, Jamile Bergamaschine Mata; COSTA, Beatriz Sousa; MOLINA, José Antonio Moreno. (Org.). Sustentabilidade, Governança e Integração Regional em Tempos de Crise. 1ed.belo horizonte: Arraes, 2020, v. 1. p. 92.

para o meio ambiente ser considerado "(...) em todos os âmbitos da ação normativa, são necessárias mudanças nas atividades políticas, organizacionais e procedimentais, para que a incorporação das questões ambientais se produza o quanto antes possível"[7]. Assim, "la integración del componente medioambiental debe producirse en todas las fases del proceso decisorio de las políticas sectoriales: desde la fase de formación de la agenda (agenda-setting) hasta la encargada de la evaluación."[8].

Com isso, o art. 11 do TFUE não é meramente programático e impõe uma obrigação legal de integrar a proteção ambiental em outras políticas da União (DURAN, 2020, n.p.). Essa integração ambiental *(environmental integration requirement)* irradia por todo o sistema, influenciando a política externa e a política comercial da União e, consequentemente, ganhando força em acordos de livre comércio bilaterais.[9]

Destaca-se que a competência em matéria ambiental é compartilhada entre a UE e os Estados-Membros, sobretudo à luz do princípio da subsidiariedade.[10] Assim, a concretização de um

---

7 DIZ, Jamile Bergamaschine Mata; CALDAS, Roberto Correia da Silva Gomes. **Contratos administrativos à luz de novas formas de gestão e da sustentabilidade: por uma concretização do desenvolvimento sustentável no Brasil.** A&C – Revista de Direito Administrativo & Constitucional, Belo Horizonte, ano 16, n. 65, p. 249-275, jul./set. 2016. DOI: 10.21056/aec.v16i65.267. p. 256.

8 AGUILAR FERNÁNDEZ, Susana. **El principio de integración medioambiental dentro de la Unión Europea:** la imbricación entre integración y desarrollo sostenible. Papers, vol. 71, 2003, p. 82. Disponível em: <http://www.raco.cat/index.php/papers/article/viewFile/25756/25590>. Acesso em 21 maio 2023. p. 82.

9 DURÁN, Gracia Marín; MORGERA, Elisa. **Environmental Integration in the EU's External Relations Beyond Multilateral Dimensions**. Hart Publishing: Oxford e Portland, 2012.

10 BERGAMASCHINE MATA DIZ, J., FONTES, Bruna Pirfo L.; CALDAS, Roberto C. da Silva Gomes. **O papel dos programas de ação am-**

desenvolvimento sustentável enquanto um valor intrínseco à estrutura da UE combina políticas internas que possuem repercussões extraterritoriais frente à agenda internacional, reafirmando compromissos presentes em instrumentos multilaterais nos acordos bilaterais. Com isso, os acordos internacionais em matéria ambiental influenciam e até mesmo têm seus compromissos reafirmados nos dispositivos existentes em atuais *FTAs*.[11]

III. OS ACORDOS DE LIVRE COMÉRCIO E A SUSTENTABILIDADE

Os acordos bilaterais, acabam ganhando espaço no contexto internacional e na política externa de grandes atores internacionais, especialmente após a estagnação de acordos e incentivos multilaterais ao livre comércio decorrentes da Rodada de Doha[12]. Após o fracasso da Rodada de Doha, os países em de-

---

biental para o aperfeiçoamento do espaço ambiental comum europeu. In: COSTA, Beatriz S.; MOLINA, Jose Antonio Moreno y CALDAS, Roberto C. da Silva Gomes. Desarrollo en Brasil, España y la Unión Europea: hacia la construcción de un nuevo orden global sostenible. Toledo: Ediciones de la Universidad Castilla- La Mancha, 2020. p. 188.

11 A exemplo temos os artigos que tratam do contexto e objetivos e dos acordos multilaterais em matéria ambiental presentes nos capítulos de comércio e desenvolvimento sustentável de diversos Acordos de Livre Comércio da última década. Destaca-se também o Acordo Mercosul-UE, que buscou reafirmar o compromisso dos países do Mercosul com o Acordo de Paris e o Acordo Vietnã-UE de 2020, que em seu artigo 13.8 reforça o *Forest Law Enforcement Governance and Trade ("FLEGT") Voluntary Partnership Agreement,* firmado em 2018 entre a UE e o Vietnã.

12 A Rodada de Doha objetivava promover uma redução de barreiras comerciais a nível multilateral entre os membros da OMC, ampliando o fluxo comercial para os países em desenvolvimento. Essa negociação traria um maior poder de barganha e influência para países em desenvolvimento. Entretanto, a Rodada de Doha acabou fracas-

senvolvimento reformularam a forma de negociar em um sistema menos hierárquico e começaram tentar obter algum poder de barganha em um cenário marcado por assimetrias de poder[13] levando a um crescimento dos acordos bilaterais e regionais que, naturalmente, são marcadas por assimetrias econômicas, sociais e políticas, como é o caso das negociações de *FTAs.*

O art. XXIV do GATT traz uma exceção do princípio da *Most Favored Nation (MFN)*, um princípio não discriminatório pautado na igualdade de tratamento de parceiros comerciais, tido como basilar na OMC. Esse dispositivo estabelece quais as situações em que pode ocorrer o tratamento preferencial, como é o caso dos *FTAs.* Assim, teve início um processo de aplicação desses instrumentos para negociação bilateral, extrapolando limites meramente comerciais e sendo utilizados para tratar de questões sociais e políticas de difícil consenso no âmbito multilateral[14]. Com isso, os *FTAs* ganharam forte espaço na política externa e se tornaram uma ferramenta de influência política[15].

Nessa perspectiva, os *FTAs* se relacionam com o art. 11 do TFUE e com a perspectiva do "leading by example", na qual a União Europeia buscar irradiar, influenciar e promover o desenvolvimento sustentável enquanto um valor e objetivo a ser perseguido em sua política interna e externa. Isso demonstra

---

sando por não ter sido possível compatibilizar os interesses conflitantes dos países desenvolvidos e dos países em desenvolvimento.

13 GIL-BARRAGAN, Juan M.. **From multilateral negotiations to bilateral and regional negotiations**: the effect of Doha Stalling. Civilizar de Empresa y Economía. 2, 2011. p. 2.

14 MARUYAMA, Warren H.. **Preferential trade arrangements and the erosion of the WTO's MFN principle**. Stanford Journal of International Law (Vol. 46, Issue 2), 2010. p. 189.

15 GIL-BARRAGAN, Juan M.. **From multilateral negotiations to bilateral and regional negotiations:** the effect of Doha Stalling. Civilizar de Empresa y Economía. 2, 2011. p. 2.

como os *FTAs* tem ganhado espaço para promover a agenda da sustentabilidade também na política comercial comum da UE, fortalecendo ainda mais a conexão entre instrumentos vinculantes, o comércio e a sustentabilidade.

III.1. ACORDO DE ASSOCIAÇÃO MERCOSUL-UNIÃO EUROPEIA

As relações entre o Mercosul e a União Europeia são marcadas por avanços e estagnações desde a assinatura do Tratado de Assunção, que marca o nascimento do Mercosul. Entretanto, as relações da União Europeia com a América Latina se desenvolveram a partir dos anos 1960 e contribuíram para o fortalecimento das relações birregionais.[16]

O início dos anos 1990 é marcado por um movimento de intensificação da integração regional na América Latina e na Europa com o estabelecimento de novos mecanismos advindos de reformas estruturais latino-americanas, que fortaleceram as relações e a cooperação entre as regiões. Nesse contexto surgem os acordos de terceira geração, com maior diversificação nos instrumentos de cooperação. Em 1994 os acordos de quarta geração são assinados, se pautando fortemente na ideia de associação política e econômica[17].

A partir de 1995 têm início os esforços para negociação e assinatura de um acordo de cooperação entre União Europeia e Mercosul, acordo que também é marcado por encontros e desencontros, que só trazem um resultado concreto em 28 de junho de 2019 com a assinatura do Acordo de Associação Mer-

---

16 DIZ, Jamile Bergamaschine Mata; LUQUINI, Roberto de Almeida. **As relações exteriores do MERCOSUL**: análise das negociações com a União Europeia. In: Univ. Rel. Int, Brasília. v.9. n.1, p. 103-130, jan/jun. 2011.

17 Ibidem.

cosul-União Europeia em Bruxelas, na Bélgica. Esse é um acordo que traz um aspecto simbólico e econômico relevante, pois constitui uma das maiores áreas de livre comércio no mundo e envolve cerca de 25% da economia mundial[18].

As negociações do Acordo de Associação encontram-se em um contexto de estratégia inter-regional de globalização e regionalismo. [19] O processo de negociação do acordo conta com 4 fases, considerando as condições e mudanças no processo de negociação e as condicionantes da economia política ao longo dos anos. Um primeiro ciclo de negociações entre 1999 e 2004, uma etapa de desinteresse mútuo entre 2004 e 2010, uma etapa de relançamento das negociações com a troca de ofertas em 2016 e, por fim, uma última etapa entre 2016 e 2019, marcada por uma crise na globalização e por 28 rodadas de negociação.

Importa ressaltar que é preciso considerar a existência de significativas diferenças na estrutura industrial e comercial dos dois blocos, que não podem ser desconsideradas ao analisar as bases firmadas no acordo. Nesse sentido,

> O Mercosul e a União Europeia são blocos comerciais compostos por economias de perfis distintos, não apenas quanto ao grau de desenvolvimento econômico, mas também em seus padrões de especialização perante o comércio internacional. Enquanto as economias latino-americanas possuem vantagens comparativas em agricultura e mineração, o bloco de economias europeias tem vantagens comparativas em bens manufaturados. É ponto pacífico que o acordo de livre-comércio entre os blocos irá acentuar este padrão de especialização das economias. O

---

18 BRASIL. **Acordo de Associação MERCOSUL-União Europeia**. Resumo informativo elaborado pelo governo brasileiro. 4 julho de 2019. Disponível em: https://www.gov.br/mre/pt-br/arquivos/documentos/politica-externa-comercial-e-economica/2019_10_24__Resumo_Acordo_Mercosul_UE_CGNCE.pdf.

19 SANAHUJA, José Antonio; DAMIÁN RODRÍGUEZ, Jorge. **Veinte años de negociaciones** Unión Europea-Mercosur: Del interregionalismo a la crisis de la globalización. 2019.

> ganho potencial para as economias latino-americanas está no maior acesso aos mercados europeus para a exportação de suas *commodities* e no barateamento de insumos e bens de consumo industriais. A perda, por sua vez, está no aprofundamento do processo de desindustrialização de suas economias.[20]

A partir dessa perspectiva de estrutura econômica e industrial tão distinta, se tornam claros também os possíveis impactos que determinadas normas internas da UE podem gerar na estruturação do MEU. Um exemplo recente desse aspecto diz respeito ao Regulamento nº 2023/1115 relativo à disponibilização no mercado da União e à exportação para fora da União de determinados produtos de base e produtos derivados associados à desflorestação e à degradação florestal e que revoga o *European Union Timber Regulation21* que se aplicava somente à madeira.

O EUDR afeta diretamente o mercado do Mercosul, sobretudo o mercado brasileiro, tendo em vista que dispõe sobre as principais *commodities* produzidas e comercializadas pelo pelos países mercosulinos. Como exemplo, segundo dados recentes do *Foreign Agricultural Service* (FAS), do Departamento de Agricultura dos Estados Unidos, o Brasil é o maior produtor de soja

---

20 MARTINEZ, Thiago Sevilhano. **Acordo Mercosul-União Europeia e mudança estrutural** : considerações a partir de modelos de equilíbrio geral. IPEA, Carta de Conjuntura Número 59 — Nota de Conjuntura 32 — 2 ° Trimestre de 2023.

21 No contexto do EUTR e das três principais obrigações nele previstas, a UE não necessariamente define o que é madeira ilegal. Caberia ao Estado-produtor definir o conceito em tela e adotar as providências adequadas para a verificação de sua procedência. Dessa forma, o manejo dos recursos naturais continuaria a cargo do Estado-produtor, no contexto de sua soberania. Os requisitos exigidos pela UE não recairiam sobre a produção em si, mas sobre a verificação da técnica empregada na produção com vistas à obtenção de uma finalidade, isto é, a proteção ao meio ambiente.

do mundo, detendo 41% da produção mundial[22]. Nesse mesmo sentido, o principal produto exportado pelo Mercosul em 2021 foi a soja, com percetual de 13%.[23] O Brasil é ainda o maior produtor de café do mundo atualmente, com uma produção estimada para o ano de 2023 de 54,94 milhões de sacas[24] e o segundo maior produtor mundial de carne bovina, com previsão de produção em 2023 de 10,57 milhões de toneladas[25].

O acordo se estrutura em 3 grandes pilares: diálogo político, cooperação e livre comércio. No pilar do livre comércio é que se encontra o capítulo de TSD, que“(...) relies on the premise that a trade deal should not come at the expense of the environment and social responsibility and strives towards a measure of predictability in international trade”*26* . A partir disso, alguns problemas emergem, como a dificuldade no cum-

---

22 USDA's Foreign Agricultural Service. **Soybean 2023 World Production**. Available in: https://ipad.fas.usda.gov/cropexplorer/cropview/commodityView.aspx?cropid=2222000. Access in: 17 Sep. 2023

23 MERCOSUL. **Semana do MERCOSUL**: Estatísticas. Disponível em: https://www.mercosur.int/pt-br/semana-do-mercosul-estatisticas/. Acesso em: 02 de novembro de 2023.

24 BRASIL. Ministério da Agricultura e Pecuária. **Brasil é o maior produtor mundial e o segundo maior consumidor de café.** Disponível em: <https://www.gov.br/agricultura/pt-br/assuntos/noticias/brasil-e-o-maior-produtor-mundial-e-o-segundo-maior-consumidor-de-cafe#:~:text=Brasil%20%C3%A9%20o%20maior%20produtor,Minist%C3%A9rio%20da%20Agricultura%20e%20Pecu%C3%A1ria> Acesso em 17 set. 2023.

25 **Leading beef and veal producing countries worldwide in 2022 and 2023**. Available in: <https://www.statista.com/statistics/263990/leading=-beef-producers-around-the-world-since2007-/#:~:text-The%20statistic%20shows%20the%20forecasted,following%20only%20the%20United%20States>. Access in: 17 Sep. 2023.

26 [1] DIZ, Jamile Bergamaschine Mata. **The Mercosur and European Union relationship**: an analysis on the incorporation of the Association Agreement in Mercosur' [2022] 6(1): 1. Europe and the World: A law review. p. 18.

primento do capítulo de TSD, as políticas ambientais nacionais de membros do Mercosul, em especial o Brasil, junto ao diálogo deteriorado e a dificuldade de ambas as partes em traçar objetivos comuns ao longo dos últimos 20 anos.

Partindo dessa estrutura geral e da diferença estrutural da economia dos blocos alguns dos pontos de crítica ao acordo estão relacionados ao controle democrático do acordo, devido à reduzida participação e consulta a representantes e instituições da sociedade civil na construção do acordo, bem como de levantamentos e análises acadêmicas a respeito de determinadas temáticas, como por exemplo sobre as mudanças climáticas[27].

Existem ainda impactos negativos de ordem econômica que podem recair sobre agricultores e industriais de ambos os blocos em decorrência das assimetrias econômicas existentes entre a UE e o Mercosul. Há, dentre outros problemas, um risco de que o acordo acabe prejudicando o esforço da UE de promover a neutralidade de carbono e um consequente agravamento do desmatamento na Amazônia, considerando a provável expansão do agronegócio nos países do Mercosul, sobretudo no Brasil.[28]

O capítulo "Comércio e Desenvolvimento Sustentável" inserido no pilar de livre comércio e que conta com 18 artigos busca reiterar o compromisso das partes com os instrumentos

---

27 GHIOTTO, Luciana; ECHAIDE, Javier. **Analysis of the agreement between the European Union and the Mercosur**. Berlin: Bündnis, v. 90, 2020-1, 2019.

28 O possível crescimento de setores como o de produção de carne e soja pode levar a uma continuidade no processo de desmatamento da Amazônia para implementação de grandes latifúndios, o que pode intensificar os problemas existentes na Amazônia e levar a maiores emissões de carbono considerando o processo produtivo brasileiro. Para mais sobre, ver: GHIOTTO, Luciana; ECHAIDE, Javier. **Analysis of the agreement between the European Union and the Mercosur.** Berlin: Bündnis, v. 90, 2020-1, 2019. p. 122.

internacionais que versam sobre desenvolvimento sustentável e mudanças climáticas. Nesse sentido, por exemplo, é reafirmado o compromisso com a Convenção-Quadro das Nações Unidas sobre a Mudança do Clima e com o Acordo de Paris.

No item 5 do art. 1°, que trata dos objetivos e do escopo do capítulo, há menção, ainda que indireta, do princípio das responsabilidades comuns, porém diferenciadas ao estabelecer que "Recognizing the differences in their levels of development, the Parties agree that this Chapter embodies a cooperative approach based on common values and interests."

Dentre as questões polêmicas[29] envolvendo o Acordo Mercosul-União Europeia destaca-se a discussão quanto ao comprometimento com o Acordo de Paris e as alterações climáticas, considerando o atual contexto e problemas existentes na Amazônia. Não parece ser surpresa, e se encontra em consonância com as ações da UE, que previsões como a do art. 6 do capítulo sobre Comércio e Desenvolvimento Sustentável sejam inseridas em *FTAs*.

Cumpre ressaltar que até mesmo em discussões envolvendo o *Green Deal* e as estratégias da Comissão frente a Agenda 2030, há preocupação da Comissão Europeia com relação à temática da mudança climática. Ainda que tenha sido firmado o compromisso com Acordo de Paris, não há nenhuma associação com relação às sanções frente ao mecanismo de solução de controvérsias

---

29 Relacionado ao Acordo de Paris: "European officials presented the inclusion of the Paris Agreement commitments on climate change in the agreement as a victory, having made adherence to the Paris climate obligations a condition of the trade deal. They argued that this clause would "bind" Brazil to its international climate commitments." GHIOTTO, Luciana; ECHAIDE, Javier. **Analysis of the agreement between the European Union and the Mercosur**. Berlin: Bündnis, v. 90, 2020-1, 2019. p. 64

em caso de descumprimento do Acordo de Paris ou de qualquer outra previsão voltada ao desenvolvimento sustentável[30]

Com isso, é possível perceber, que existem alguns pontos de fragilidade no acordo no que diz respeito ao capítulo de Comércio e Desenvolvimento Sustentável, desde dificuldades para concretização da redução de emissão de carbono até aspectos sancionatórios. Ainda com todas essas dificuldades, o Acordo de Associação entre a UE e o Mercosul possibilita vantagens econômicas que não podem ser desconsideradas e marca um diálogo político capaz de fortalecer a relação bilateral entre os blocos[31].

III.2. ACORDO DE PARCERIA ECONÔMICA JAPÃO-UNIÃO EUROPEIA

O Japão notadamente vem inserindo em seus Acordos de Livre Comércio, cláusulas voltadas à proteção ambiental a partir de uma abordagem cooperativa.[32] O chamado *Economic Partnership Agreement (EPA)* começou a ser negociado em março de 2013 e marcou a aproximação entre a UE e o Japão, tendo entrado em vigor em 1° de fevereiro de 2019. À epoca, o EPA foi considerado pela Comissão Europeia como um passo

---

30 GHIOTTO, Luciana; ECHAIDE, Javier. **Analysis of the agreement between the European Union and the Mercosur.** Berlin: Bündnis, v. 90, 2020-1, 2019. p. 122.

31 DIZ, Jamile Bergamaschine Mata. **The Mercosur and European Union relationship:** an analysis on the incorporation of the Association Agreement in Mercosur' [2022] 6(1): 1. Europe and the World: A law review [19]. p. 18.

32 VELUT, JB.; BAEZA-BREINBAUER D., DE BRUIJNE, M.; GARNIZOVA, E.; JONES, M.; KOLBEN, K.; OULES, L.; ROUAS, V.; TIGERE PITTET, F.; ZAMPARUTTI, T. **Comparative Analysis of Trade and Sustainable Development Provisions in Free Trade Agreements**. London School of Economics and Political Science, London, 2022. P.15.

importante no comércio bilateral, integrando uma perspectiva de defesa de valores basilares para a UE e do tratamento de uma agenda extracomercial, como é o caso das cláusulas voltadas ao desenvolvimento sustentável, nesse sentido:

> The conclusion of the negotiations between EU and Japan to enter a comprehensive free trade agreement has been designated by the Commission as the most important step for the Union on the bilateral trail so far. It has been described as a model for a new generation of comprehensive bilateral free trade agreements between developed economies, in particular when it includes mutual obligations relating to international agreements on safeguarding non-economic interests such as the ILO Core Labour Standards, UNFCCC, and the Paris Agreement. The Commission has also attached a geopolitical importance to the design of the agreement and stated that it will strengthen the European influence in the development of international trade regulation in accordance with the Union's core values (European Commission 2017a). [33]

A previsão é de que, com o EPA:

> The reduction of tariffs and non-tariff measures foreseen in the agreement (when compared to the situation with no agreement) are expected to add 33 billion euro to the EU GDP by 2035 (when the agreement is expected to be fully implemented). This corresponds to around 0.14% of additional GDP. This is also accompanied by an increase of EU exports to Japan by about 13 billion euro and of Japanese exports to the EU by about 23 billion euro.[34]

---

33 CRAMÉR, Per. Brexit, **Trumpism and the Structure of International Trade Regulation**. In: ENGELBREKT, Antonina Bakardjieva; BREMBERG, Niklas; MICHALSKI, Anna; OXELHEIM, Lars. The European Union in a Changing World Order: Interdisciplinary European Studies. Palgrave Macmillan, Switzerland, 2020. p.59.

34 EUROPEAN COMMISSION. **THE ECONOMIC IMPACT OF THE EU-JAPAN ECONOMIC PARTNERSHIP AGREEMENT (EPA):** An analysis prepared by the European Commission's Directorate-General for Trade. Luxembourg, 2018. Available in: https://circabc.europa.

Com relação a base da economia japonesa, diferentemente da economia dos países do Mercosul, que contam com uma base de exportação baseada, principalmente, na produção de *commodities*, o Japão possui uma estrutura industrial forte e:

> (...) has developed a highly diversified manufacturing and service economy and is one of the world's largest producers of motor vehicles, steel, and high-technology manufactured goods (notably consumer electronics). The service sector has come to dominate the economy in terms of its overall proportion of the gross domestic product and of employment.[35]

Destacam-se os seguintes artigos do capítulo de *TSD* do *EPA*: 16.1 (*Context and objectives),* 16.2 (*Right to regulate and levels of protection),* 16.4 (*Multilateral environmental agreements*) e 16.5 (*Trade and investment favouring sustainable development*).

No que diz respeito aos objetivos e contexto do capítulo de *TDS,* são mencionados instrumentos internacionais como a Agenda 21, o Plano de Joanesburgo, o texto da Conferência Rio + 20, bem como a Agenda 2030. Há também a expressa menção de que o acordo não pretende harmonizar os standards ambientais entre as partes, mas fortalecer a cooperação e as relações comerciais entre as partes ao mencionar que: "The Parties further recognise that the purpose of this Chapter is to strengthen the trade relations and cooperation between the Parties in ways that promote sustainable development, and is not to harmonise the environment or labour standards of the Parties."

Tratando-se do art. 16.2 sobre o direito de regulamentar e os níveis de proteção, além do reconhecimento de que cabe

---

eu/ui/group/09242a36-a438-40fd-a7af-fe32e36cbd0e/library/162cb-92c-59ca-40a6-9e13-8cf56b4543cc/details. Accessed in: 23 may 2023.

35 HIJINO, Shigeki; LATZ, Gil; MASAI, Yasuo; LUEBERING, J.E.. **Economy of Japan**. Encyclopaedia Britannica, 17 August 2023. Available in: https://www.britannica.comhttps://www.britannica.com/money/topic/economy-of-Japan. Access Date: November 04, 2023

a cada parte determinar suas políticas e prioridades voltadas ao desenvolvimento sustentável e níveis de proteção à luz dos comprometimentos firmados internacionalmente, o artigo também veda o relaxamento ou a redução dos níveis de proteção presente na legislação ou regulamentos de cada uma das partes, devendo garantir a efetiva aplicação da sua própria legislação ambiental. No item 3 também é reforçada a ideia de que as partes não podem lançar mão dessa legislação como um instrumento para discriminar ou disfarçar restrições ao comércio internacional:

> (...)
>
> 2. The Parties shall not encourage trade or investment by relaxing or lowering the level of protection provided by their respective environmental or labour laws and regulations. To that effect, the Parties shall not waive or otherwise derogate from those laws and regulations or fail to effectively enforce them through a sustained or recurring course of action or inaction in a manner affecting trade or investment between the Parties.
>
> 3. The Parties shall not use their respective environmental or labour laws and regulations in a manner which would constitute a means of arbitrary or unjustifiable discrimination against the other Party, or a disguised restriction on international trade.

No que tange aos acordos multilaterais em matéria de meio ambiente, de que trata o art. 16.4, há o uso de expressões mais cogentes, por meio das quais as partes reafirmam o comprometimento de implementar efetivamente esses acordos. Há também no item 5, previsão similar ao item 3 do art. 16.2, só que aplicado aos acordos internacionais, vejamos:

> 1. The Parties stress the importance of multilateral environmental agreements, in particular those to which both Parties are party, as a means of multilateral environmental governance for the international community to address global or regional environmental challenges. **The Parties further stress the importance of achieving mutual supportiveness between trade and environment**. In this context, the **Parties shall exchange views**

and information on trade-related environmental matters of mutual interest in the meetings of the Committee on Trade and Sustainable Development, and as appropriate in other fora.

2. **Each Party reaffirms its commitment to effectively implement** in its laws, regulations and practices the multilateral environmental agreements to which it is party.

3. **Each Party shall exchange information** with the other Party on its respective situation and advancements regarding ratification, acceptance or approval of, or accession to, multilateral environmental agreements, including their amendments, which each Party considers appropriate to be bound by, as well as implementation of such agreements.

4. The **Parties recognise the importance of achieving the ultimate objective of the United Nations Framework Convention on Climate Change**, done at New York on 9 May 1992 (hereinafter referred to as "UNFCCC"), in order to address the urgent threat of climate change, and the role of trade to that end. The Parties reaffirm their commitments to effectively implement the UNFCCC and the **Paris Agreement,** done at Paris on 12 December 2015 by the Conference of the Parties to the UNFCCC at its 21st session. The Parties shall cooperate to promote the positive contribution of trade to the transition to low greenhouse gas emissions and climate-resilient development. The Parties commit to working together to take actions to address climate change towards achieving the ultimate objective of the UNFCCC and the purpose of the Paris Agreement.

5. Nothing in this Agreement prevents a Party from adopting or maintaining measures to implement the multilateral environmental agreements to which it is party, provided that such **measures are not applied in a manner that would constitute a means of arbitrary or unjustifiable discrimination against the other Party or a disguised restriction on trade.** (grifos nossos)

Quanto ao item 4 do artigo supracitado, interessante mencionar que, de acordo com Relatório da Comissão Europeia, o *EPA* "(...) is the first international trade agreement to explicitly support the implementation of the Paris climate agreement."[36] O que demonstra como essa agenda ambiental foi se expandindo no contexto dos *FTAs* e a crescente importância da questão climática para a UE, considerando que em outros acordos, como por exemplo o do Mercosul, há também menção expressa ao Acordo de Paris.

O *EPA* também traz uma previsão especifica no art. 16.5 que trabalha o comércio e o investimento a partir de uma perspectiva que favoreça o desenvolvimento sustentável.

> The Parties recognise the importance of enhancing the contribution of trade and investment to the goal of sustainable development in its economic, social and environmental dimensions. Accordingly, the Parties:
>
> (...)
>
> (d) shall strive to promote **trade and investment in goods that contribute to enhanced social conditions and environmentally sound practices, including goods that are the subject of labelling schemes**, and **recognise the contribution of other voluntary initiatives, including private ones,** to sustainability; and
>
> (e) shall **encourage corporate social responsibility and exchange views and information** on this matter through the Committee on Trade and Sustainable Development, and as appropriate through other fora. In this regard, the Parties recognise the **importance of the relevant internationally recognised principles and guidelines, including the OECD Guidelines for Multinational Enterprises which are part of the OECD Declaration on International Investment and Multinational Enterprises** adop-

---

36 EUROPEAN COMMISSION. **COM(2017) 491**. REPORT FROM THE COMMISSION TO THE EUROPEAN PARLIAMENT, THE COUNCIL, THE EUROPEAN ECONOMIC AND SOCIAL COMMITTEE AND THE COMMITTEE OF THE REGIONS Report on the Implementation of the Trade Policy Strategy Trade for All Delivering a Progressive Trade Policy to Harness Globalisation. Brussels, 13.9.2017. Disponível em: https://trade.ec.europa.eu/doclib/docs/2017/september/tradoc_156037.pdf. Acesso em 22 ago. 2022. p. 7

> ted by the OECD on 21 June 1976 and the Tripartite Declaration of Principles concerning Multinational Enterprises and Social Policy adopted by the Governing Body of the International Labour Office in November 1977. (grifos nossos)

É um dispositivo extenso, que mesmo com um maior caráter cooperativo e mais amplo ao utilizar expressões como "The Parties recognise", "shall strive to facilitate" "promote", "encourage", traz no item (e), uma previsão interessante, ao tratar do problema da rotulagem, da responsabilidade corporativa e das diretrizes da Organização para a Cooperação e o Desenvolvimento Econômico – OCDE.

III.3. TRADE AND SUSTAINABLE DEVELOPMENT NO MEU E NO EPA

Ainda tratando dos *FTAs* em uma perspectiva geral e ampla, existem 3 elementos constitutivos nos capítulos de *TSD*: as cláusulas que definem contextos e objetivos e reafirmam comprometimentos; as cláusulas que tratam do direito de regulamentar e dos níveis de proteção; e, por fim, as cláusulas que tratam de mecanismos institucionais mais específicos, que seriam o cerne da implementação e execução das cláusulas ambientais e voltadas à questão do trabalho nos acordos[37].

À primeira vista, algumas considerações simples, mas que trazem informações sobre como a sustentabilidade é abordada no MEU e no EPA, são necessárias. Em relação a organização das cláusulas e temáticas, há certa homogeneidade na organização e sequência das previsões no que diz respeito ao escopo,

---

37 DURÁN, Gracia Marín. **EU External Environmental Policy.** In: WESSEL, Ramses; LARIK, Joris. EU External Relations Law. 2ed. Hart Publishing, 2020. n.p.

objetivos e no estabelecimento de *standards* internacionais mínimos em sustentabilidade.

De maneira geral, é possível observar nos *FTAs* que algumas cláusulas guardam relação direta com o comércio, porém, outras, como é o caso das "*minimum-level clauses*", implicam no comprometimento e observância de *standards* relacionados à sustentabilidade. Assim, os comprometimentos presentes nos capítulos de *TSD* não se limitam a nivelar o "*playing field*" das Partes – o que vai de encontro com a própria natureza dos *FTAs* –, mas sim de direcionar amplamente a uma regulação desses *standards*, independentemente de efeitos comerciais[38].

No que diz respeito à configuração dos temas e o modo como são trabalhados textualmente nos acordos, não é possível dizer que a redação é sempre replicada sem se ater a outros aspectos, como o político, que influenciam na concretização de qualquer tratado ou acordo internacional. Nesse sentido é possível perceber como a forma de lidar e de traçar dado compromisso nos *FTAs* é distinta, vez que em alguns aspectos a própria redação e os termos utilizados levam a uma interpretação de que as cláusulas propõem uma parceria mais voltada à cooperação e colaboração, enquanto em outros, a redação nos leva a perceber a presença de uma norma com nível mais elevado de cogência, de vinculação a determinado compromisso ou execução.

Essa diferença se torna clara ao observar o item 1 do art. 16.1 do acordo EU-Japão e o art. 1.3 do acordo EU-Mercosul, vejamos:

> ARTICLE 16.1
>
> Context and objectives

---

38 DURÁN, Gracia Marín. **EU External Environmental Policy.** In: WESSEL, Ramses; LARIK, Joris. EU External Relations Law. 2ed. Hart Publishing, 2020. n.p.

> 1. The Parties **recognise the importance of promoting** the development of international trade in a way that contributes to sustainable development, for the welfare of present and future generations (...) (*EU-Japan Economic Partnership Agreement*)
>
> Article 1
>
> Objectives and Scope
>
> 3. The Parties **recognize** that the economic, social and environmental dimensions are interdependent and mutually reinforcing dimensions of sustainable development, **and reaffirm their commitment** to promoting the development of international trade in such a way as to contribute to the objective of sustainable development, for the welfare of present and future generations. (*EU-Mercosur Association Agreement)*
>
> (grifos nossos)

No acordo firmado com o Japão, as Partes reconhecem a importância de promover o desenvolvimento do comércio de modo a contribuir para o desenvolvimento sustentável. Já no acordo com o Mercosul, estão presentes as expressões reconhecimento e comprometimento, o que demonstra como a redação de disposições, a princípio muito similares, podem diferir com relação a graduação da executoriedade. Assim, enquanto no acordo com o Mercosul parece existir uma redação mais vinculativa, o acordo com o Japão traz consigo uma previsão mais geral. Ou seja, ainda que a princípio aparentem ser similares, é possível observar como os objetivos do capítulo de *TSD* são "modelados" de maneira distinta com o objetivo de trazer um caráter mais programático ou mais vinculativo.

Outro aspecto relevante é com relação as mudanças climáticas e a vinculação ao Acordo de Paris. No Acordo UE-Mercosul, o Acordo de Paris é abordado e conta com menção expressa ao seu art. 2, tratando já da temática voltada à produção alimentar frente às emissões de gases de efeito estufa. Além disso, a expressão *"each party shall effectively implement"* estabelece um maior nível de executoriedade para a temática:

> Article 6
>
> Trade and Climate Change
>
> 1. The Parties **recognise the importance** of **pursuing** the ultimate objective of the United Nations Framework Convention on Climate Change (UNFCCC) in order to address the urgent threat of climate change and the role of trade to this end.
>
> 2. Pursuant to paragraph 1, **each Party shall**:
>
> (a) **effectively implement** the UNFCCC and the Paris Agreement established thereunder;
>
> (b) consistent with article 2 of the Paris Agreement, promote the positive contribution of trade to a pathway towards low greenhouse gas emissions and climate-resilient development and to increasing the ability to adapt to the adverse impacts of climate change in a manner that does not threaten food production.
>
> Article 13
>
> Working together on trade and sustainable development
>
> The Parties **recognise the importance of working together** in order to achieve the objectives of this Chapter. **They may work** together on inter alia: (...) as well as trade-related aspects of: (...)
>
> (h) the dynamic international climate change regime under the UNFCCC, in particular the implementation of the Paris Agreement. (grifos nossos)

O EPA prevê também, em seu art. 16.4, o comprometimento com o Acordo de Paris de maneira expressa:

> The Parties recognise the importance of achieving the ultimate objective of the United Nations Framework Convention on

> Climate Change, done at New York on 9 May 1992 (hereinafter referred to as "UNFCCC"), in order to address the urgent threat of climate change, and the role of trade to that end. The Parties **reaffirm their commitments to effectively implement the UNFCCC and the Paris Agreement,** done at Paris on 12 December 2015 by the Conference of the Parties to the UNFCCC at its 21st session. The **Parties shall cooperate to promote** the positive contribution of trade to the transition to low greenhouse gas emissions and climate-resilient development. **The Parties commit to working** together to take actions to address climate change towards achieving the ultimate objective of the UNFCCC and the purpose of the Paris Agreement. (grifos nossos)

Assim, percebe-se que, no que diz respeito ao comprometimento com o Acordo de Paris, tanto o EPA quanto o MEU buscam uma concretização maior desses objetivos, com isso, " (...) TSD provisions of recent FTAs have been strengthened, as evidenced, by the binding commitment in the FTA with Japan to ratify and effectively implement the Paris Agreement on Climate Change".[39]

Cabe frisar que, mesmo o Acordo de Associação UE-Mercosul contando com expressões mais vinculativas quando comparado ao EPA, isso não implica na ausência de falhas e problemas na implementação desses comprometimentos por parte dos países do Mercosul e da UE. As existentes fragilidades quanto ao cumprimento dos capítulos de *TSD* requerem detalhada reflexão com o fim de estabelecer quais instrumentos devem ser utilizados para garantir a maior efetividade e aplicabilidade possível dessas cláusulas.

---

39 VELUT, JB.; BAEZA-BREINBAUER D., DE BRUIJNE, M.; GARNIZOVA, E.; JONES, M.; KOLBEN, K.; OULES, L.; ROUAS, V.; TIGERE PITTET, F.; ZAMPARUTTI, T. **Comparative Analysis of Trade and Sustainable Development Provisions in Free Trade Agreements**. London School of Economics and Political Science, London, 2022. p. 40.

Outro ponto relevante diz respeito aos produtos relativos à madeira derivados de extração ilegal e sua previsão nos capítulos de *TSD*. O acordo com o Mercosul (artigo 8) vincula de maneira mais significativa as Partes quando observado frente ao acordo com o Japão (artigo 16.7):

> ARTICLE 16.7
>
> Sustainable management of forests and trade in timber and timber products
>
> 2. In that context, the Parties shall:
>
> (b) **contribute to combating** illegal logging and related trade including, as appropriate, the trade with third countries; and
>
> (c) **exchange information and share experiences** at bilateral and multilateral levels with a view to **promoting** the conservation and sustainable management of forests and trade in legally harvested timber and timber products, as well as to combating illegal logging. (*EU-Japan Economic Partnership Agreement*) (grifos nossos)
>
> Article 8
>
> Trade and Sustainable Management of Forests
>
> 2. Pursuant to paragraph 1, each Party shall:
>
> (c) **implement measures to combat illegal logging and related trade**; (*EU-Mercosur Association Agreement)*
>
> (grifos nossos)

O acordo com o Mercosul traz uma perspectiva mandatória à observância do combate a extração ilegal de madeira ao trazer a expressão *"implement measures"*. Diferente ocorre com o EPA, no qual são usados termos mais gerais, voltados a promoção do combate a extração ilegal.

Por fim, o princípio da precaução[40] é ponto interessante a ser analisado. No acordo com Mercosul (artigo 10) há menção expressa ao "*precautionary principle*", sempre com foco nos artigos voltados a informação científica. Já no acordo EU-Japão, não é utilizada a expressão "*principle*", mas sim "*approach*", que ainda remete a ideia do princípio da precaução, mas de maneira mais sutil e ponderada, ao estabelecer uma "abordagem" voltada a medidas precaução.

Portanto, é clara a modulação e adaptação dos temas nas regras voltadas ao desenvolvimento sustentável que são implementadas nos *FTAs*. Os mecanismos utilizados para incluir essas regras nos acordos parecem tentar sempre conjugar elementos da política internacional – como por exemplo a busca por uma maior efetividade no acordo com o Mercosul de regras voltadas ao Acordo de Paris e ao combate a extração ilegal de madeira, tendo em vista a questão da Amazônia e a própria postura internacional de países como o Brasil no que diz respeito às normas ambientais –, afim de buscar a atender aos parâmetros ambientais e partindo de uma perspectiva que tem origem extracomercial.

IV. CONCLUSÕES

O Tratado de Lisboa realizou alterações estrutura da União Europeia, com mudanças nas competências do bloco, simplificando e uniformizando as bases da política externa europeia. O documento firmou o compromisso com o desenvolvimento sustentável, temática que foi sendo aprimorada desde então e

---

40 Esse princípio se vincula às situações em que as evidências científicas são inconclusivas ou insuficientes para atestar sério risco de degradação ambiental, sendo necessário, portanto, adotar medidas voltadas à precaução e conforme as informações pertinentes que estejam disponíveis.

hoje é presente nos *FTAs* firmados pela UE. Ao mesmo tempo, após o fracasso da Rodada de Doha, a utilização de Acordos de Livre Comércio enquanto uma exceção ao princípio *MFN* tem possibilitado maior discussão e inclusão de clásulas voltadas ao comprometimento das partes com temas extracomerciais, como é o caso do desenvolvimento sustentável.

Ao analisar Acordo de Associação Mercosul-União Europeia e o Acordo de Parceria Econômica entre Japão e União Europeia foi possível compreender como o desenvolvimento sustentável enquanto um objetivo e valor da UE é inserido nos acordos comerciais com terceiros países, dando a esses documentos, em maior ou menor medida, um viés voltado para a cooperação, por meio do uso de elementos e expressões mais gerais e programáticas, como ocorre primariamente no Acordo de Parceria Econômica entre Japão e União Europeia. Por outro lado, foi possível perceber como algumas preocupações internacionais se refletem nos Acordos Comerciais, vinculando as Partes a cláusulas que expressam comprometimentos e ações com teor de natureza mandatária, como é o caso do Acordo de Associação Mercosul-União Europeia.

Portanto, a sustentabilidade se faz presente nas atuais negociações comerciais, sendo um ponto relevante também na política externa e interna da UE, exercendo influência nos rumos e direções das negociações realizadas e em curso. Com isso, torna-se perceptível como acordos firmados pela UE com países que possuem uma estrutura econômica e industrial tão distinta, como é o caso dos países que integram o Mercosul e o Japão, diferem no grau de vinculação das cláusulas e na forma como as partes optam por redigir as disposições, optando por expressões que estabelecem uma relação mais cooperativa ou mais vinculativa.

BIBLIOGRAFÍA Y OTRAS FUENTES DOCUMENTALES

- AGUILAR FERNÁNDEZ, S., **El principio de integración medioambiental dentro de la Unión Europea:** la imbricación entre integración y desarrollo sostenible. Papers, vol. 71, 2003, p. 82. Disponível em: <http://www.raco.cat/index.php/papers/article/viewFile/25756/25590>. Acesso em 21 maio 2023.
- BRASIL. Ministério da Agricultura e Pecuária. **Brasil é o maior produtor mundial e o segundo maior consumidor de café**. Disponível em: <https://www.gov.br/agricultura/pt-br/assuntos/noticias/brasil-e-o-maior-produtor-mundial-e-o-segundo-maior-consumidor-de-cafe#:~:text=Brasil%20%C3%A9%20o%20maior%20produtor,Minist%C3%A9rio%20da%20Agricultura%20e%20Pecu%C3%A1ria> Acesso em 17 set. 2023.
- BRASIL. **Acordo de Associação MERCOSUL-União Europeia.** Resumo informativo elaborado pelo governo brasileiro. 4 julho de 2019. Disponível em: https://www.gov.br/mre/pt-br/arquivos/documentos/politica-externa-comercial-e-economica/2019_10_24__Resumo_Acordo_Mercosul_UE_CGNCE.pdf.
- BOSSE-PLATIÈRE, I., RAPOPORT, Cécile. **Negotiating and implementing EU free trade agreements in an uncertain environment**. In: The Conclusion and Implementation of EU Free Trade Agreements. Edward Elgar Publishing, 2019.
- BERGAMASCHINE MATA DIZ, J., CALDAS., CORREIA DA SILVA GOMES, R., **Contratos administrativos à luz de novas formas de gestão e da sustentabilidade:** por uma concretização do desenvolvimento sustentável no Brasil. A&C – Revista de Direito Administrativo & Constitucional, Belo Horizonte, ano 16, n. 65, p. 249-275, jul./set. 2016. DOI: 10.21056/aec.v16i65.267.
- BERGAMASCHINE MATA DIZ, J., **Os objetivos do desenvolvimento sustentável e sua incorporação pela União Europeia e pelo Brasil**. In: MATA BERGAMASCHINE MATA DIZ, J., GAIO, D., Desenvolvimento sustentável na contemporaneidade. Belo horizonte: Arraes, 2019.
- BERGAMASCHINE MATA DIZ, J., **Desenvolvimento Sustentável e New Green Deal: por uma Europa mais ecológica e a busca pela neutralidade climática**. In: DIZ, Jamile Bergamaschine Mata; COSTA, Beatriz Sousa; MOLINA, José Antonio Moreno. (Org.). SUSTENTABILIDADE, GOVERNANÇA E INTEGRAÇÃO REGIONAL EM TEMPOS DE CRISE. 1ed.belo horizonte: Arraes, 2020, v. 1.
- BERGAMASCHINE MATA DIZ, J., FONTES, Bruna Pirfo L.; CALDAS, Roberto C. da Silva Gomes. **O papel dos programas de ação ambien-**

tal para o aperfeiçoamento do espaço ambiental comum europeu. In: COSTA, Beatriz S.; MOLINA, Jose Antonio Moreno y CALDAS, Roberto C. da Silva Gomes. Desarrollo en Brasil, España y la Unión Europea: hacia la construcción de un nuevo orden global sostenible. Toledo: Ediciones de la Universidad Castilla- La Mancha, 2020.

- BERGAMASCHINE MATA DIZ, J., **The Mercosur and European Union relationship**: an analysis on the incorporation of the Association Agreement in Mercosur' [2022] 6(1): 1. Europe and the World: A law review [19].
- BERGAMASCHINE MATA DIZ, J., LUQUINI, R., **As relações exteriores do MERCOSUL**: análise das negociações com a União Europeia. In: Univ. Rel. Int, Brasília. v.9. n.1, p. 103-130, jan/jun. 2011.
- DURÁN, G., MORGERA, E., **Environmental Integration in the EU's External Relations Beyond Multilateral Dimensions**. Hart Publishing: Oxford e Portland, 2012.
- DURÁN, G., **EU External Environmental Policy.** In: WESSEL, Ramses; LARIK, Joris. EU External Relations Law. 2ed. Hart Publishing, 2020. n.p.
- **EU-Japan Economic Partnership Agreement**: texts of the agreement. 1 de fevereiro de 2019. Disponível em: <https://trade.ec.europa.eu/doclib/press/index.cfm?id=1684>. Acesso em: 25 ago. 2022.
- **EU-Mercosur Association Agreement**. 12 de julho de 2019. Disponível em: <https://trade.ec.europa.eu/doclib/press/index.cfm?id=2048>. Acesso em 25 ago. 2022.
- EUROPEAN COMMISSION. **COM(2017) 491**. REPORT FROM THE COMMISSION TO THE EUROPEAN PARLIAMENT, THE COUNCIL, THE EUROPEAN ECONOMIC AND SOCIAL COMMITTEE AND THE COMMITTEE OF THE REGIONS Report on the Implementation of the Trade Policy Strategy Trade for All Delivering a Progressive Trade Policy to Harness Globalisation. Brussels, 13.9.2017. Disponível em: https://trade.ec.europa.eu/doclib/docs/2017/september/tradoc_156037.pdf. Acesso em 22 ago. 2022. p. 7
- EUROPEAN COMMISSION. **THE ECONOMIC IMPACT OF THE EU-JAPAN ECONOMIC PARTNERSHIP AGREEMENT (EPA):** An analysis prepared by the European Commission's Directorate-General for Trade. Luxembourg, 2018. Available in: https://circabc.europa.eu/ui/group/09242a36-a438-40fd-a7af-fe32e36cbd0e/library/162cb92c-59ca-40a6-9e13-8cf56b4543cc/details. Accessed in: 23 may 2023.

- ENGELBREKT, A., BREMBERG, N., MICHALSKI, A., OXELHEIM, L., **The European Union in a Changing World Order**: Interdisciplinary European Studies. Palgrave Macmillan, Switzerland, 2020.
- GHIOTTO, L., ECHAIDE, J., **Analysis of the agreement between the European Union and the Mercosur**. Berlin: Bündnis, v. 90, 2020-1, 2019.
- GIL-BARRAGAN, Juan M.. **From multilateral negotiations to bilateral and regional negotiations**: the effect of Doha Stalling. Civilizar de Empresa y Economía. 2, 2011.
- HIJINO, S., LATZ, G., MASAI, Y., LUEBERING, J.E., **Economy of Japan**. Encyclopaedia Britannica, 17 August 2023. Available in: https://www.britannica.comhttps://www.britannica.com/money/topic/economy-of-Japan. Access Date: November 04, 2023
- **Leading beef and veal producing countries worldwide in 2022 and 2023.** Available in: <https://www.statista.com/statistics/263990/leading-beef-producers-around-the-world-since-2007/#:~:text=The%20statistic%20shows%20the%20forecasted,following%20only%20the%20United%20States>. Access in: 17 Sep. 2023.
- MARUYAMA, W.H., **Preferential trade arrangements and the erosion of the WTO's MFN principle.** Stanford Journal of International Law (Vol. 46, Issue 2), 2010.
- MARTINEZ, T.S., **Acordo Mercosul-União Europeia e mudança estrutural**: considerações a partir de modelos de equilíbrio geral. IPEA, Carta de Conjuntura Número 59 — Nota de Conjuntura 32 — 2 ° Trimestre de 2023.
- MERCOSUL. **Semana do MERCOSUL**: Estatísticas. Disponível em: https://www.mercosur.int/pt-br/semana-do-mercosul-estatisticas/. Acesso em: 02 de novembro de 2023.
- UNITED NATIONS. (1987) **General Assembly Resolution A/42/427**, Report of the World Commission on Environment and Development: Our Common Future. Disponível em: <http://www.un-documents.net/wced-ocf.htm>. Acesso em: 22 ago. 2022.
- USDA's Foreign Agricultural Service. **Soybean 2023 World Production**. Available in: https://ipad.fas.usda.gov/cropexplorer/cropview/commodityView.aspx?cropid=2222000. Access in: 17 Sep. 2023.
- SANAHUJA, J.A., DAMIÁN RODRÍGUEZ, J., **Veinte años de negociaciones Unión Europea-Mercosur**: Del interregionalismo a la crisis de la globalización. 2019.

Capítulo XVI. *La justicia climática como base de la relaciones internacionales*

PROF^a. DRA. MARGARITA TREJO POISON[1]

SUMARIO*:*

RESUMEN

No podemos negar la relevancia que en este siglo ha adquirido la lucha contra el cambio climático, como tampoco podemos obviar que dicha lucha necesita de los compromisos internacionales y los esfuerzos de toda la comunidad internacional para poder lograr algún objetivo.

Por todo ello, es necesario profundizar en la importancia que en las relaciones internacionales ha adquirido el cambio climático y reflexionar sobre la necesidad de incorporar a esta disciplina valores, principios y nuevos reclamos.

El objetivo de este trabajo es profundizar en el alcance y contenido de la justicia climática como base de las relaciones internacionales y de la gobernanza ambiental internacional.

Para ello, se analizarán los principales principios que deben ser tenidos en cuenta por el Derecho internacional y las necesarias medidas que el orde-

---

1 Doctora en Derecho. Profesora de la Universidad Isabel I y de la Universidad Camilo José Cela.

namiento jurídico comunitario e internacional debe contemplar para poder hablar de la existencia de justicia climática en el planeta.

PALABRAS CLAVE: cambio climático, gobernanza ambiental, justicia climática, relaciones internacionales.

I. JUSTICIA CLIMÁTICA Y RELACIONES INTERNACIONALES

La protección del medio ambiente en el marco del derecho internacional y en las relaciones internacionales ha sido fruto de una lenta evolución que se inició en los años 80, cuando por primera vez se utilizó el término desarrollo sostenible[2], hasta el Acuerdo de París[3], donde el cambio climático ha pasado a estar en la agenda política y de planificación a todos los niveles de gobierno[4].

Hoy, las demandas sociales, desde posturas más activas y exigentes, han logrado abrir paso a nuevas concepciones y reivindicaciones y gana terreno una nueva concepción: la justicia climática que exige nuevas formas de entender las relaciones internacionales y plantea objetivos a los que la sociedad internacional debe dar respuesta. Nos enfrentamos al mayor reto al que la sociedad internacional debe enfrentarse en el siglo XXI: la lucha contra el cambio climático.

La llamada "Justicia Climática" incluye el derecho democrático de los pueblos a definir su propio futuro sin tener que verse afectados por los déficits ambientales y climáticos provocados

---

2 Naciones Unidas. Asamblea General (1987) Informe de la Comisión Mundial sobre Medio Ambiente y Desarrollo. A/42/427.

3 Naciones Unidas. Decisión 1/CP 21.FCCC CP/2015/10/Add 1.Adopción del Acuerdo de París.

4 Bulkeley, H., Newell, P., Governing Climate Change Routledge, London, 2015, pp 166.

por otros. Es decir, todos los pueblos tienen derecho a determinar sus metas, su modelo de desarrollo y disfrutar de los bienes de la naturaleza de manera equitativa, con las mismas posibilidades que otros para disfrutar de su derecho a la vida.[5] Porque el término justicia climática no solo debe relacionarse con la distribución, la injusticia proviene de la inequidad y está a su vez de la falta de reconocimiento, de participación y del desarrollo de las capacidades básicas y de la defensa de derechos colectivos.[6]

La noción de Justicia Climática abre así una diversidad de asuntos relevantes tanto a la cuestión climática como a la de justicia social, que implica como no solo distribución sino también procedimientos, derechos, responsabilidades y reconocimientos,[7] que deben instaurarse y alcanzarse en las relaciones internacionales y ser la base del derecho y la gobernanza internacional.

II. PRINCIPIOS QUE DEBEN INSPIRAR LA JUSTICIA CLIMÁTICA EN EL ÁMBITO INTERNACIONAL

a) Cooperación frente a competencia y libre mercado

Analizar el papel de la justicia climática en la lucha contra el cambio climático, nos obliga a reflexionar sobre el modelo de

---

5 Fundación Solom. (2009). Reflexiones sobre la Justicia Climática y los derechos de la Madre Tierra: Los desafíos para cambiar el sistema ante la crisis global. Recuperado de http://fundacionsolon.org/2015/01/30/reflexiones-sobre-la-justicia-climatica-y-los-derechos-de-la-madre-tierra-los-desafios-para-cambiar-el-sistema-ante-la-crisis-global

6 Diffenbaugh, N.S, Burke, M., Global warming has increased global economic inequality. *Proceedings of the National Academy of Sciences*, Mayo 2019, vol. 116 n. 20, 2019.

7 Bulkeley, H., NEWELL, P., Governing Climate Change Routledge, London, 2015, pp. 166.

globalización económica y sus premisas y a detenerse en la necesidad de una transición hacia otras prácticas y concepciones en las relaciones internacionales que supondrán los grandes retos de la sociedad internacional en el siglo XXI.

Los países, sus gobiernos y la sociedad en general deben tener mayores atribuciones para proteger el planeta frente a la presión generalizada del desarrollo y la liberalización del comercio. Se debe hacer frente al creciente abismo que separa la liberalización del comercio y la protección del medio ambiente[8] y partir de la concepción de un planeta que posee un principio y un final en los bienes naturales que lo conforman.

En este contexto, sólo podemos preservar los valores medioambientales acudiendo a la cooperación internacional. La Carta de la Tierra declaraba que para seguir adelante debemos reconocer que, en medio de la magnífica diversidad de culturas y formas de vida, somos una sola familia humana y una sola comunidad terrestre en con un destino común y consideraba que en torno a ese fin los pueblos de la Tierra declaremos nuestra responsabilidad unos hacia otros, hacia la gran comunidad de la vida y hacia las generaciones futuras[9].

El principio de cooperación se materializa a través de la celebración de reuniones que culminan con la adopción de acuerdos de trascendencia internacional entre los Estados intervinientes. Aunque en la práctica lo más utilizados sean los acuerdos internacionales, la cooperación internacional también puede consistir en la entrega de recursos financieros para la ejecución de proyectos, el asesoramiento técnico o la capacitación en temas ambientales. Por su parte, el mecanismo

---

8 Jeffery, M. (2008). Imperativos medioambientales en el mundo globalizado: el impacto ecológico en la liberalización del comercio. *Revista Aranzadi de Derecho Ambiental año 2008-2. núm. 14*, 29.

9 https://earthcharter.org/wp-content/uploads/2020/06/Libreta-Carta-de-la- Tierra2020.pdf?msclkid=

de notificación intercambio de información y consultas sobre proyectos ambientales representa a otros mecanismos de cooperación entre estados para la protección del medio ambiente, unido a la solución pacífica de controversias ambientales por los mecanismos que prevé el derecho internacional. Este principio lo encontramos en el artículo 174 del TCE[10] y en la Declaración de Río[11], en el principio 7 que establece la necesaria cooperación entre países desarrollados y el principio 18 que impone la necesaria ayuda frente a los desastres naturales y situaciones de emergencia. Lo cual implica para los países desarrollados un deber de solidaridad con apoyo de las tecnologías y los recursos financieros de que disponen.

La necesidad de iniciativas en el campo internacional es indiscutible, pero los instrumentos jurídicos en este ámbito no han tenido la eficacia pretendida. En las últimas décadas, hemos asistido al nacimiento de un sin fin de instrumentos, pactos, estrategias y acuerdos que han establecido metas que no han llegado a cumplirse. Las declaraciones generales de los tratados deben ser transformadas en reglas operativas y mecanismos que permitan obligar a los países a adoptar decisiones comunes.

Es en este campo, en el Derecho Internacional, donde los criterios de la justicia climática han puesto a prueba la capacidad de la humanidad para asumir sus metas y obligaciones. Los intereses y pretensiones contrapuestas han frenado la capacidad de la humanidad para llegar a verdaderos compromisos y reparto de esfuerzos conforme a los criterios de justicia. La adopción de normas de amplio alcance tropieza con el principio de soberanía de los Estados, que refleja sus intereses nacionales y las relaciones de poder. Por lo tanto, los negociadores deberían revisar sus ambiciones a la baja. De hecho, es difícil llegar a un acuerdo

---

10 Tratado Fundacional de la Unión Europea. 12 de junio de 1985.

11 Convención Marco de Naciones Unidas de Cambio Climático, Naciones Unidas 1992.

que sea a la vez universal: implique a todos los países concernidos y vinculante: promulgue reglas fuertes y precisas. [12]

Los mecanismos de control y de sanción son poco eficaces. Tanto los comités de seguimiento y de control, como los organismos de resolución de controversias existentes en cada convención, tienen escaso poder. Las jurisdicciones internacionales son facultativas. Además, los recursos judiciales en estos órganos de control sólo pueden ser introducidos por los Estados, y no por los individuos.[13]

b) Enfoque global sin olvidar lo local (*thinking global acting local*)

La justicia climática debe ahondar en las relaciones de poder en el control de los recursos naturales. Por ello, las preocupaciones locales deben ser tan importantes como las globales. Se debe comprender mejor las necesidades de las comunidades locales, de los recursos naturales y la población. En especial, en los países en vías de desarrollo, se debe mejorar los procesos de equidad, no conociendo sólo los intereses de las élites y comprender mejor las necesidades de las comunidades, los recursos naturales y la población que depende de ellos.

La justicia climática debe partir del desarrollo de acciones a nivel local y nacional orientadas a incidir en las causas vinculadas al modelo de desarrollo y su inadecuada planificación territorial, así como la injusta distribución de la riqueza. Las comunidades locales deben ser el centro de acción y de atención. Apostar por soluciones locales, regionales o bilaterales.

---

12 Informe Comisión Medio Ambiente. Club de juristas. (2015). Fortalecimiento de la eficacia del derecho internacional del Medio Ambiente Deberes de los Estados, derechos de los individuos. https://view.officeapps.live.com/op/view.aspx?src=https%3A%2F%2Fwww.leclubdesjuristes.com%2Fwp-content%2Fuploads%2F2016%2F04%2F

13 Idem.

Para ello, es necesario trabajar con los gobiernos afectados priorizando las medidas “in situ” y estrategias de adaptación, planteamiento que fundamenta la filosofía del *thinking global acting local.* [14] Partir de respuestas regionales y locales como el germen de posteriores acuerdos internacionales. Una respuesta de tipo regional, si bien puede parecer en principio poco ambiciosa, podría constituir el comienzo de posteriores esfuerzos internacionales más amplios.[15]Un ejemplo lo tenemos en la Convención de Kampala[16], por primera vez establecía disposiciones concretas en el ámbito regional (obligatoria en 27 países africanos) para el desplazamiento interno ambiental y que posteriormente dio lugar al régimen internacional con el Marco de Adaptación de Cancún en el 2010[17].

c) Principio de responsabilidades comunes pero diferenciadas

Además, no se puede olvidar otros de los principios claves que contempla el derecho internacional del medio ambiente y que debe ser la base de la cooperación internacional en este ámbito. Nos referimos al principio de responsabilidades comunes pero diferenciadas, que ya se encontraba en la Convención

---

14 https://thinkingglobalactinglocal.com/?msclkid=23243dc6a90c11ec939d694ee8551351

15 Fernández, M. J. (2015). ¿Cómo puede la categoría de “refugiado climático” ser considerada dentro del derecho internacional del siglo XXI? Refugiados cambio climático y derecho internacional. Migraciones forzadas, núm. 49, 43. Recuperado de http.//www.fmreview.org/es/cambioclimatico-desastres.

16 Kampala Convention. African Union Convention for the protection and assistance of International Displaced Persons in Africa. Kampala Uganda 23 de octubre de 2009.

17 Conferencia de las partes de la Convención Marco de Naciones Unidas para el cambio climático, celebrada en Cancún en 2010. Decisión 1/CP. 16 Acuerdo de Cancún.

marco de Naciones Unidas de Cambio Climático (art. 4)[18]. El Preámbulo de la Convención Marco de las Naciones Unidas sobre el cambio climático de 1992 reconoce "... que todos los países, especialmente los países en desarrollo, necesitan tener acceso a los recursos necesarios para lograr un desarrollo económico y social sostenible y que los países en desarrollo para avanzar hacia esa meta, necesitarán aumentar su consumo de energía, teniendo en cuenta las posibilidades de lograr una mayor eficiencia energética y de controlar las emisiones de gases de efecto invernadero en general, entre otras cosas mediante la aplicación de nuevas tecnologías en condiciones que hagan que esa aplicación sea económica y socialmente beneficiosa".[19]

El principio de responsabilidades comunes pero diferenciadas introduce la noción de reparto en el ejercicio de responsabilidades a escala planetaria. La Comunidad Internacional, en su conjunto, debe asumir responsabilidades ambientales. Pero serán los causantes de los daños los que deberán asumir los costes. Un claro ejemplo es la Convención sobre el Cambio Climático. En virtud de la Convención, todas las Partes tienen responsabilidades comunes, aunque diferenciadas. Además, toman en consideración el carácter específico de sus prioridades nacionales y regionales de desarrollo, de sus objetivos y circunstancias.

Aunque la amenaza del calentamiento global también pesa sobre Europa, los más vulnerables son los países más pobres y con menor responsabilidad sobre las emisiones contaminantes. Una vez más, son los países menos contaminantes y responsables de las emisiones de efectos invernadero, los que tienen que sufrir las consecuencias del desarrollo insostenible de los países del Norte. Las emisiones combinadas del 1% más rico de la po-

---

18 Convención Marco de Naciones Unidas de Cambio Climático, Naciones Unidas 1992.

19 Convención Marco de Naciones Unidas de Cambio Climático, Naciones Unidas 1992.

blación mundial representan más del doble que las del 50% más pobre. La élite deberá reducir su huella al menos 30 veces para mantenerse en línea con los objetivos del Acuerdo de París.[20]

Por ello, la justicia climática debe reafirmar el principio general de no dejar a nadie atrás, mediante la promoción de una participación proactiva: determinar con precisión a los grupos y personas marginados y desfavorecidos, proveerlos de un acceso equitativo a los beneficios y recursos de los programas y proyectos, y que no queden rezagados a causa de las desventajas, la discriminación y la vulnerabilidad a las perturbaciones, incluidas las situaciones de crisis y conflicto, los efectos del cambio climático y los desastres naturales.[21]

d) El ejercicio democrático de la precaución

Es necesario para la hablar de justicia climática asumir el *ejercicio de la precaución*. Es incuestionable la necesidad de otras formas de control o políticas públicas. La comunidad internacional debe dar paso a nuevas tendencias, las técnicas indemnizatorias no son suficientes.

Se debe dar un paso adelante, anticipándose a los posibles daños, basándose en el riesgo ambiental. El objetivo es saber qué puede pasar y con qué probabilidad. Si tradicionalmente

---

20 PNUMA (2020). Programa de Naciones Unidas para el Medio Ambiente. Informe sobre la brecha de emisiones. Recuperado de https://wedocs.unep.org/xmlui/bitstream/handle/20.500.11822/34461/EGR20KMS.pdf?sequence=22

21 PNUMA (2020) Programa de Naciones Unidas para el Medio Ambiente. Marco de sostenibilidad ambiental y social.
1 del PNUMA. (environmental, social and sustainability frame work),25 de febrero de 2020.pág 16. Recuperado de http://wedocs.unep.org/bitstream/handle/20.500.11822/32022/ESSFSP.pdf?sequence=3&isAllowed=yPAG

la protección se centraba en combatir o evitar los daños, ahora se exige mucha mayor protección ante los riesgos.

Los Estados han adoptado versiones del principio de precaución en sus legislaciones nacionales desde 1970. (El concepto de «Vorsorgeprinzip» en Derecho alemán data al menos de primeros de 1970 y al mismo tiempo similar doctrina se introdujo en el legislación sueca y suiza) [22]. El origen legal de este principio lo encontramos en 1987, en la Declaración de la Segunda Conferencia del Mar del Norte celebrada en Londres:

> En orden a proteger el Mar del Norte de los efectos dañinos de muchas sustancias peligrosas, el principio de precaución requeriría acción de control de los «inputs» de cada sustancia antes que el enlace causal hubiera sido establecido por evidencias científicas absolutas y claras.

En 1992, el Tratado de Maastricht de la Unión Europea estableció expresamente en el artículo 130[23] que la Política de Medio Ambiente debía estar basada en el principio de precaución. El principio de precaución puede ser definido como un principio general de Derecho comunitario que exige a las autoridades competentes tomar medidas para evitar ciertos riesgos potenciales para la salud pública, la seguridad y el medio ambiente dando prioridad a la protección de esos intereses en relación con los intereses económicos. En este sentido, la jurisprudencia «National Farmers Union» del Tribunal de Justicia de las Comunidades Europeas en el Asunto C-1517/969, sentencia de 26 de noviembre de 2002[24] :

> El principio de precaución permite a las autoridades competentes adoptar medidas preventivas proporcionadas, no discriminatorias y de carácter provisional cuando a pesar de haberse

---

[22] Bondansky, D. (2007) *The Oxford Handbook of International Environmental Law.* United Kingdom: Oxford University.

[23] Ahora artículo 174.

[24] Otras: T-74/00, T-76/00, T-83/00, T-85/00 y T137/00.

> llevado a cabo una evaluación de riesgos lo más correcta posible, persiste la incertidumbre científica sobre la naturaleza y el alcance de un riesgo inaceptable.

Los desastres ambientales recientes y la pandemia demuestran que la opinión pública está mucho más sensibilizada sobre los riesgos a los que está potencialmente expuesta la población o su medio ambiente. Los gobiernos no pueden ignorar la inseguridad colectiva y deben tomar medidas de promoción de la información medioambiental, de educación sobre la prevención de riesgos o de financiación de la investigación científica[25].

El problema del riesgo ambiental suele estar relacionado con la relación entre ciencia y legislación ambiental. La ciencia juega su rol en la identificación y valoración de los riesgos medioambientales y suele ser incierta como consecuencia de la compleja naturaleza de los problemas medioambientales. La ciencia necesita buscar un marco objetivo de decisión, pero la conclusión puede ser variable, la valoración científica no tiene en cuenta la percepción social de los riesgos la cual no está necesariamente basada en un criterio objetivo. Se trata del derecho a decidir de la sociedad y aún más, del futuro de la especie. Los riesgos medioambientales pueden ser apreciados desde diferentes perspectivas, desde incrementar la concurrencia de expertos independientes a promover la participación pública en la toma de decisiones[26].

Nos referimos a la construcción social del riesgo, donde en las técnicas empleadas no participarán sólo expertos y administradores. No hay mayor amenaza para el medio ambiente que

---

25 Aragao, A. (2010). El principio de precaución y la aceptabilidad social de riesgo. La búsqueda del nivel adecuado de protección en una Europa diversificada, *Revista Aranzadi de Derecho Ambiental, núm. 18*,79.

26 Stuart, B. and Mcguivray, D. (2008) *Environmental Law.* Great Britain: Oxford University Press Oxford.

la que el engaño a los ciudadanos, el ocultismo de datos y decisiones y la manipulación interesada de la situación real de los recursos naturales y las alternativas que existen para explotarlas adecuadamente, el mal uso político de los costes reales y los beneficios que estos sistemas de explotación conllevan.[27]Para ello, deben establecerse los mecanismos que permitan el conocimiento por parte de los ciudadanos de los procedimientos y decisiones de las autoridades, facilitando la participación del público en la elaboración de las decisiones y el acceso a la justicia en estas materias.

En este sentido, es necesario destacar que la Directiva 2003/4/CE sobre acceso al público en información ambiental[28] y en desarrollo de la misma la Ley 27/2006, de 18 de julio por los que se regulan los derechos de acceso a la información[29]. La participación pública y de acceso a la justicia en materia de medio ambiente imponen al Gobierno y poderes públicos en general la obligación de crear los medios necesarios para que todos los ciudadanos estén suficientemente informados de su derecho a acceder a la información ambiental y a participar en la toma de decisiones que afecten al medio ambiente.

En este contexto, es de vital importancia que el marco regulatorio internacional se dirija a desarrollar un debate abierto de discusión y cooperación entre grupos de interés. Al poner el

---

27 Programa de las Naciones Unidas para el Desarrollo. (2004*). Recursos Mundiales, Decisiones para la Tierra: Equilibrio, voz y poder*. España: EcoEspaña y La Función Biodiversidad.

28 Directiva 2003/4/CE del Parlamento Europeo y del Consejo de 28 de enero de 2003 relativa al acceso del público a la información medioambiental. *Diario oficial de 14 de febrero de 2003, núm. 41.*

29 Ley 27/2006, de 18 de julio, por la que se regulan los derechos de acceso a la información, de participación pública y de acceso a la justicia en materia de medio ambiente. Boletín Oficial de Estado de 19 de julio de 2006, núm. 171.

acento en la participación de los interesados, el proceso de examen preliminar, evaluación y gestión permite que la opinión pública comprenda mejor las actividades de los programas y proyectos y las sienta como propias. Los acuerdos multilaterales sobre el medio ambiente deben establecer esos procesos. [30]

Actualmente, en el informe The Global Risks 2022[31] donde se identifican los mayores riesgos que percibe la población mundial, se muestra el protagonismo de los riesgos ambientales (en primer lugar, la fallida lucha contra el cambio climático, seguido de las temperaturas extremas y de la pérdida de la biodiversidad). Pero ¿cómo participa y está representado el público en la gestión de asuntos medioambientales? Las leyes sobre libertad de información, las audiencias públicas, los recursos judiciales, los periodos para formular observaciones sobre planes y acciones ambientales, la capacidad de acceso a la justicia, la elección de sus representantes y mediante las organizaciones no gubernamentales. Se trata de poner en práctica el ejercicio de construcción del consenso, de políticas basadas en el diálogo y crear comités asesores para los interesados.

III.-CONCLUSIÓN

La justicia climática demanda soluciones globales, acuerdos y respuestas que comprometan a los Estados. El cambio climá-

---

30 UNEP, ONU (2020). Marco de sostenibilidad ambiental y social del PNUMA. (environmental, social and sustainability frame work) 25 de febrero de 2020.pag 16 Recuperado de https://wedocs.unep.org/bitstream/handle/20.500.11822/32022/ESSFSP.pdf?sequence=3&isAllowed=yPAG

31 World Economic Forum (2022). Committed to improving the state of the world. The Global Risks Report.17 th. Edition. Switzerland. page 14. Recuperado de https://www3.weforum.org/docs/WEF_The_Global_Risks_Report_2022.pdf

tico y la protección del planeta nos enfrenta a otras formas de dar respuesta a la justicia, en aspectos radicalmente distintos de todo lo que se ha experimentado hasta ahora. El principio de cooperación debe abrirse frente a la competencia y el libre mercado. La precaución y mitigación debe instaurarse frente a la simple reparación o indemnización. Se trata de adoptar y fortalecer las leyes y políticas nacionales, y desarrollar normas nacionales regionales e internacionales donde los gobiernos puedan exigirse responsabilidades comunes pero diferenciadas.

Estos deben tomar medidas y crear marcos institucionales, jurídicos, consensuados y participativos para responder con eficacia y para evitar o reducir los efectos del cambio climático. En especial se deben mejorar los procesos de equidad, y comprender mejor las necesidades de las comunidades, los recursos naturales y la población que depende de ellos. En suma, es necesaria una mayor democratización de las instituciones no sólo nacionales sino también internacionales, empezando por la ONU, donde estén representados no sólo los Estados, sino también los ciudadanos

BIBLIOGRAFÍA Y OTRAS FUENTES DOCUMENTALES

- ARAGÃO, A., "El principio de precaución y la aceptabilidad social de riesgo. La búsqueda del nivel adecuado de protección en una Europa diversificada", *Revista Aranzadi de Derecho Ambiental*, núm. 18, 2010, pág.79.
- BONDANSKY, D., *The Oxford Handbook of International Environmental Law*, Oxford University, United Kingdom, 2007.
- BULKELEY, H., NEWELL, P., *Governing Climate Change*, Routledge, London, 2015, pág.. 166.
- Stuart, B. and Mcguivray, D. (2008). *Environmental Law.* Great Britain: Oxford University Press Oxford.
- Borras, S. (2013) La justicia climática: entre la tutela y la fiscalización de responsabilidades. *Anuario Mexicano de Derecho Internacional.* México, D. Vol. XIII, 2013, pp.3-49.

- Diffenbaugh, N.S, Burke, M. (2019). Global warming has increased global economic inequality. *Proceedings of the National Academy of Sciences,* Mayo 2019, vol. 116 nº. pp.20.
- Fernández, M. J. (2015). ¿Cómo puede la categoría de "refugiado climático" ser considerada dentro del derecho internacional del siglo XXI? Refugiados cambio climático y derecho internacional. *Migraciones forzadas,* núm. 49, pp.43. Recuperado de http.//www.fmreview.org/es/cambioclimatico-desastres.
- Jeffery, M. (2008). Imperativos medioambientales en el mundo globalizado: el impacto ecológico en la liberalización del comercio. *Revista Aranzadi de Derecho Ambiental año 2008-2. nº. 14,* pp. 29.
- Morán-Blanco. S. (2022). Sustainable Development in international relations theory its presence or absence. A proposal for a new paradigm. *Journal of Development Studies,* vol. 11, nº. 2, pp.78-100
- Porcelli A.M y Martínez A.N (2021). Litigiosidad climática: investigaciones sobre mecanismo jurisdiccionales en defensa de los derechos climáticos. Primera parte. *Lex – Revista de la Facultad de Derecho y Ciencias Políticas.*
- Ponserré S. Fung V. (2020). *Reconstruyendo el paraíso: una historia sobre el desplazamiento por desastres, la resiliencia y la recuperación.* Opinión Experta. IDMC. Recuperado de http://www.internal-displacement.org/expert-opinion.
- Vercher Noguera, A. (2017) Activismo judicial. Del tribunal Europeo de derechos humanos al tribunal Internacional en materia de medio ambiente ". Diario la Ley nº 9065, sección doctrina 20 de octubre (1-8).
- Vicente Jiménez, T. (2020) De la justicia climática a la justicia ecológica: los derechos de la naturaleza. *Revista Catalana de Derecho Ambiental* Vol. XI Núm. 2. (1–42) Recuperado de htpps://doi.org/10.17345/rcda2842
- Informe Comisión Medio Ambiente. Club de juristas. (2015). Fortalecimiento de la eficacia del derecho internacional del Medio Ambiente Deberes de los Estados, derechos de los individuos. https://view.officeapps.live.com/op/view.aspx?src=https%3A%2F%2Fwww.leclubdesjuristes.com%2Fwp-content%2Fuploads%2F2016%2F04%2F
- PNUMA (2020). Programa de Naciones Unidas para el Medio Ambiente. *Informe sobre la brecha de emisiones (mensajes claves).* https://wedocs.unep.org/xmlui/bitstream/handle/20.500.11822/34461/EGR20KMS.pdf?sequence=22
- PNUMA (2020) Programa de Naciones Unidas para el Medio Ambiente. *Marco de sostenibilidad ambiental y social del PNUMA. (environ-*

mental, social and sustainability framework), 25 de febrero de 2020. pág 16. Recuperado en https://wedocs.unep.org/bitstream/handle/20.500.11822/32022/ESSFSP.pdf?squence=3&isAllowed=yPAG

- Sardiza A, Miranda Du Parc E , Benet J, Kurkaa M, Fung V, (2020). *Los datos inclusivos sobre el desplazamiento por desastres deben incluir a los pueblos indígenas.* Opinión Experta. IDMC. agosto. Recuperado en https://www.internal-displacement.org/expert-opinion.
- UNEP, ONU (2020). Marco de sostenibilidad ambiental y social del PNUMA. (environmental, social and sustainability framework) 25 de febrero de 2020.pag 16 Recuperado de https://wedocs.unep.org/bitstream/handle/20.500.11822/32022/ESSFSP.pdf?sequence=3&isAllowed=yPAG
- United Nations Environment Programme (2020). *Global Climate Litigation Report 2020.Status Review.* Nairobi.
- World Economic Forum (2022). *The Global Risks Report.17 th.* Committed to improving the state of the world. Edition. Switzerland. Recuperado de page 14. Recuperado de https://www3.weforum.org/docs/WEF_The_Global_Risks_Report_2022.pdf
- Conferencia de las partes Convención Marco de Naciones Unidas de Cambio Climático, Naciones Unidas 1992.
- Convención Marco de Naciones Unidas para el cambio climático, celebrada en Cancún en 2010. Decisión 1/CP. 16 Acuerdo de Cancún.
- Decisión 1/CP 21.FCCC CP/2015/10/Add 1.Naciones Unidas. Adopción del Acuerdo de París.
- Directiva 2003/4/CE del Parlamento Europeo y del Consejo de 28 de enero de 2003 relativa al acceso del público a la información medioambiental. *Diario oficial de 14 de febrero de 2003, núm. 41.*
- Kampala Convention. African Union Convention for the protection and assistance of international Displaced Persons in Africa. Kampala Uganda 23 de octubre de 2009.
- Tratado Fundacional de la Unión Europea. 12 de junio de 1985.

Capítulo XVII. El necesario refuerzo de la cooperación policial entre la Unión Europea y América Latina

PROFª. DRA. MAITENA POELEMANS[1]

SUMARIO :

RESUMEN

La Presidencia española de la Unión Europea durante el segundo semestre 2023 presentó en su programa la necesidad de reanudar las relaciones con América Latina y el Caribe. Aunque a primera vista parezca que las relaciones económicas y comerciales son la prioridad, no es menos importante destacar la necesidad de reforzar los vínculos en materia de cooperación policial. Esta cooperación está en sus inicios, se ilustra con acuerdos firmados con las Agencias de la Unión Europea en el ámbito de la cooperación represiva. Pero

1 Centre de Documentation et de Recherches Européennes (CDRE) Université de Pau et des Pays de l'Adour (UPPA).

no solo se concretiza con acuerdos, ya que los proyectos más destacados en el marco de la cooperación policial tienen su origen en financiación de la UE, como el PACcTO, programa emblemático. Sin embargo, no hay que pasar por alto las relaciones y cooperaciones que se establecen entre países mismos de América Latina, también en colaboración con países de la UE, y las redes que se han multiplicado entre los actores e instituciones represivas. En conclusión, frente a una criminalidad organizada que se extiende en todo un continente hasta impactar la Unión europea, los desafíos a los que nos enfrentamos ponen de manifiesto una realidad: la necesidad de reforzar la cooperación policial entre ambos continentes.

PALABRAS CLAVE: cooperación policial; Europol; lucha contra la criminalidad organizada; EL PACcTO; Ameripol

I. ELEMENTOS PREVIOS: LA NECESIDAD DE LA COOPERACIÓN POLICIAL :

La cumbre entre la Unión Europea y los países de la Comisión Económica para América Latina y el Caribe (CELAC), que se celebró los días 17 y 18 de julio en Bruselas[2], señaló el momento de reanudar las relaciones entre dos continentes. Este deseo expresado por la Presidencia española de la Unión europea se ha concretizado por la Declaración del 18 de julio[3] en la que fueron reafirmados los principios y valores que sustentan estas relaciones así que la voluntad política de profundizar la cooperación bilateral en torno a prioridades compartidas, como la lucha contra el cambio climático, el acceso a recursos estratégicos, la inversión, la seguridad, la lucha contra las desigualdades sociales y la cooperación en el ámbito de la lucha contra la criminalidad

---

2 La cumbre fue copresidida por el presidente del Consejo Europeo, Charles Michel, y el presidente *pro tempore* de la CELAC y primer ministro de San Vicente y las Granadinas, Ralph Gonsalves.

3 Declaración de la Cumbre UE-CELAC de 2023, 17 y 18 de julio de 2023.

organizada internacional, en particular contra el tráfico ilícito de drogas, el tráfico de armas y la trata de seres humanos.

La cooperación policial internacional es una institución relativamente antigua, ya que empezó a organizarse de manera informal a finales del siglo XIX, pero se desarrolla a lo largo del siglo XX. La cooperación policial internacional surgió como respuesta al aumento de la delincuencia organizada internacional[4]. La cooperación entre las fuerzas policiales de distintos países tiene lugar tanto a través de redes formales: Interpol que celebra este año sus 100 años de creación, Europol, pero también a través del intercambio de bases de datos, tratados de asistencia jurídica mutua, intercambio de inteligencia, etc..

Al nivel del continente europeo, la cooperación policial empezó de manera clásica. Como lo menciona el Profesor Labayle, "el planteamiento de los Estados miembros se centró inicialmente en una profundización de las técnicas ordinarias de colaboración interestatal como la que estaba desarrollando el subcontinente europeo en particular en el marco del Consejo de Europa y principalmente en el ámbito de la asistencia judicial internacional en materia penal"[5]. Esta asistencia se organiza especialmente a través del Convenio Europeo de Extradición de 13 de diciembre de 1957[6] y del Convenio Europeo de

---

4 Así que lo comentó BARCELONA J., "La globalización influye en el mundo de la policía; constan datos conocidos: la cooperación internacional, la admisión de que fuerzas extranjeras entren y actúen válidamente en territorio nacional; la creación de unidades con atribuciones que exceden de los límites de los Estados, o cuerpos de policía internacional que actúan en zonas de conflicto...", "La Administración de la seguridad ciudadana: selección de problemas a comienzos del siglo XXI", *Revista Vasca de Administración Pública,* núm. 64, 2002, pág. 83.

5 LABAYLE H., " Espace de liberté, sécurité et justice. – Cadre historique", JurisClasseur Europe Traité - Encyclopédies Fasc. 2620, núm. 4, 2015.

6 Estrasburgo, Oficina de Tratados, STE núm. 24.

Asistencia Judicial en Materia Penal de 20 de abril de 1959[7], junto con sus diversos protocolos adicionales, y constituye la base de un auténtico Derecho común de asistencia judicial en materia penal en Europa.

En el marco de la Unión europea, las necesidades de la cooperación policial han comprometido a los Estados miembros, por encima de cualquier otra consideración, a actuar conjuntamente en dos ámbitos de interés: la lucha contra la droga y la lucha contra el terrorismo de los años 70. Sin que sea institucionalizada, la cooperación policial entre los Estados ha evolucionado considerablemente a lo largo de los años 90, sobre todo debido a su regionalización, en particular en el Espacio Schengen. En un principio, la cooperación policial pretendía compensar la incompetencia extraterritorial de las policías nacionales, debido a la soberanía nacional. Pero al cabo de varias decenas de años se ha convertido en la base de una competencia extraterritorial de estas mismas policías con el desarrollo de la cooperación operativa y de medidas como los equipos conjuntos de investigación o la observación y persecución transfronterizas. Este cambio es particularmente perceptible a nivel europeo[8],con la creación de un Espacio de Libertad, Seguridad y Justicia donde la libre circulación de las personas en un territorio sin fronteras interiores implica el desarrollo de la cooperación policial y judicial, institucionalizada a partir del Tratado de Maastricht, reforzada en el Tratado de Lisboa.

Aplicar el modelo de cooperación policial de la UE al continente de América latina puede representar un gran desafío visto que no estamos en el mismo contexto de integración política y económica con una transferencia de competencias, ni supre-

---

7 Estrasburgo, Oficina de Tratados, STE núm. 30.

8 HERRAN T., « La coopération policière à l'épreuve de la politique pénale européenne », Archives de politique criminelle 2019/1 (n° 41), pages 47 à 60.

sión de las fronteras interiores. Sin embargo, cabe mencionar en introducción que la mayor cooperación policial en la Unión europea, ya que es esta que tomamos como ejemplo, es decir la cooperación policial operativa, no se ha desarrollado en el Derecho de la UE, sino más bien al margen. En efecto, la gran mayoría de estas medidas se introdujeron bien mediante convenios bilaterales, bien mediante convenios multilaterales celebrados entre los Estados miembros, como el Convenio de aplicación del Acuerdo de Schengen de 19 de junio de 1990[9] y su Convenio de Aplicación[10] o el Tratado de Prüm de 27 de mayo de 2005[11].

Así pues, como veremos más tarde, aplicar el modelo europeo de cooperación policial a América Latina no se revela tan incoherente, tanto esta misma cooperación aparece como una prioridad dada a una serie de hechos.

El primero es el contexto. Como en la UE, el continente suramericano debe afrontar unos fenómenos de crimen organizado sin fronteras. Las fronteras terrestres en América Latina son puntos de interacción entre ciudadanos de dos o más países que realizan actividades legales como ilegales. Hoy en día, las fronteras se han transformado en "cómplices" del crimen

---

9 Acuerdo entre los Gobiernos de los Estados de la Unión Económica Benelux, de la República Federal de Alemania y de la República Francesa relativo a la supresión gradual de los controles en las fronteras comunes, firmado en Schengen el 14 de junio de 1985: DOCE nº L 239, de 22 de septiembre de 2000, p. 13

10 Convenio de aplicación del Acuerdo de Schengen de 14 de junio de 1985 entre los Gobiernos de los Estados de la Unión Económica Benelux, de la República Federal de Alemania y de la República Francesa relativo a la supresión gradual de los controles en las fronteras comunes: DOCE L 239 de 22 de septiembre de 2000, p. 19.

11 Convenio relativo a la profundización de la cooperación transfronteriza, en particular en materia de lucha contra el terrorismo, la delincuencia transfronteriza y la migración ilegal, hecho en Prüm el 27 de mayo de 2005

organizado en el sentido en el que los traficantes se burlan de las demarcaciones geográficas para cometer delitos. Por otro lado, para las fuerzas de policías y de seguridad, esas fronteras siguen siendo “murallas” y por eso debe desarrollarse la cooperación policial transfronteriza.

El segundo consiste en la relación entre la UE y América Latina a través del impacto en la UE de la criminalidad organizada originaria de Sudamérica. Aquí pensamos más en cooperación entre las fuerzas policiales de los dos continentes ya que la criminalidad originaria de países, como Colombia, extiende sus tentáculos y llega a Europa a través de las redes criminales[12]. El ejemplo del tráfico de cocaína es muy simbólico y refleja todo el desafío que constituye la lucha contra fenómenos de tal envergadura. El informe de Europol sobre la criminalidad organizada de 2021[13] pone de relieve el hecho que la UE es la primera región de destino del tráfico de cocaína porque el precio es más elevado que en el mercado estadounidense. El tráfico de cocaína afecta a todos los Estados miembros de la UE. Tras su llegada a los principales centros de distribución de la UE (y en particular el puerto de Amberes en Bélgica o Rotterdam en los Países Bajos), los cargamentos de cocaína se trafican principalmente por carretera en vehículos de pasajeros y camiones a los mercados locales[14].

El tercer hecho es propio a América Latina y abarca la necesidad de frenar el desarrollo de estos fenómenos crimina-

---

12 MARICA A., “Unión europea y Latinoamérica: cooperación estratégica en el ámbito de la seguridad”, Revista Electrónica Iberoamericana http://www.urjc.es/ceib/ Vol. 11, nº 2. 2017 (recuperado el 24 de julio de 2023)

13 The EU Serious and Organised Crime Threat Assessment (SOCTA), 2021, p. 48

14 En 2022, 36 de las incautaciones en el puerto de Amberes fueron envíos procedentes de Ecuador. Contenían más de 56 toneladas de cocaína.

les para el desarrollo económico del continente. La plaga del continente suramericano, el narcotráfico, ha sido evaluado en su configuración y sus técnicas. Los arquetípicos cárteles de la droga -como Medellín o Cali en Colombia, o el Golfo o Guadalajara en México- han dado paso a grupos delictivos más pequeños y dinámicos. Colombia es ahora el hogar de una serie de grupos puramente criminales que operan junto a otros grupos armados que combinan objetivos ostensiblemente revolucionarios con fuentes ilícitas de ingresos. Se calcula que un total de 24.000 combatientes participan en grupos armados y en la delincuencia organizada, tanto en zonas urbanas como rurales. La cooperación entre las fuerzas policiales sudamericanas es crucial ya que la delincuencia organizada aparece como el principal obstáculo para el desarrollo del propio continente. Es la razón por la cual las políticas de cooperación al desarrollo de la UE para Latinoamérica se centran en el vínculo existente entre dos aspectos: seguridad y desarrollo. Cabe mencionar que la "seguridad" es una de las prioridades del "Instrumento de cooperación al desarrollo" (ICD) Programa Indicativo Plurianual regional para América Latina que indica en su programa 2014-2020 la asignación indicativa de 70 millones de euros para realizar el objetivo general de "reforzar la capacidad de los Estados para garantizar unas condiciones de seguridad propicias para un desarrollo integrador". Entre varios objetivos específicos, se indica el de :

> desarrollar unas políticas nacionales de lucha contra la droga integradas, equilibradas y que respeten los derechos humanos y que abarquen los esfuerzos de reducción tanto de la oferta como de la demanda de droga.

Por estas razones no exhaustivas, intensificar la cooperación policial en el continente Latinoamericano aparece como una prioridad, más, una urgencia. No cabe duda que en el continente sudamericano se han desarrollado medidas para combatir la extensión del crimen organizado, en particular en Centroamérica donde se concentra el fenómeno criminal. Podemos ya mencionar a la Estrategia Regional de Seguridad o el Tratado Marco de Seguridad Democrática en Centroamérica de 1995 (que no cuenta con Colombia...). Sin embargo, la respuesta de la UE en el marco del vínculo "Seguridad y Desarrollo" dentro de sus programas regionales para América Latina se centra específicamente en compartir sus experiencias en el ámbito de la seguridad y, por lo tanto, de la cooperación policial.

Así pues, veremos en primer lugar que la cooperación policial en América Latina es esencialmente de inspiración y financiación europea, pero que, aunque en construcción, la organización territorial y política de América Latina implica una limitación de la yuxtaposición plena del modelo europeo de la cooperación europea aunque siga aún más necesario desarrollar las cooperaciones entre ambos continentes.

II. UNA COOPERACIÓN POLICIAL ESENCIALMENTE DE INSPIRACIÓN Y FINANCIACIÓN EUROPEA

a. Las herramientas jurídicas de la cooperación:

2.1.1. Los acuerdos[15] entre la Unión europea y los países de América Latina

- Los acuerdos entre la UE y países de América Latina: la UE ha concluido varias asociaciones estratégicas, en particular con Méjico, que prevén la cooperación en cuestiones de seguridad y migración tanto en foros multilaterales como bilateralmente.

En el marco de la Asociación Estratégica con Méjico, se ha establecido un diálogo sobre justicia y seguridad. El diálogo

---

15 Utilizamos el término de «acuerdo» de manera general para incluir dentro los acuerdos con la UE, con las agencias represivas europeas y por fin entre Estados miembros de la UE y países de América Latina.

fue creado por el Plan Ejecutivo Conjunto UE-Méjico adoptado en la Cumbre UE-Méjico celebrada en Santander en mayo de 2010 e iniciado el 15 de julio de 2011 en Bruselas. Actualmente se está planificando el tercer diálogo.

El Acuerdo Global UE-Méjico de 2000[16] contenía ya mención de cooperación en el ámbito de la lucha contra las drogas y el blanqueo de dinero. Previa que las Partes "desarrollarán programas y medidas relativos a la prevención de la toxicomanía, proyectos de investigación e intercambio de información". Modernizado en particular en 2018, contiene disposiciones muy generales sobre migración, asilo y gestión de fronteras, drogas, blanqueo de capitales y financiación del terrorismo, ciberdelincuencia y protección de datos.

-Los acuerdos entre Agencias represivas de la UE y países de América Latina:

Entre otros, se puede señalar el Operational Agreements entre Europol y Colombia (2009) o Strategic Agreements con Brasil en 2014. La particularidad de este tipo de acuerdos es que el intercambio de datos personales se admite ya que como lo permite el reglamento (UE) 2016/794 de 11 de mayo de 2016 relativo a la Agencia de la Unión Europea para la Cooperación Policial (Europol)[17] solo puede realizarse con países terceros sobre la base de tal acuerdo.

---

16 Decisión 2000/658/CE del Consejo de 28 de septiembre de 2000 relativa a la celebración del Acuerdo de asociación económica, concertación política y cooperación entre la Comunidad Europea y sus Estados miembros, por una parte, y los Estados Unidos Mexicanos, por otra parte y el Acuerdo de asociación económica, concertación política y cooperación entre la Comunidad Europea y sus Estados miembros, por una parte, y los Estados Unidos Mexicanos, por otra parte – Acta Final – Declaraciones, DO L 276, 28.10.2000, pág. 44.

17 Artículo 25, Reglamento (UE) 2016/794 del Parlamento europeo y del Consejo de 11 de mayo de 2016 relativo a la Agencia de la

Se intercambiará por lo tanto información como dictámenes periciales, información sobre procedimientos de investigación criminal y métodos de prevención de la delincuencia. También existen acuerdos de trabajo (Chile 2021), Méjico (2020). Con Eurojust, la cooperación se organiza a través de puntos de contacto (Argentina, Colombia, Brasil), lo que es el más bajo nivel de cooperación pero que tiene el mérito de existir.

-Los acuerdos entre Estados miembros de la UE y países de América Latina:

Como último ejemplo de este tipo de acuerdo, se puede mencionar que Ecuador y Bélgica firmaron en febrero de 2023 un protocolo de cooperación policial destinado a reforzar la colaboración policial entre ambos países en la lucha contra la delincuencia organizada y la violencia relacionada con las drogas. Sobre la base de este protocolo, las policías de los dos países van a reforzar su cooperación organizando cursillos de formación, intercambiando buenas prácticas e informaciones y coordinando investigaciones. Tras la firma de este protocolo, Ecuador y Colombia han decidido nombrar un oficial de enlace policial en Bélgica. Estas diversas iniciativas tienen por objeto ampliar la cooperación policial entre Bélgica y los dos países sudamericanos.

Estos últimos tiempos, los acuerdos, protocolos u otro tipo de texto se multiplican entre los dos continentes para mejorar la cooperación policial frente a redes criminales cada vez más organizadas y violentas. Está claro que el impacto cada vez más importante de los tráficos que se inician en países como Colombia a destino de la Unión europea impulsa una necesaria colaboración entre los dos continentes que sea a través

---

Unión Europea para la Cooperación Policial (Europol) y por el que se sustituyen y derogan las Decisiones 2009/371/JAI, 2009/934/JAI, 2009/935/JAI, 2009/936/JAI y 2009/968/JAI del Consejo, DO L 135, 24.5.2016, págs. 53–114.

acuerdos entre los países sudamericanos y la UE, o con las agencias represivas como Europol y Eurojust, o por fin con Estados miembros de la UE. Pero la mayor concretización de la cooperación se ha desarrollado en el marco de programas de financiación de la UE, en particular el PACcTO.

2.1.2.: El apoyo financiero importante de la UE para el desarrollo de la cooperación policial

EL PAcCTO (Europa Latinoamérica Programa de Asistencia contra el Crimen Transnacional Organizado) lanzado en abril de 2017 y acabado en diciembre 2022, es un programa de cooperación internacional financiado por la Unión Europea, y más precisamente por el Instrumento de Cooperación al Desarrollo de la Unión Europea[18]. Este Programa busca contribuir a la seguridad y la justicia en América Latina a través del apoyo a la lucha contra el crimen transnacional organizado. En su intervención, EL PAcCTO aborda toda la cadena penal desde una perspectiva integral a través de su trabajo en tres componentes: policial, justicia, penitenciario

Su objetivo es de reforzar las capacidades de las fuerzas policiales, las autoridades judiciales y las fiscalías y administraciones penitenciarias de dieciocho países de América Latina[19] para que puedan ser más eficaces en la lucha contra la delincuencia organizada. Más precisamente, en el marco de la cooperación entre la Policía y las Fuerzas de Aplicación de la Ley, el objetivo consiste en mejorar la cooperación entre las fuerzas policiales y los organismos encargados de hacer cumplir la ley en el continente, siendo prácticamente una segunda fase del Proyecto

18 La financiación de la UE es de 22 410 000 €.

19 Argentina, Bolivia, Brasil, Chile, Colombia, Costa Rica, Cuba, Ecuador, Guatemala, Honduras, Méjico, Nicaragua, Panamá, Paraguay, Perú, Salvador, Uruguay, Venezuela.

AMERIPOL – UE que veremos posteriormente. En el marco de la cooperación judicial, su objetivo se centra en la asistencia judicial y la extradición, pero también el funcionamiento de un instrumento de origen de la Unión europea: los Equipos Conjuntos de Investigación (ECI), el fomento de la aplicación del Derecho Internacional y la cooperación en materia penal, y en particular la plena aplicación de la Convención de las Naciones Unidas contra la Delincuencia Organizada Transnacional y sus Protocolos complementarios, y la Convención de las Naciones Unidas contra la Corrupción. El programa tenía como ambición fortalecer también las redes institucionales existentes y los vínculos intercontinentales entre América Latina y la Unión Europea. El fortalecimiento de la cadena de justicia penal es fundamental, así como la necesidad de facilitar la cooperación entre estos actores a nivel nacional y regional y con las estructuras de cooperación desarrolladas en el seno de la Unión Europea (EUROPOL y EUROJUST en particular).

Como programa de asistencia técnica, EL PAcCTO intervenía en diversas formas de delincuencia organizada (narcotráfico, trata de seres humanos, bandas, secuestros, etc.), pero también en la lucha contra la corrupción, el blanqueo de capitales y la incautación y confiscación más sistemáticas de bienes de origen delictivo.

Hoy en día, el programa EL PAcCTO se ha acabado, pero cabe mencionar que impulsó una serie de acciones, como por ejemplo la creación del Centro de Cooperación Policial Binacional de Paso Canoas entre Costa Rica y Panamá, bajo el modelo europeo de los Centros de Cooperación Policial y Aduanera (CCPA) como lo veremos a continuación. Los resultados son esperanzadores como se puede ver en la página web que ilustra las numerosas acciones llevadas a cabo[20] : 2 espacios de

---

20 Resultados – EL PAcCTO – Resultados del programa (recuperado el 18 de julio de 2023).

diálogo birregional de alto nivel impulsados por EL PAcCTO ; 34 estrategias y acuerdos aprobados promovidos, aprobados y/o en implementación con el apoyo de EL PAcCTO ; 41 leyes y políticas en implementación, revisión o elaboración con el apoyo del programa. En términos operacionales son unas 49 operaciones o investigaciones contra el crimen organizado apoyadas por EL PAcCTO : Operación ELIPSIA ; Operación Retrovirus ; Operación Taranis. En materia de lucha contra la trata de seres humanos, el programa EL PAcCTO ha apoyado a dos redes : la Red Iberoamericana de Fiscales Especializados contra la Trata de Personas y el Tráfico de Migrantes (RedTRAM) en una reorganización institucional y dividir su funcionamiento de la red en dos ejes; trata y tráfico y la Red LYNX de Lucha contra la Trata de Seres Humanos, formada por policías especializados en la lucha contra el tráfico y la trata de seres humanos entre América Latina y la Unión Europea en su creación y propuesta de estructuración y el apoyo en la asistencia técnica para el funcionamiento operativo de la Red. Este trabajo ha permitido apoyar un total de 22 acciones operacionales contra la explotación laboral y sexual y el tráfico ilícito de migrantes desarrolladas entre los miembros de la red, por ejemplo, EL PAcCTO ha apoyado el desarrollo de la Operación Taranis entre Paraguay y Francia.

Otro programa financiado por la Unión europea, el programa Eurofront[21] tiene como objetivo reforzar la gestión integrada de las fronteras y contribuir a la seguridad, la mejora del respeto y la protección de los derechos humanos y el desarrollo económico y social a nivel nacional y regional en América Latina, mediante una mayor eficacia de la gestión de las fronteras en cuatro puestos fronterizos relevantes y el apoyo a la lucha contra la trata de personas y el tráfico ilícito de migrantes.

---

[21] 15 millones € de presupuesto.

Con el objetivo de alcanzar un equilibrio entre movilidad y seguridad, y a través de las diferentes herramientas de intercambio de buenas prácticas, y de formación de los agentes el Programa desarrolla su actividad en esos cuatro pasos fronterizos piloto que, a su vez, involucran a siete países de América Latina[22], adaptando su acción a los contextos particulares de cada país socio y abordando los desafíos comunes desde una perspectiva binacional y regional.

Las fronteras y países vinculados a la acción del Programa son: la frontera Rumichaca (entre Colombia y Ecuador), la frontera Desaguadero (entre Perú y Bolivia), la triple Frontera (entre Argentina, Brasil y Paraguay) y la frontera Aguas Blancas- Bermejo (entre Argentina y Bolivia). Para esta misión, las policías involucradas en el programa son asistidas por policías europeas, a saber, la Policía Nacional, Guardia Civil españolas, la Policía del Estado, Arma de Carabineros, Guardia de Finanzas italianas, las Fuerzas y servicios de seguridad portuguesa, la Guardia de Fronteras polaca, el Servicio Estatal de Control Fronterizo lituano y, por fin, por Frontex.

Más que operacional, el programa Eurofront que se acabará en mayo 2024 da prioridad a actividades de encuentros e intercambios de buenas prácticas y redacción de estudios diagnósticos, por ejemplo, sobre gestión fronteriza y lucha contra el delito transfronterizo para identificar puntos críticos y buenas prácticas y propuestas. Menos ambicioso que EL PACcTO tiene el mérito de poner en relación las fuerzas de policía de siete países de América Latina, en particular de tres de los mayores países productores de cocaína del mundo: Colombia, Perú y Bolivia y de la Unión Europea.

Por fin, COPOLAD es un programa birregional de cooperación financiado por la Comisión Europea a través de EuropeAid,

---

22 Argentina, Bolivia, Brasil, Colombia, Ecuador, Paraguay y Perú.

dotado con un presupuesto de 10 millones de euros y un tiempo de ejecución, para el primer COPOLAD, de 48 meses, a partir de enero de 2016. El programa, que es ejecutado por la Comunidad de Estados Latinoamericanos y caribeños (CELAC) y los países de la Unión Europea, promueve el impulso de políticas sobre drogas apoyadas en instrumentos de evaluación, y basadas en estrategias de probada efectividad. La tercera edición, COPOLAD III, con un presupuesto de 15 millones de euros y un periodo de ejecución de 4 años a partir de febrero de 2021, presenta un eje 4 que pone de manifiesto la necesidad de reforzar la cooperación entre la UE y los países del continente sudamericano en lo que concierne la lucha contra el tráfico de drogas; una mejora de la coordinación birregional en América Latina, el Caribe y Europa en la lucha contra las drogas ; una mejora del conocimiento del fenómeno de las drogas y el impacto de las políticas públicas en materia de drogas y por fin la necesidad de promover la capacidad de incidencia dentro del mecanismo de coordinación UE-CELAC en la mejora de las políticas públicas.

Estos ejemplos de programas financiados por la Unión Europea, con objetivo de colaborar a la lucha contra la criminalidad organizada en América Latina, ponen de manifiesto una voluntad europea de ayudar un continente a desarrollarse tratando de erradicar unos fenómenos criminales que afectan también directamente a Europa. El desafío es de gran amplitud y puede encontrar una respuesta en la aplicación en América Latina de los instrumentos de cooperación policial exitosos en la UE.

2.2. *Las modalidades de la cooperación: la duplicación de los instrumentos de la UE*

A continuación, detallaremos ejemplos que toman como modelos a instrumentos que ya han hecho sus pruebas en el marco de la cooperación policial desarrollada en el Espacio de libertad, seguridad y justicia europeo.

2.2.1. El primero de ellos, Ameripol o Comunidad de Policías de América toma como modelo a Europol, es decir un conjunto de cuerpos policiales en lucha contra el crimen organizado. Nace en 2007 de la iniciativa de la Policía Nacional de Colombia, (tiene su sede en Bogotá DC) y de la necesidad de adquirir un espacio abierto encaminado al intercambio de conocimientos y experiencias regionales en cuanto al crimen organizado internacional. Ameripol es una gran red que tiene como objetivo promover y fortalecer la cooperación policial, instando a la capacitación tecno-científica y al intercambio de información con fines de inteligencia, para poder coordinar y ejecutar acciones de investigación criminal y asistencia judicial entre los cuerpos de policía que la componen. Su creación data del 14 de noviembre de 2007 con 15 cuerpos de policía. Hoy cuenta con 35 cuerpos de policía que son principalmente de Centroamérica y el Caribe, subregión que tiene un papel relevante en el accionar de la organización, y 30 organismos observadores. Como Europol, no solo insta a la cooperación policial, es decir, la capacitación e intercambio de información a través del Sistema de Información Policial para Ameripol (SIPA), sino que a través los estudios realizados da una realidad de cada estado permitiendo una identificación de elementos y/o amenazas comunes que pueden producir impactos transnacionales. Pero como Europol, y a diferencia del FBI norteamericano, no existe una policía propia a la red con poder de acción.

2.2.2. La creación del CCPB (Centro de Cooperación Policial Binacional) entre el Costa Rica y Panamá en el puesto fronterizo de Paso Canoas inaugurado en 2019 aparece como un verdadero avance en la cooperación policial transfronteriza. Se trata de una iniciativa innovadora de los dos países que ha impulsado el programa EL PAcCTO, financiado por la Unión Europea, con el objetivo de fortalecer la lucha contra la delincuencia transnacional fronteriza. El CCPB de Paso Canoas fue creado con la asistencia de expertos franceses y españoles, basado en un acuerdo binacional de cooperación entre Panamá y Costa Rica como el Convenio de Blois de 1998[23] (basado sobre el Convenio de Schengen) que institucionalizó la cooperación policial y aduanera entre Francia y España, cuya frontera cuenta con 4 CCPA.

El CCPA en la UE es un experimento único de estructuras locales interinstitucionales, operativas y binacionales, un verdadero "laboratorio"[24] de cooperación policial. El CCPA debe distinguirse claramente de la cooperación operativa, como las patrullas conjuntas o los equipos conjuntos de investigación que operan a lo largo de las fronteras europeas. Esta estructura es un auxiliar del control directo, con medios para consultar casi instantáneamente los ficheros nacionales y responder a las solicitudes de información. Lo que aumenta la "productividad" de los servicios sobre el terreno. Su objetivo general es facilitar el intercambio de información y la búsqueda de contactos, así como apoyar y "formatear" las solicitudes de asistencia mutua policial, judicial y aduanera de acuerdo con las normas nacionales vigentes en el país requerido. Los Centros de Cooperación Policial y Aduanera (CCPA) han demostrado ser un instrumento muy valioso de cooperación transfronteriza directa.

---

23 Convenio de Cooperación Transfronteriza en materia Policial y Aduanera entre el Reino de España y la República Francesa, hecho *ad referendum* en Blois el 7 de julio de 1998, BOE núm.224, de 18 de septiembre de 2003, págs. 34337 a 34340.

24 MAGUER A., «Coopération et harmonisation des pratiques policières dans l'espace Schengen: les enseignements de l'expérience franco-allemande», Revue française d'administration publique 2009/1 (n° 129), pages 113 à 129.

El CCPB de Paso Canoas está construido sobre el modelo iniciado en el espacio Schengen. Se compone de varios servicios de policías, migración y aduana de Costa Rica y Panamá que trabajan conjuntamente, intercambiando datos e información bajo un marco legal de respeto a los derechos humanos, la protección de datos y el principio de soberanía de ambos estados.

El modelo de creación y actuación del centro de Paso Canoas sigue la experiencia europea, en particular con una plataforma para recopilar y verificar información policial cruzada a través del sistema COPANCOS, sistema de información inspirado del Sistema Información Schengen (SIS) europeo[25], donde se graba integralmente las informaciones intercambiadas y tramitadas, respetando el marco legal de cada país.

Uno de los objetivos de EL PAcCTO es el fortalecimiento de la cooperación transfronteriza con acciones como la implementación de Centros Latinoamericanos de Cooperación Policial. Hasta ahora se ha llevado a cabo satisfactoriamente con Costa Rica y Panamá, y otros países como Argentina, Chile, Paraguay, Perú y Uruguay han solicitado trabajar en este sentido de mayor cooperación.

---

25 Reglamento (CE) n° 1987/2006 del Parlamento Europeo y del Consejo de 20 de diciembre de 2006 relativo al establecimiento, funcionamiento y utilización del Sistema de Información de Schengen de segunda generación (SIS II), DO L 381 del 28 de diciembre de 2006, p.4 y Decisión 2007/533/JAI del Consejo de 12 de junio de 2007 relativa al establecimiento, funcionamiento y utilización del Sistema de Información de Schengen de segunda generación (SIS II), DO L 381 del 28 de diciembre de 2006, pág. 4

2.3. Los sistemas de coordinación interinstitucional entre los países de América Latina y entre ellos y Estados miembros de la UE

Ciertamente, las instituciones sudamericanas que trabajan en el ámbito de la justicia han desarrollado mecanismos de cooperación entre ellas, incluidas las instituciones de Estados miembros de la UE, principalmente con España. Entre ellos, la COMJIB, la Confederación de Ministros de Justicia de los países iberoamericanos y la Asociación Iberoamericana de Ministerios Públicos (AIAMP).

1.3.1. La Conferencia de Ministros de Justicia de los Países Iberoamericanos (COMJIB) está fundada en el "Acta de Madrid" firmado en el año 1970, durante la celebración de una reunión de Ministros de Justicia de la región. Tras un periodo en que la Conferencia funcionó como una estructura informal de colaboración entre los Ministros de Justicia de Iberoamérica, finalmente tomó entidad institucional en el año 1992, mediante la adopción del "Tratado de Madrid", que la dotó de personalidad jurídica propia. Agrupa a los Ministerios de Justicia e instituciones homologadas de los 22 países de la Comunidad Iberoamericana[26], así que a España y Portugal. Su objeto es el estudio y promoción de formas de cooperación jurídica entre los países miembros.

Desde el año 2006, la COMJIB es una organización de referencia para la promoción de políticas públicas en materia de justicia, además de acoger la celebración de las reuniones plenarias de Ministros de Justicia que se celebran cada dos años. En los últimos años desde COMJIB, se firmaron importantes

26 Andorra, Argentina, Bolivia, Brasil, Chile, Colombia, Costa Rica, Cuba, Ecuador, El Salvador, España, Guatemala, Honduras, México, Nicaragua, Panamá, Paraguay, Perú, Portugal, Rep. Dominicana, Uruguay, Venezuela.

acuerdos de colaboración con otros organismos e instituciones, como, EUROJUST, la Red Judicial Europea en Materia Penal (EJN), la Comisión Económica para América Latina y el Caribe (CEPAL), INTERPOL, entre otros.

El Tratado de Medellín, Relativo a la Transmisión Electrónica de Solicitudes de Cooperación Jurídica Internacional entre Autoridades Centrales[27] que entró en vigor el 9 de mayo de 2022[28] constituye uno de los mayores hitos del COMJIB y permite modernizar y agilizar la cooperación jurídica internacional mediante la plataforma Iber@, un sistema informático que tiene las garantías de máxima seguridad y confidencialidad para la transmisión electrónica de solicitudes de cooperación jurídica internacional entre autoridades centrales, con validez legal y sin la necesidad de envíos físicos posteriores.

2.3.2: La Asociación Iberoamericana de Ministerios Públicos (AIAMP) es una entidad sin fines de lucro, que integra a los Ministerios Públicos de Iberoamérica fundada en 1954, a la que se incorporaron España y Portugal. Tres redes temáticas hacen parte de la Asociación: Red de trata de personas/GLOACT ; Red permanente CIBERRED; Red permanente de FISCALES ANTIDROGA. Si se pueden destacar muchas acciones y un ánimo en cooperar, la asociación debe todavía impulsar :

mayor operatividad en las redes a través de la identificación de casos comunes de investigación que permitan hacer uso de las herramientas de cooperación internacional y de las técnicas especiales de investigación (agentes encubiertos, equipos con-

---

27 Instrumento de ratificación del Tratado relativo a la transmisión electrónica de solicitudes de cooperación jurídica internacional entre autoridades centrales, hecho en Medellín el 25 de julio de 2019, BOE-A-2022-6675.

28 Son cinco los Estados Parte: Andorra, Cuba, España, Paraguay y Uruguay.

juntos de investigación, entregas controladas e intercambio de información entre los Ministerios Públicos)[29].

El paralelo con la Fiscalía europea, que inició su funcionamiento el 1ero de junio de 2021[30] y que cuenta con 22 Estados miembros de la UE parece muy atrevido. En efecto, la Fiscalía europea tiene competencia para investigar los delitos que atenten contra los intereses financieros de la UE y de ejercer la acción penal contra sus autores y llevarlos a juicio, lo que no tiene la AIAMP. El nivel de integración de la Unión Europea permite este grado de importancia de competencia. La Asociación de los Fiscales públicos se revela más próxima de la Red Judicial Europea (RJE)[31], red de autoridades judiciales u otras autoridades competentes con responsabilidades específicas en el contexto de la cooperación internacional.

La amenaza del crimen organizado en América Latina está creciendo y plantea riesgos para la seguridad y los derechos humanos. Los efectos desastrosos sobre el continente europeo y el impacto sobre la economía y estabilidad de los países de Sudamérica corroboran la necesidad de desarrollar la cooperación entre los dos continentes en el ámbito policial, y más allá, de la justicia.

---

29 Discurso Presidencia de la Asociación Iberoamericana de Ministerios Públicos AIAMP (Cartagena de Indias, Colombia, del 29 de julio de 2022.

30 Reglamento (UE) 2017/1939 del Consejo de 12 de octubre de 2017 por el que se establece una cooperación reforzada para la creación de la Fiscalía Europea, DO L 283 del 31 de octubre de 2017, pág. 1.

31 Véase Vease LABAYLE H, « Espace de liberté, sécurité et justice – Cadre général », JurisClasseur Europe Traité, Fasc. 2625 2012. La Red Judicial Europea (RJE) creada por la Acción Común de 29 de junio de 1998 relativa a la creación de una Red Judicial Europea (DOCE nº L 191, de 7 de julio de 1998, p. 4). Se compone de "puntos de contacto" en cada Estado miembro destinados a facilitar la cooperación judicial en materia penal.

III. LA NECESIDAD DE UNA MAYOR COOPERACIÓN PARA AFRONTAR LOS NUEVOS RETOS DE LA CRIMINALIDAD ORGANIZADA

La lucha contra la delincuencia organizada requiere una mayor coordinación y cooperación entre la UE y América Latina, y entre países de América Latina. El Servicio europeo para la acción exterior de la Comisión europea lanzó en 2019[32] una llamada a reforzar esta cooperación en diferentes ámbitos dentro de los cuales "Seguridad de los ciudadanos y lucha contra la criminalidad organizada"[33]. Esto implica que los esfuerzos no deben concentrarse exclusivamente en mejorar el funcionamiento de los sistemas de asistencia judicial. En un contexto de globalización, no basta con aplicar sistemas que se limiten a las fronteras estatales o incluso continentales, dados los flujos que existen entre América Latina y la UE, en particular España, Francia y Portugal.

Ahora bien, el hecho que la organización territorial y política del continente sudamericano implica una limitación de la yuxtaposición plena del modelo europeo de la cooperación policial. Sin embargo, el desafío es grande y quedan muchas cosas por hacer como, por ejemplo:

- Una coordinación más intensa entre las instituciones europeas y las instituciones nacionales de los países de América Latina

---

32 Comunicación Conjunta al Parlamento Europeo y al Consejo Unión Europea, América Latina y el Caribe: unir esfuerzos para un futuro común, JOIN/2019/6 final del 16 de abril de 2019

33 La Comisión declara que "Ambas regiones deberían reforzar el diálogo birregional sobre seguridad ciudadana como mecanismo para intercambiar experiencias e identificar oportunidades para una mayor cooperación, incluida la cuestión de las consecuencias humanitarias de la delincuencia organizada". El refuerzo de la cooperación entre la UE y ALC en materia de seguridad constituye una necesidad.

Es importante desarrollar la cooperación con la UE : a finales de febrero 2023, la comisaria Johansson encargada de los Asuntos interiores anunció que la UE lanzará un proyecto piloto con Colombia y Europol sobre la cooperación policial y el intercambio de informaciones

- Reforzar el intercambio de datos e informaciones, base de éxito

Las bases de datos se desarrollan. Sobre la base del Tratado Relativo a la Transmisión Electrónica de Solicitudes de Cooperación Jurídica Internacional entre Autoridades Centrales, Ameripol se implementa con ánimo de intercambiar información en tiempo real, de manera horizontal logrando que las policías de diferentes países puedan operar simultáneamente para neutralizar el delito.

La base COPANCOS existe también, pero tiene que extenderse a todos los países y también contener todo tipos de datos como el SIS, pero con más protección de los datos personales

La Comisión propuso el 2 de marzo de 2023 un proyecto piloto para reforzar el intercambio de información entre Europol y Colombia con el fin de investigar y llevar a los delincuentes ante la justicia y desmantelar las estructuras delictivas organizadas que están detrás de la producción y el tráfico de drogas. El proyecto piloto, en el que participará un grupo de Estados miembros, tendrá por objeto reforzar el apoyo a las autoridades colombianas con los fines de identificar a los miembros de grupos delictivos que operan en países de la UE y en Colombia ; a coordinar las operaciones de lucha contra el tráfico de drogas en contenedores ; a efectuar investigaciones financieras que lleven a la localización, el embargo y el decomiso de los productos y activos de origen delictivo relacionados con las drogas ; a detectar y desmantelar los grupos de delincuencia organizada implicados en la producción y el tráfico de drogas entre Colombia y la UE ; a dificultar a los delincuentes traficar con drogas en múltiples países y en la UE. Colombia es el único país de la región con un acuerdo bilateral para el intercambio de información con Europol. El proyecto piloto con Colombia servirá de ejemplo para ayudar a los países de América Latina a firmar acuerdos de intercambio de información con Europol e impulsar la cooperación entre Europol y Ameripol, el mecanismo latinoamericano de cooperación policial.

- Fortalecer la cooperación entre los países de América Latina

Constituye una prioridad desarrollar los Centros de Cooperación Policial Binacionales (CCPB), como el de Paso Canoas. Es necesario también comunicar sobre la creación del CCPB para que todo el personal de seguridad de Panamá y Costa Rica sepa que podrían beneficiarse del apoyo de la CCPB para sus solicitudes de cooperación con el otro Estado. A mediano y largo plazo se espera que el centro evolucione en iniciativas que permitan la creación de patrullas conjuntas, de unidades binacionales de analistas, el desarrollo de equipos conjuntos de investigación y las persecuciones en caliente.

En el respecto de los principios de soberanía y de territorialidad, sobre el modelo de los tratados Schengen, los acuerdos bilaterales deberían permitir el establecimiento de marcos jurídicos necesarios para la creación de patrullas conjuntas; persecuciones en caliente; las medidas conjuntas de vigilancia en las zonas fronterizas, incluida la lucha contra la delincuencia fronteriza y la prevención de amenazas a la seguridad pública.

IV. CONCLUSIÓN

En el mundo interdependiente y globalizado de hoy, la cooperación es esencial para afrontar los retos comunes. Nuestros conocimientos y acciones se complementan y se refuerzan mutuamente. El buen funcionamiento de la lucha contra la delincuencia organizada, en la búsqueda de una mayor seguridad jurídica y desarrollo económico y social, requiere apoyarse en fórmulas de cooperación más eficaces, que vayan más allá de los aspectos estrictamente jurídicos.

Es crucial que la UE continúe a invertir más en iniciativas de asistencia técnica para combatir la delincuencia organizada y el narcotráfico, como EL PAcCTO y Copolad, siga apoyando los esfuerzos para reforzar la cooperación policial en América Latina, incluso con la embrionaria agencia Ameripol, y revise los programas para que estén más en consonancia con la evolución de las actividades delictivas en la región.

BIBLIOGRAFÍA Y OTRAS FUENTES DOCUMENTALES

- BARCELONA J., "La Administración de la seguridad ciudadana: selección de problemas a comienzos del siglo XXI", *Revista Vasca de Administración Pública* nº 64, 2002, pág. 83.
- HERRAN T., "La coopération policière à l'épreuve de la politique pénale européenne", *Archives de politique criminelle* 2019/1 (nº 41), págs. 47 à 60
- LABAYLE H.,: "Espace de liberté, sécurité et justice – Cadre général",. *JurisClasseur Europe Traité, Fasc.* 2625, 2012.
- MAGUER A., "Coopération et harmonisation des pratiques policières dans l'espace Schengen : les enseignements de l'expérience franco-allemande", *Revue française d'administration publique* 2009/1 (nº 129), págs. 113 à 129.
- MARICA A., "Unión europea y Latinoamérica: cooperación estratégica en el ámbito de la seguridad", *Revista Electrónica Iberoamericana.*